中小学校执行
《政府会计制度》
操作指南

石志俭 ◎ 主编

河北出版传媒集团
河北教育出版社

图书在版编目（CIP）数据

中小学校执行《政府会计制度》操作指南 / 石志俭主编. -- 石家庄：河北教育出版社，2020.12
ISBN 978-7-5545-6114-0

Ⅰ.①中… Ⅱ.①石… Ⅲ.①中小学－会计制度－中国－指南 Ⅳ.①G637.5-62

中国版本图书馆CIP数据核字(2020)第207604号

中小学校执行《政府会计制度》操作指南
ZHONGXIAOXUEXIAO ZHIXING ZHENGFUKUAIJIZHIDU CAOZUOZHINAN

主　　编	石志俭
出 版 人	董素山
责任编辑	王艳荣
美术编辑	于　越
出版发行	河北出版传媒集团
	河北教育出版社　http://www.hbep.com
	（石家庄市联盟路705号，050061）
印　　制	石家庄联创博美印刷有限公司
开　　本	787mm×1092mm　1/16
印　　张	22
字　　数	430千字
版　　次	2020年12月第1版
印　　次	2020年12月第1次印刷
书　　号	ISBN 978-7-5545-6114-0
定　　价	80.00元

版权所有，翻印必究

编 委 会

主　　编：石志俭　河北省辛集市教育局财务科长
参编人员：王瑞强　辛集学区中心校会计核算中心主任
　　　　　李　宁　位伯学区中心校会计核算中心主任
　　　　　乔化芳　马庄学区中心校会计核算中心主任
　　　　　潘跃然　和睦井学区中心校会计核算中心主任
　　　　　王力强　旧城学区中心校总校长
　　　　　刘　娜　清河湾幼儿园会计

目 录

第一章　总　论 ··· 1
　　第一节　政府会计的基本理论 ··· 1
　　第二节　学校会计的基本理论 ··· 5
　　第三节　学校会计信息质量要求 ·· 8

第二章　会计要素 ··· 9
　　第一节　财务会计要素 ··· 9
　　第二节　预算会计要素 ··· 12

第三章　中小学校会计科目 ·· 14
　　第一节　中小学校会计科目概述 ··· 14
　　第二节　中小学校会计科目设置 ··· 15

第四章　新旧会计制度衔接 ·· 44
　　第一节　新旧会计制度衔接概述 ··· 44
　　第二节　2018年底的准备工作 ··· 44
　　第三节　新旧会计制度衔接的主要步骤 ··································· 47
　　第四节　财务会计科目的新旧衔接 ·· 53
　　第五节　预算会计科目的新旧衔接 ·· 63
　　第六节　财务报表和预算会计报表新旧衔接 ···························· 67

第五章 资产 …… 70

第一节 资产概述 …… 70
第二节 库存现金 …… 70
第三节 银行存款 …… 75
第四节 零余额账户用款额度 …… 78
第五节 其他货币资金 …… 81
第六节 短期投资 …… 82
第七节 财政应返还额度 …… 83
第八节 应收票据 …… 85
第九节 应收账款 …… 87
第十节 预付账款 …… 88
第十一节 应收股利 …… 90
第十二节 应收利息 …… 91
第十三节 其他应收款 …… 92
第十四节 坏账准备 …… 94
第十五节 在途物品 …… 95
第十六节 库存物品 …… 97
第十七节 加工物品 …… 102
第十八节 待摊费用 …… 104
第十九节 长期股权投资 …… 106
第二十节 长期债券投资 …… 106
第二十一节 固定资产 …… 107
第二十二节 固定资产累计折旧 …… 112
第二十三节 工程物资 …… 115
第二十四节 在建工程 …… 116
第二十五节 无形资产 …… 122
第二十六节 无形资产累计摊销 …… 126
第二十七节 研发支出 …… 127
第二十八节 公共基础设施 …… 128
第二十九节 文物文化资产 …… 131
第三十节 保障性住房 …… 133
第三十一节 保障性住房累计折旧 …… 135
第三十二节 受托代理资产 …… 136

第三十三节　长期待摊费用 ········· 138
　　第三十四节　待处理财产损溢 ········ 139

第六章　负　债 ·········· 142
　　第一节　负债概述 ············ 142
　　第二节　短期借款 ············ 142
　　第三节　应交增值税 ··········· 144
　　第四节　其他应交税费 ·········· 146
　　第五节　应缴财政款 ··········· 148
　　第六节　应付职工薪酬 ·········· 151
　　第七节　应付票据 ············ 158
　　第八节　应付账款 ············ 160
　　第九节　应付利息 ············ 162
　　第十节　预收账款 ············ 164
　　第十一节　其他应付款 ·········· 165
　　第十二节　预提费用 ··········· 168
　　第十三节　长期借款 ··········· 171
　　第十四节　长期应付款 ·········· 173
　　第十五节　预计负债 ··········· 175
　　第十六节　受托代理负债 ········· 176

第七章　净资产 ·········· 177
　　第一节　净资产概述 ··········· 177
　　第二节　累计盈余 ············ 177
　　第三节　专用基金 ············ 180
　　第四节　权益法调整 ··········· 182
　　第五节　本期盈余 ············ 183
　　第六节　本年盈余分配 ·········· 185
　　第七节　无偿调拨净资产 ········· 186
　　第八节　以前年度盈余调整 ········ 188

第八章　收　入 ·········· 191
　　第一节　收入概述 ············ 191
　　第二节　财政拨款收入 ·········· 191
　　第三节　事业收入 ············ 193

第四节　上级补助收入 …………………………………… 195
　　第五节　附属单位上缴收入 ……………………………… 196
　　第六节　经营收入 ………………………………………… 197
　　第七节　非同级财政拨款收入 …………………………… 198
　　第八节　投资收益 ………………………………………… 199
　　第九节　捐赠收入 ………………………………………… 201
　　第十节　利息收入 ………………………………………… 203
　　第十一节　租金收入 ……………………………………… 204
　　第十二节　其他收入 ……………………………………… 205

第九章　费　用 ………………………………………………… 208
　　第一节　费用概述 ………………………………………… 208
　　第二节　业务活动费用 …………………………………… 208
　　第三节　单位管理费用 …………………………………… 212
　　第四节　经营费用 ………………………………………… 217
　　第五节　资产处置费用 …………………………………… 221
　　第六节　上缴上级费用 …………………………………… 224
　　第七节　对附属单位补助费用 …………………………… 225
　　第八节　所得税费用 ……………………………………… 226
　　第九节　其他费用 ………………………………………… 227

第十章　预算收入 ……………………………………………… 230
　　第一节　预算收入概述 …………………………………… 230
　　第二节　财政拨款预算收入 ……………………………… 230
　　第三节　事业预算收入 …………………………………… 232
　　第四节　上级补助预算收入 ……………………………… 233
　　第五节　附属单位上缴预算收入 ………………………… 234
　　第六节　经营预算收入 …………………………………… 235
　　第七节　债务预算收入 …………………………………… 236
　　第八节　非同级财政拨款预算收入 ……………………… 237
　　第九节　投资预算收益 …………………………………… 238
　　第十节　其他预算收入 …………………………………… 239

第十一章　预算支出 …………………………………………… 241
　　第一节　预算支出概述 …………………………………… 241

  第二节　事业支出 ………………………………………………………… 241
  第三节　经营支出 ………………………………………………………… 257
  第四节　上缴上级支出 …………………………………………………… 259
  第五节　对附属单位补助支出 …………………………………………… 259
  第六节　投资支出 ………………………………………………………… 261
  第七节　债务还本支出 …………………………………………………… 262
  第八节　其他支出 ………………………………………………………… 263

第十二章　预算结余 …………………………………………………………… 264
  第一节　预算结余概述 …………………………………………………… 264
  第二节　资金结存 ………………………………………………………… 264
  第三节　财政拨款结转 …………………………………………………… 268
  第四节　财政拨款结余 …………………………………………………… 271
  第五节　非财政拨款结转 ………………………………………………… 274
  第六节　非财政拨款结余 ………………………………………………… 276
  第七节　专用结余 ………………………………………………………… 279
  第八节　经营结余 ………………………………………………………… 280
  第九节　其他结余 ………………………………………………………… 281
  第十节　非财政拨款结余分配 …………………………………………… 282

第十三章　期末结转与年终结账 ……………………………………………… 284
  第一节　期末清理结算 …………………………………………………… 284
  第二节　财务会计结转 …………………………………………………… 285
  第三节　预算会计结转 …………………………………………………… 288
  第三节　难点解析 ………………………………………………………… 293

第十四章　报表与报告 ………………………………………………………… 296
  第一节　报表与报告的种类及主要内容 ………………………………… 296
  第二节　财务报表 ………………………………………………………… 299
  第三节　编制财务报告 …………………………………………………… 305
  第四节　预算会计报表 …………………………………………………… 305
  第四节　编制决算报告 …………………………………………………… 309

第十五章　学校食堂的会计核算 ……………………………………………… 311
  第一节　概述 ……………………………………………………………… 311

第二节　资产类科目简介 ································· 313
第三节　负债类科目简介 ································· 315
第四节　净资产类科目简介 ······························· 317
第五节　收入类科目简介 ································· 318
第六节　费用类科目简介 ································· 319
第七节　期末报表 ······································· 320
第八节　案例分析 ······································· 322

附表　中小学校常见业务和事项账务处理案例索引················ 328

第一章 总 论

第一节 政府会计的基本理论

一、政府会计的概念

政府会计是指用于确认、计量、记录和报告政府及事业单位财务收支活动及其受托责任履行情况的会计体系。政府会计是确认、计量、记录政府受人民委托管理国家公共事务和国家资源、国有资产的情况,报告政府公共财务资源管理的业绩及履行受托责任情况的专门会计。

二、《政府会计制度》出台的背景

我国政府会计核算标准体系形成于1998年前后,主要涵盖财政总预算会计、行政单位会计与事业单位会计,包括《财政总预算会计制度》《行政单位会计制度》《事业单位会计准则》《事业单位会计制度》,以及医院、基层医院、基层医疗卫生机构、高等学校、中小学校、科学事业单位、彩票机构等行业事业单位会计制度和国有建设单位会计制度等有关制度。2010年以后,财政部为适应公共财政收支管理的需要,先后对上述部分会计标准进行了修订,基本满足了当时部门预算管理的需要。

在改革前,由于政府会计标准体系一般采用收付实现制,主要以提供反映预算收支执行情况的决算报告为目的,所以无法准确、完整反映政府资产负债"家底"和政府的运行成本等情况,难以满足编制权责发生制政府综合财务报告的信息需求。另外,因多项制度并存、体系繁杂、内容交叉、核算口径不一,造成不同部门、单位的会计信息可比性不高,进而导致通过汇总、调整编制的政府财务报告信息质量较低。因此,在新的形势下,必须对当时的政府会计标准体系进行改革。

2014年国务院批转了财政部《权责发生制政府综合财务报告制度改革方案》(国发〔2014〕63号)。之后,财政部相继出台了《政府会计准则——基本准则》(以下简称《基本准则》）和存货、投资、固定资产、无形资产、公共及基础设施、政府储备物资、会计调整、负债、财务报表编制和列报等9项政府会计具体准则，以及固定资产应用指南、政府会计准则制度解释第1号和第2号。

2017年10月24日，财政部颁布了《政府会计制度——行政事业单位会计科目和报表》（以下简称《政府会计制度》）（自2019年1月1日起执行），统一了各类行政事业单位会计标准、部门和单位编制权责发生制财务报告，用以全面反映运行成本，同时反映预算执行情况，是适用于各级各类行政事业单位的统一的会计制度。

权责发生制政府综合财务报告制度改革，是基于政府会计规则的重大改革，其前提和基础任务就是要建立健全政府会计核算标准体系，包括政府会计基本准则、具体准则及应用指南，健全、完善政府会计制度。在政府会计核算标准体系中，基本准则属于"概念框架"，统驭政府会计具体准则和政府会计制度的制定；具体准则主要规定政府发生的经济业务或事项的会计处理原则，应用指南主要对具体准则的实际应用做出操作性规定；会计制度主要规定会计科目及其使用说明、报表格式及其编制说明等。会计准则和会计制度相互补充，共同规范政府会计主体的会计核算，保证会计信息质量。

政府会计准则和政府会计制度共同构建起了统一、科学、规范的政府会计核算标准体系。

三、《政府会计制度》的结构与内容

《政府会计制度》由正文和附录组成，其中正文包括五部分内容：

第一部分为总说明，主要规范《政府会计制度》的制定依据、适用范围、会计核算模式、会计要素、会计科目设置要求、报表编制要求、会计信息化工作要求和施行日期等内容。

第二部分为会计科目名称和编号，主要列出了财务会计和预算会计两类科目表，共计103个一级科目。其中，财务会计下的资产、负债、净资产、收入和费用五个要素共计77个一级科目，预算会计下的预算收入、预算支出和预算结余三个要素共26个一级科目。

第三部分为会计科目适用说明，主要对103个一级会计科目的核算内容、明细核算要求、主要账务处理等进行详细规定，这是《政府会计制度》的核心内容。

第四部分是报表格式，主要规定财务报表和预算会计报表的格式，其中，财务报表包括资产负债表、收入费用表、净资产变动表、现金流量表及报表附注；预算会计报表包括预算收入支出表、预算结转结余变动表和财政拨款预算收入支出表。

第五部分为报表编制说明，主要规定了第四部分列出的7张报表的编制说明，以及报表附注应披露的内容。

附录为主要业务和事项账务处理举例。本部分采用列表形式，以《政府会计制度》第三部分的会计科目使用说明为依据，按照会计科目顺序对单位通用业务或共性业务和事项的账务处理进行举例说明。

四、《政府会计制度》的重大变化与创新

《政府会计制度》的实施，构建了"财务会计和预算会计适度分离并相互衔接"的会计核算模式。"适度分离"是指适度分离政府预算会计和财务会计功能，以及适度分离决算报告和财务报告等，以全面反映政府会计主体的预算执行信息和财务信息。"相互衔接"是指会计核算中政府预算会计要素和相关财务会计要素相互协调，决算报告和财务报告相互补充，共同反映政府会计主体的预算执行信息和财务信息。

对纳入部门预算管理的现金收支进行"平行记账"，即对纳入部门预算管理的现金收支业务，在进行财务会计核算的同时，也应当进行预算会计核算。对于其他业务，仅需要进行财务会计核算，例如代管款项等。

《政府会计制度》有机整合了《行政单位会计制度》《事业单位会计制度》和医院、基层医疗卫生机构、高等学校、中小学校、科学事业单位、彩票机构、地勘单位、测绘单位、国有林场和苗圃等事业单位会计制度的内容。在科目设置和报表附注说明中，一般情况下，不再区分行政和事业单位，也不再区分行业事业单位；在核算内容方面，基本保留了现行各项制度中的通用业务和事项，同时根据改革需要增加了各级各类行政事业单位的共性业务和事项；在会计政策方面，对同类业务尽可能做出同样的处理规定。通过会计制度的统一，大大提高了政府各部门、各单位会计信息的可比性，为合并单位、部门财务报表和逐级汇总编制部门决算奠定了坚实的制度基础。

《政府会计制度》在财务会计核算中全面引入了权责发生制，在会计科目设置和账务处理中着力强化财务会计功能，如增加了收入和费用两个财务会计要素的核算内容，原则上要求按照权责发生制进行核算；增加了应收账款和应付款项的核算内容，对长期股权投资采用权益法核算，确认自行开发形成的无形资产的成本，要求对固定资产、公共基础设施、保障性住房和无形资产计提折旧或摊销，引入坏账准备等减值概念，确认预计负债、待摊费用和预提费用等。在政府会计核算中强化财务会计功能，对于科学编制权责发生制政府财务报告、准确反映单位财务状况和运行成本等情况具有重要的意义。

五、扩大了政府资产负债核算范围

按照权责发生制核算原则，除了增加有关往来账款的核算内容外，在资产方面，《政府会计制度》增加了公共基础设施、政府储备物资、文物文化资产、保障性住房和受托代理资产的核算内容，以全面核算单位控制的各类资产；增加了"研发支出"科目，以准确反映单位自行开发无形资产的成本。在负债方面，《政府会计制度》增加了预计负债、受托代理负债等核算内容，以全面反映单位所承担的现时义务。此外，为了准确反映单位资产扣除负债之后的净资产状况，《政府会计制度》立足单位会计核算需要，借鉴国际公共部门会计准则的相关规定，将净资产按照主要来源分类为累计盈余和专用基金，并根据净资产其他来源设置了权益法调整、无偿调拨净资产等会计科目。资产负债核算范围的扩大，有利于全面规范政府单位各项经济业务和事项的会计处理，准确地反映政府"家底"信息，为相关决策提供更加有用的信息。

根据改革方案要求，《政府会计制度》对预算会计科目以及核算内容进行了调整和优化，以进一步完善预算会计功能。在核算内容上，预算会计仅需要核算预算收入、预算支出和预算结余；在核算基础上，除按《中华人民共和国预算法》（以下简称《预算法》）要求需采用权责发生制的事项外，均采用收付实现制核算，有利于避免虚列预算收支的问题；在核算范围上，为了体现新《预算法》的精神和部门综合预算的要求，《政府会计制度》将依法纳入部门预算管理的现金收支均纳入预算会计核算范围，如增设了债务预算收入、债务还本支出、投资支出等。调整完善后的预算会计，能够更好地贯彻落实《预算法》的相关规定，更加准确地反映部门和单位预算收支情况，更加满足部门、单位预算和决算管理的需要。

《政府会计制度》依据《基本建设财务规则》和相关预算管理规定，在充分吸收《国有建设单位会计制度》合理内容的基础上对单位建设项目会计核算进行了规定。单位对基本建设投资按照本制度规定统一进行会计核算，不再单独建账，大大简化了单位基本建设业务的会计核算，有利于提高单位会计信息的完整性。

《政府会计制度》将报表分为预算会计报表和财务报表两大类。预算会计报表由预算收入支出表、预算结转结余变动表和财政拨款预算收入支出表组成，是编制部门决算报表的基础。财务报表由会计报表和附注构成，会计报表由资产负债表、收入费用表、净资产变动表和现金流量表组成。其中，单位可自行选择编制现金流量表。此外，《政府会计制度》针对新的核算内容和要求对报表结构进行了调整和优化，对报表附注应当披露的内容进行了细化，对会计报表重要项目说明提供了可参考的披露格式，要求按经济分类披露费用信息等。调整完善后的报表体系，对于全面反映单位财务信息和预算执行信息的透明度和决策有用性具有重要的意义。

《政府会计制度》在附录中采用列表方式，以《政府会计制度》中规定的会计科目使用说明为依据，按照会计科目顺序对单位通用业务或共性业务和事项的账务处理进行了举例说明。在举例说明时，对同一类业务或事项，在表格中列出财务会计分录的同时，平行列出相对应的预算会计分录（如果有）。通过对经济业务和事项举例说明，能够充分反映《政府会计制度》所要求的财务会计和预算会计"平行记账"的核算要求，便于会计人员学习和理解政府会计八要素的记账规则，也有利于会计核算软件的开发或升级改造。

第二节 学校会计的基本理论

学校会计由预算会计和财务会计组成。

《政府会计准则——基本准则》（以下简称《准则》）的第五十八条规定："预算会计，是指以收付实现制为基础对政府会计主体预算执行过程中发生的全部收入和全部支出进行会计核算，主要反映和监督预算收支执行情况的会计。"

《准则》的第五十九条规定："财务会计，是指以权责发生制为基础对政府会计主体发生的各项经济业务或者事项进行会计核算，主要反映和监督政府会计主体财务状况、运行情况和现金流量等的会计。"

一、学校会计核算的基本前提

学校会计核算包括确认、计量、记录和报告各个环节，涵盖填制会计凭证、登记会计账簿、编制报表全过程。

按照《准则》的规定，学校应当对其自身发生的经济业务或事项进行会计核算。会计核算前提也称会计假设，是组织会计核算工作所必须具备的前提条件。学校会计核算的基本前提包括会计主体、持续运行、会计分期和货币计量。

《准则》第八条规定："政府会计核算应当划分会计期间，分期结算账目，按规定编制决算报告和财务报告。会计期间至少分为年度和月度。会计年度和月度等会计期间的起讫日期采用公历日期。"《预算法》第十八条规定："预算年度自公历1月1日起，至12月31日止。"

《准则》第九条规定："政府会计核算应当以人民币作为记账本位币。发生外币业务时，应当将有关外币金额折算为人民币金额计量，同时登记外币金额。"

二、学校会计核算基础

学校会计核算基础,是指学校在确认和处理一定会计期间的收入和费用时,选择的处理原则和标准,目的是对收入和费用进行合理配比,进而作为确认当期损溢的依据。会计核算基础有两种,即权责发生制和收付实现制。

我国实行适度分离的核算双体系,即财务会计采用权责发生制,预算会计采用收付实现制。

权责发生制,是指以取得收取款项的权利或支付款项的义务作为标志来确定本期收入和费用的会计核算基础。凡是当期已经实现的收入和已经发生的或应当负担的费用,不论款项是否支付,都应当作为当期的收入和费用;凡是不属于当期的收入和费用,即使款项已在当期支付,也不应当作为当期的收入和费用。

收付实现制,是指以现金的实际收付为标志来确定本期收入和支出的会计核算基础。凡在当期实际收到的现金收入和支出,均作为当期的收入和支出;凡是不属于当期的现金收入和支出,均不应当作为当期的收入和支出。

根据收付实现制,货币资金的收支行为在其发生的期间全部计作收入和费用,而不考虑与现金收支行为相关联的经济业务活动是否发生。

三、学校会计主体和会计客体

会计主体是指会计工作为其服务的特定单位或组织,是会计人员进行会计核算时在空间范围上的界定。

作为一个会计主体应至少具备两个特征:一是经济上的独立性,即必须与其他主体或个人的经济关系区分开来,以核算和报告会计主体自身的经济活动;二是组织上的统一性,即必须具有统一的组织、目标和权责,以系统地核算和报告主体的业务活动。

各类学校主体涵盖的范围是中小学校和高等学校,具体包括:各级人民政府和接受国家经常性资助的社会力量创办的幼儿园、普通中小学校、中等职业学校、特殊教育学校、工读教育学校、成人中学和成人初等学校、各级人民政府举办的全日制普通高等学校、成人高等学校和其他社会力量举办的上述学校等。上述学校在本质上属于事业单位。

会计客体是会计核算和监督的内容。学校会计客体是指学校实际发生的经济业务或事项。会计核算和监督的是预算资金的流动,包括资金的取得、使用和结算。会计应当以实际发生的经济业务或者事项为依据进行会计核算,如实反映各项会计要素的情况和结果,保证会计信息的真实性和可靠性。

四、学校会计确认与计量

会计确认是指会计数据进入会计系统时确定如何进行记录的过程，即将某一会计事项作为资产、负债、净资产、收入、费用、预算收入、预算支出、预算结余等会计要素正式加以记录和列入报表的过程。会计确认是要明确某一经济业务涉及哪个会计要素的问题。某一会计事项一旦被确认，就要同时以文字和数据加以记录，其金额包括在报表总计中。

会计计量是指在会计确认的基础上，根据一定的计量方法和计量单位，记录并在会计报告中对确认的会计要素确定其金额的过程，即对确认的会计要素量化。

会计计量涉及计量单位和计量属性两个方面。计量单位是会计进行计量时所采用的尺度。《准则》规定学校会计应当以人民币作为记账本位币。计量属性是指被计量的对象所具有的某方面的特征或外在表现形式。一项经济业务或事项可以从多个方面用货币计量，因而具有不同的计量属性，这些计量属性主要有以下几种：

（一）历史成本

在历史成本计量下，资产按购置时支付的现金或现金等价物的金额，或者资产按照购置时所付出的对价的公允价值计量，负债按照因承担现时义务而实际收到的款项或者资产的金额，或者按照承担现时义务的合同金额，或者按照日常活动中为偿还负债预期需要支付的现金或者现金等价物的金额计量。

历史成本是目前我国会计计量的基本方法，它贯穿于财务会计的始终。

（二）重置成本

在重置成本计量下，资产按照现在购买相同或者相似资产所需支付的现金或现金等价物的金额计量，负债按照现在偿还该项债务所需支付的现金或者现金等价物的金额计量。

重置成本一般在盘盈固定资产时使用。

（三）现值

在现值计量下，资产按照预计从其持续使用和最终处置中所产生的未来现金净流入量折现的金额计量，负债按照预计期限内需要偿还的未来净现金流出量折现的金额计量。

（四）公允价值

在公允价值计量下，市场参与者在计量日发生的有序交易中，按出售一项资产所能收到的金额，或者转移一项负债所需支付的价格进行相关计量。

（五）名义金额

名义金额是指人民币1元。在与资产有关的政府补助中，在实际取得资产并办妥相关手续时，公允价值不能可靠计量的，按照名义金额（即 1 元人民币）计量。

第三节　学校会计信息质量要求

会计信息质量要求，是对会计核算所提供信息的基本要求，是处理具体会计业务的基本依据，是衡量会计信息质量的重要标准。《准则》规定，会计信息质量标准要求包括可靠性、及时性、相关性、全面性、可比性、可理解性、实质重于形式。

在学校会计实务中，可靠性是指学校会计主体应当以实际发生的经济业务或者事项为依据进行会计核算，如实反映各项会计要素的情况和结果，保证会计信息真实、可靠。有用的会计信息必须以可靠性为基础。如果所提供的信息是不可靠的，就误导信息使用者的决策，甚至造成损失。

及时性是指会计主体对已经发生的经济业务或者事项，应当及时进行会计核算，不得提前或者延后。会计信息的价值在于帮助使用者做出决策，具有非常强的时效性。如果不能及时提供给信息的使用者，就失去了失效性，对使用者的作用就会大大降低，甚至失去实际意义。

相关性是指会计主体提供的会计信息，应当与反映会计主体公共受托责任履行情况以及报告使用者决策或者监督、管理的需要相关，有助于报告使用者对会计主体过去、现在或者未来的情况做出评价或者预测。

全面性是指会计主体应当将发生的各项经济业务或事项统一纳入会计核算，确保会计信息能够全面反映会计主体的预算执行情况和财务状况、运行情况、现金流量等。

可比性是指会计主体提供的会计信息应当具有可比性。同一会计主体在不同时期发生的相同或相似的经济业务或者事项，应当采用一致的会计政策，不得随意变更。确需变更的，应当将变更的内容、理由及其影响在附注中予以说明。不同会计主体发生的相同或者相似的经济业务或者事项，应当采用一致的会计政策，确保会计信息口径一致，相互可比。

可理解性是指会计主体提供的会计信息应当清晰明了，便于报告使用者理解和使用。

实质重于形式是指会计主体应当按照经济业务或者事项的经济实质进行会计核算，不限于以经济业务或者事项的法律形式为依据。

第二章 会计要素

根据《政府会计准则》规定,中小学校会计由预算会计和财务会计构成。中小学校会计核算应当具备财务会计和预算会计的双重功能,财务会计与预算会计适度分离又相互衔接,以便全面、清晰地反映单位的财务信息和预算执行信息。

财务会计实行权责发生制,预算会计实行收付实现制。财务会计要素包括资产、负债、净资产、收入和费用,预算会计要素包括预算收入、预算支出和预算结余。

第一节 财务会计要素

中小学校财务会计,是指以权责发生制为基础对中小学校发生的各项经济业务或者事项进行会计核算,主要反映和监督中小学校财务状况、运行情况和现金流量等的会计。财务会计要素包括资产、负债、净资产、收入和费用。

财务会计要素之间的关系:资产=负债+净资产,收入-费用=本期盈余

一、资产

(一)资产的定义

在中小学校会计实务中,资产是指中小学校过去的经济业务或者事项形成的,由中小学校控制的,预期能够产生服务潜力或者带来经济利益流入的经济资源。

服务潜力是指中小学校利用资产提供公共产品和服务以履行政府职能的潜在能力。经济利益流入表现为现金及现金等价物的流入,或者现金及现金等价物流出的减少。

中小学校的资产按照流动性,分为流动资产和非流动资产。

流动资产是指预计在1年内(含1年)耗用或者可以变现的资产,包括货币资金、短期投资、应收及预付款项、存货等。

非流动资产是指流动资产以外的资产,包括固定资产、在建工程、无形资产、长

期投资、公共基础设施、政府储备资产、文物文化资产、保障性住房和自然资源资产等。

（二）资产的确认

符合资产定义的经济资源，在同时满足以下条件时，确认为资产：

1. 与该经济资源相关的服务潜力很可能实现或者经济利益很可能流入中小学校；

2. 该经济资源的成本或者价值能够可靠地计量。

（三）资产的计量

资产的计量属性主要包括历史成本、重置成本、现值、公允价值和名义金额。在历史成本计量下，资产按照取得时支付的现金金额或者支付对价的公允价值计量。在重置成本计量下，资产按照现在购买相同或者相似资产所需支付的现金金额计量。在现值计量下，资产按照预计从其持续使用和最终处置中所产生的未来净现金流入量的折现金额计量。在公允价值计量下，资产按照市场参与者在计量日发生的有序交易中，出售资产所能收到的价格计量。

无法采用上述计量属性的，采用名义金额（即人民币 1 元）计量。

中小学校在对资产进行计量时，一般应当采用历史成本。采用重置成本、现值、公允价值计量的，应当保证所确定的资产金额能够持续、可靠计量。

符合资产定义和资产确认条件的项目，应当列入资产负债表。

二、负债

（一）负债的定义

在中小学校会计实务中，负债是指中小学校过去的经济业务或者事项形成的，预期会导致经济资源流出中小学校的现时义务。

现时义务是指中小学校在现行条件下已承担的义务。未来发生的经济业务或者事项形成的义务不属于现时义务，不应当确认为负债。

中小学校的负债按照流动性，分为流动负债和非流动负债。

流动负债是指预计在 1 年内（含 1 年）偿还的负债，包括应付及预收款项、应付职工薪酬、应缴款项等。

非流动负债是指流动负债以外的负债，包括长期应付款、应付政府债券和政府依法担保形成的债务等。

（二）负债的确认

符合负债定义的义务，在同时满足以下条件时，确认为负债：

1. 履行该义务很可能导致含有服务潜力或者经济利益的经济资源流出中小学校；

2. 该义务的金额能够可靠地计量。

（三）负债的计量

负债的计量属性主要包括历史成本、现值和公允价值。在历史成本计量下，负债按照因承担现时义务而实际收到的款项或者资产的金额，或者承担现时义务的合同金额，或者按照为偿还负债预期需要支付的现金计量。在现值计量下，负债按照预计期限内需要偿还的未来净现金流出量的折现金额计量。在公允价值计量下，负债按照市场参与者在计量日发生的有序交易中，转移负债所需支付的价格计量。

中小学校在对负债进行计量时，一般应当采用历史成本计量。采用现值、公允价值计量的，应当保证所确定的负债金额能够持续、可靠计量。

符合负债定义和负债确认条件的项目，应当列入资产负债表。

三、净资产

（一）净资产的定义

在中小学校会计实务中，净资产是指中小学校资产扣除负债后的净额。

（二）净资产的计量

净资产金额取决于资产和负债的计量。中小学校净资产增加时，其表现形式为资产增加或者负债减少，中小学校净资产减少时，其表现形式为资产减少或者负债增加。

净资产项目应当列入资产负债表。

四、收入

（一）收入的定义

在中小学校会计实务中，收入是指报告期内导致中小学校净资产增加的、含有服务潜力或者经济利益的经济资源的流入。

（二）收入的确认

收入的确认应当同时满足以下条件：

1. 与收入相关的含有服务潜力或者经济利益的经济资源很可能流入中小学校；

2. 含有服务潜力或者经济利益的经济资源流入会导致中小学校资产增加或者负债减少；

3. 流入金额能够可靠地计量。

符合收入定义和收入确认条件的项目，应当列入收入费用表。

五、费用

（一）费用的定义

在中小学校会计实务中,费用是指报告期内导致中小学校净资产减少的、含有服务潜力或者经济利益的经济资源的流出。

（二）费用的确认

费用的确认应当同时满足以下条件：

1. 与费用相关的含有服务潜力或者经济利益的经济资源很可能流出中小学校；
2. 含有服务潜力或者经济利益的经济资源流出会导致中小学校资产减少或者负债增加；
3. 流出金额能够可靠地计量。

符合费用定义和费用确认条件的项目，应当列入收入费用表。

第二节 预算会计要素

中小学校预算会计，是指以收付实现制为基础对中小学校预算执行过程中发生的全部收入和全部支出进行会计核算，主要反映和监督预算收支执行情况的会计。预算会计要素包括预算收入、预算支出与预算结余。

预算会计要素之间的关系为：预算收入－预算支出＝预算结余。

一、预算收入

在中小学校会计实务中，预算收入是指中小学校在预算年度内依法取得的并纳入预算管理的现金流入。

预算收入一般在实际收到时予以确认，以实际收到的金额计量。

二、预算支出

在中小学校会计实务中，预算支出是指中小学校在预算年度内依法发生并纳入预算管理的现金流出。

预算支出一般在实际支付时予以确认，以实际支付的金额计量。

三、预算结余

在中小学校会计实务中，预算结余是指中小学校预算年度内预算收入扣除预算支出后的资金余额，以及历年滚存的资金余额。

预算结余包括结余资金和结转资金。结余资金是指年度预算执行终了，预算收入实际完成数扣除预算支出和结转资金后剩余的资金。结转资金是指预算安排项目的支出年终尚未执行完毕或者因故未执行，且下年需要按原用途继续使用的资金。

符合预算收入、预算支出和预算结余定义及其确认条件的项目应当列入政府决算报表。

第三章 中小学校会计科目

第一节 中小学校会计科目概述

中小学校会计科目是对中小学校会计对象按经济内容或用途所做的科学分类，是会计要素的具体内容和项目。

中小学校应当按照下列规定运用会计科目：

1. 中小学校应当按照《政府会计制度——行政事业单位会计科目和报表》及《中小学校执行〈政府会计制度——行政事业单位会计科目和报表〉的补充规定》设置和使用会计科目。在不影响会计处理和编制报表的前提下，学校可以根据实际情况自行增加或减少某些会计科目。

2. 中小学校应当执行《政府会计制度——行政事业单位会计科目和报表》及《中小学校执行〈政府会计制度——行政事业单位会计科目和报表〉的补充规定》的会计科目和编码，以便于填制会计凭证、登记账簿、查阅账目，实行会计信息化管理。

3. 中小学校在填制会计凭证、登记会计账簿时，应当填列会计科目的名称，或者同时填列会计科目的名称和编号，不得只填列会计科目编号，不填列会计科目名称。

4. 中小学校设置明细科目或进行明细核算，除遵循《政府会计制度——行政事业单位会计科目和报表》及《中小学校执行〈政府会计制度——行政事业单位会计科目和报表〉的补充规定》的规定外，还应当满足权责发生制政府部门财务报告和政府综合财务报告编制的其他需要。

第二节　中小学校会计科目设置

一、一级会计科目

根据《政府会计制度——行政事业单位会计科目和报表》，行政事业单位一级会计科目有103个，其中财务会计科目77个，分为资产类、负债类、净资产类、收入类、费用类。预算会计科目26个，分为预算收入类、预算支出类、预算结余类。

二、明细会计科目

中小学校应当按照《政府会计制度——行政事业单位会计科目和报表》及《中小学校执行〈政府会计制度——行政事业单位会计科目和报表〉的补充规定》的要求，设置明细会计科目。明细科目的设置，应满足财务报表和预算报表的填制需要，能满足本学校自身核算的需要。如在"业务活动费用"科目下设立"工资福利费用""商品和服务费用""对个人和家庭的补助费用""固定资产折旧费""无形资产摊销费""计提专用基金"等明细科目。在"单位管理费用"科目下设立"工资福利费用""商品和服务费用""对个人和家庭的补助费用""固定资产折旧费""无形资产摊销费"等明细科目。

三、中小学校专用的明细会计科目

1. 根据财政部关于《中小学校执行〈政府会计制度——行政事业单位会计科目和报表〉的补充规定》（财会〔2018〕20号）文件，中小学校应当在收入费用表的"（十一）其他收入"项目下增加"其中：食堂净收入"项目；应当在预算收入支出表的"（九）其他预算收入"项目下"其中："后所列项目中增加"食堂净预算收入"项目。

2. 中小学校"事业支出"科目的明细科目。

一级会计科目"事业支出"下，按照经费来源依次划分为4个二级会计科目，2个三级会计科目，4个四级会计科目，77个五级会计科目，其中的两个五级会计科目下还需设置六级会计科目。

二级会计科目有4个，具体为"同级财政拨款""事业收入""非同级财政拨款""其他资金"。

现二级科目	同级财政拨款	事业收入	非同级财政拨款	其他资金
原二级科目	财政补助支出	事业支出	非财政补助支出	

三级会计科目有 2 个，具体为"基本支出"和"项目支出"。

四级会计科目有 4 个，具体为"工资福利支出""商品和服务支出""对个人和家庭补助支出""资本性支出"。

五级会计科目有 77 个。

中小学校事业支出明细表

项目	事业支出（按照经费来源划分）												
	合计	同级财政拨款			事业收入			非同级财政拨款			其他资金		
		小计	基本支出	项目支出	小计	基本支出	项目支出	小计	基本支出	项目支出	小计	基本支出	项目支出
一、工资福利支出													
基本工资													
津贴补贴													
奖金													
伙食补助费													
绩效工资													
基本养老保险缴费													
职业年金缴费													
基本医疗保险缴费													
其他社会保障缴费													
住房公积金													
医疗费													
外聘教职工工资													
外聘教职工社会保障缴费													
其他工资福利支出													

续表

项目	事业支出（按照经费来源划分）												
	合计	同级财政拨款			事业收入			非同级财政拨款			其他资金		
		小计	基本支出	项目支出	小计	基本支出	项目支出	小计	基本支出	项目支出	小计	基本支出	项目支出
二、商品和服务支出													
办公费													
印刷费													
咨询费													
手续费													
水费													
电费													
邮电费													
取暖费													
学校安保费													
校园保洁费													
校园绿化费													
其他物业管理费													
市内差旅费													
国内差旅费													
教师出国（境）培训费													
其他教职工出国（境）培训费													
教职工出国（境）考察费													
仪器设备维修（护）费													
信息系统维修（护）费													
房屋建筑物维修（护）费													

续表

项目	事业支出（按照经费来源划分）												
	合计	同级财政拨款			事业收入			非同级财政拨款			其他资金		
		小计	基本支出	项目支出	小计	基本支出	项目支出	小计	基本支出	项目支出	小计	基本支出	项目支出
其他维修（护）费													
租赁费													
会议费													
教师培训费													
其他培训费													
公务接待费													
实验耗材费													
体育耗材费													
其他材料费													
劳务费													
委托业务费													
工会经费													
福利费													
校车运行维护费													
公务用车运行维护费													
其他交通费													
学生活动费													
学生出国（境）活动费													
教师工会和党团活动													
学校财产和责任保险费用													
税费和附加费													

续表

项目	合计	事业支出（按照经费来源划分）											
		同级财政拨款			事业收入			非同级财政拨款			其他资金		
		小计	基本支出	项目支出	小计	基本支出	项目支出	小计	基本支出	项目支出	小计	基本支出	项目支出
财务及审计费													
诉讼费													
其他商品和服务支出													
三、对个人和家庭补助支出													
离休费													
退休费													
退职费													
抚恤金													
生活补助													
医疗费补助													
其中：（1）学生医疗费													
（2）教职工医疗费													
助学金													
其中：（1）助学金													
（2）奖学金													
（3）书本费													
（4）伙食补贴													
（5）学生校外践习津贴													
奖励金													
其他对个人和家庭补助支出													
四、资本性支出													

续表

项目	事业支出（按照经费来源划分）												
	合计	同级财政拨款			事业收入			非同级财政拨款			其他资金		
		小计	基本支出	项目支出	小计	基本支出	项目支出	小计	基本支出	项目支出	小计	基本支出	项目支出
房屋建筑物购建													
办公设备购置													
专用设备购置													
仪器设备大型修缮													
房屋建筑物大型修缮													
信息网络及软件购置更新													
文物和陈列品购置													
图书购置													
无形资产购置													
其他资本性支出													
合计													

3. 政府会计制度中的中小学校"事业支出"末级科目，与2014年版中小学校会计制度"事业支出"末级科目的关系，具体如下表所示。

序号	政府会计制度中小学校"事业支出"末级科目	与2014年版中小学校会计制度"事业支出"末级科目相比
	一、工资福利支出	
1	基本工资	
2	津贴补贴	
3	奖金	
4	伙食补助费	
5	绩效工资	

续表

序号	政府会计制度中小学校"事业支出"末级科目	与2014年版中小学校会计制度"事业支出"末级科目相比
6	基本养老保险缴费	原"社会保障缴费"
7	职业年金缴费	
8	基本医疗保险缴费	
9	其他社会保障缴费	
10	住房公积金	原在"对个人和家庭补助支出"
11	医疗费	新增。注意与"对个人和家庭补助支出"中的"医疗费补助"区分
12	外聘教职工工资	原"其他工资福利支出"
13	外聘教职工社会保障缴费	
14	其他工资福利支出	
	二、商品和服务支出	
1	办公费	
2	印刷费	
3	咨询费	
4	手续费	
5	水费	
6	电费	
7	邮电费	
8	取暖费	
9	学校安保费	原"学校安保费用"
10	校园保洁费	原"校园保洁费用"
11	校园绿化费	原"校园绿化费用"
12	其他物业管理费	原"其他物业费用"

续表

序号	政府会计制度中小学校"事业支出"末级科目	与2014年版中小学校会计制度"事业支出"末级科目相比
13	市内差旅费	原"差旅费"
14	国内差旅费	
15	教师出国（境）培训费	原"教师出国培训费用"
16	其他教职工出国（境）培训费	
17	教职工出国（境）考察费	原"出国考察费用"
18	仪器设备维修（护）费	原"维修（护）费"
19	信息系统维修（护）费	
20	房屋建筑物维修（护）费	
21	其他维修（护）费	
22	租赁费	
23	会议费	
24	教师培训费	
25	其他培训费	
26	公务接待费	
27	实验耗材费	原"实验耗材费用"
28	体育耗材费	原"体育耗材费用"
29	其他材料费	原"其他材料费用"
30	劳务费	
31	委托业务费	
32	工会经费	
33	福利费	
34	校车运行维护费	原"公务用车运行维护费"
35	公务用车运行维护费	

续表

序号	政府会计制度中小学校"事业支出"末级科目	与2014年版中小学校会计制度"事业支出"末级科目相比
36	其他交通费	
37	学生活动费	原"学生活动费用"
38	学生出国（境）活动费	
39	教师工会和党团活动	新增
40	学校财产和责任保险费用	原"学校财产、责任保险费用"
41	税费和附加费	原"其他商品和服务支出"
42	财务及审计费	
43	诉讼费	
44	其他商品和服务支出	
	三、对个人和家庭补助支出	
1	离休费	
2	退休费	
3	退职费	
4	抚恤金	
5	生活补助	
6	医疗费补助	原"医疗费"
	其中：（1）学生医疗费	
	（2）教职工医疗费	
7	助学金	原"助学金费用"。其中的"伙食补贴"原为"学生营养餐补助费用"。
	其中：（1）助学金	
	（2）奖学金	
	（3）书本费	
	（4）伙食补贴	
	（5）学生校外践习津贴	

续表

序号	政府会计制度中小学校"事业支出"末级科目	与2014年版中小学校会计制度"事业支出"末级科目相比
8	奖励金	
9	其他对个人和家庭补助支出	
	四、资本性支出	
1	房屋建筑物购建	
2	办公设备购置	
3	专用设备购置	
4	仪器设备大型修缮	原"大型修缮"
5	房屋建筑物大型修缮	
6	信息网络及软件购置更新	
7	文物和陈列品购置	
8	图书购置	原"其他资本性支出"
9	无形资产购置	
10	其他资本性支出	

四、中小学校适用的会计科目表

根据《政府会计制度——行政事业单位会计科目和报表》及《中小学校执行〈政府会计制度——行政事业单位会计科目和报表〉的补充规定》，结合中小学校业务特点，建议按下表设置明细科目。

中小学校适用的政府会计科目一览表

科目类别	科目编码	科目名称	余额方向	年末余额方向	备注
资产	1001	库存现金	借	借	
资产	1001-01	库存现金	借	借	
资产	1001-02	受托代理资产	借	借	
资产	1002	银行存款	借	借	

续表

科目类别	科目编码	科目名称	余额方向	年末余额方向	备注
资产	1002-01	银行存款	借	借	
资产	1002-02	受托代理资产	借	借	
资产	1011	零余额账户用款额度	借	无余额	
资产	1021	其他货币资金	借	借	
资产	1021-01	外埠存款	借	借	
资产	1021-02	银行本票存款	借	借	
资产	1021-03	银行汇票存款	借	借	
资产	1021-04	信用卡存款	借	借	
资产	1101	短期投资 #	借	借	按投资种类等明细核算
资产	1201	财政应返还额度	借	借	
资产	1201-01	财政直接支付	借	借	
资产	1201-02	财政授权支付	借	借	
资产	1211	应收票据	借	借	按开出、承兑汇票单位等明细核算
资产	1212	应收账款	借	借	按债务人明细核算
资产	1214	预付账款	借	借	按供应单位、个人或具体项目明细核算
资产	1215	应收股利 #	借	借	按被投资单位等明细核算
资产	1216	应收利息 #	借	借	按被投资单位等明细核算
资产	1218	其他应收款	借	借	按应收款类别及债务人明细核算
资产	1219	坏账准备	贷	贷	
资产	1219-01	应收账款	贷	贷	
资产	1219-02	其他应收款	贷	贷	
资产	1301	在途物品	借	借	按供应单位和物品种类明细核算
资产	1302	库存物品	借	借	按种类、规格、保管地点等明细核算
资产	1303	加工物品	借	借	

续表

科目类别	科目编码	科目名称	余额方向	年末余额方向	备注
资产	1303-01	自制物品	借	借	按类别、品种、项目等明细核算
资产	1303-02	委托加工物品	借	借	按类别、品种、项目等明细核算
资产	1401	待摊费用	借	借	按待摊费用种类明细核算
资产	1501	长期股权投资#	借	借	
资产	1501-01	成本	借	借	
资产	1501-02	损益调整	借	借	
资产	1501-99	其他权益变动	借	借	
资产	1502	长期债券投资#	借	借	
资产	1502-01	成本	借	借	按债券投资种类明细核算
资产	1502-02	应计利息	借	借	按债券投资种类明细核算
资产	1601	固定资产	借	借	
资产	1601-01	房屋及构筑物	借	借	
资产	1601-02	通用设备	借	借	
资产	1601-03	专用设备	借	借	
资产	1601-04	文物和陈列品	借	借	
资产	1601-05	图书、档案	借	借	
资产	1601-06	家具、用具、装具及动植物	借	借	
资产	1602	固定资产累计折旧	贷	贷	
资产	1602-01	房屋及构筑物	贷	贷	
资产	1602-02	通用设备	贷	贷	
资产	1602-03	专用设备	贷	贷	
资产	1602-04	文物和陈列品	贷	贷	
资产	1602-05	图书、档案	贷	贷	
资产	1602-06	家具、用具、装具及动植物	贷	贷	

续表

科目类别	科目编码	科目名称	余额方向	年末余额方向	备注
资产	1611	工程物资	借	借	
资产	1611-01	库存材料	借	借	
资产	1611-02	库存设备	借	借	
资产	1613	在建工程	借	借	
资产	1613-01	建筑安装工程投资	借	借	按具体项目明细核算
资产	1613-01-01	建筑工程	借	借	
资产	1613-01-02	安装工程	借	借	
资产	1613-02	设备投资	借	借	按具体项目明细核算
资产	1613-03	待摊投资	借	借	按具体项目明细核算
资产	1613-04	待核销基建支出	借	借	按具体项目明细核算
资产	1613-05	基建转出投资	借	借	按具体项目明细核算
资产	1613-99	其他投资	借	借	按具体项目明细核算
资产	1701	无形资产	借	借	按类别、项目等明细核算
资产	1702	无形资产累计摊销	贷	贷	按无形资产的明细分类明细核算
资产	1703	研发支出	借	借	
资产	1703-01	研究支出	借	借	
资产	1703-02	开发支出	借	借	
资产	1801	公共基础设施	借	借	楼类别、项目等明细核算
资产	1802	公共基础设施累计折旧（摊销）	贷	贷	按公共基础设施的明细分类明细核算
资产	1821	文物文化资产	借	借	按类别、项目等明细核算
资产	1831	保障性住房	借	借	按类别、项目等明细核算
资产	1832	保障性住房累计折旧	贷	贷	按保障性住房类别明细核算
资产	1891	受托代理资产	借	借	按种类和委托人或受赠人明细核算
资产	1901	长期待摊费用	借	借	按费用项目明细核算
资产	1902	待处理财产损溢	借或贷	无余额	按待处理的资产项目明细核算

续表

科目类别	科目编码	科目名称	余额方向	年末余额方向	备注
资产	1902-01	待处理财产价值	借或贷	无余额	
资产	1902-02	处理净收入	借或贷	无余额	
负债	2001	短期借款#	贷	贷	按债权人和借款种类明细核算
负债	2101	应交增值税	借或贷	借或贷	
负债	2101-01	应交税金	借或贷	借或贷	
负债	2101-01-01	进项税额	借或贷	借或贷	
负债	2101-01-02	已交税金	借或贷	借或贷	
负债	2101-01-03	转出未交增值税	借或贷	借或贷	
负债	2101-01-04	减免税款	借或贷	借或贷	
负债	2101-01-05	销项税额	借或贷	借或贷	
负债	2101-01-06	进项税额转出	借或贷	借或贷	
负债	2101-01-07	转出多交增值税	借或贷	借或贷	
负债	2101-02	未交税金	借或贷	借或贷	
负债	2101-03	预交税金	借或贷	借或贷	
负债	2101-04	待抵扣进项税额	借或贷	借或贷	
负债	2101-05	待认证进项税额	借或贷	借或贷	
负债	2101-06	待转销项税额	借或贷	借或贷	
负债	2101-07	简易计税	借或贷	借或贷	
负债	2101-08	转让金融商品应交增值税	借或贷	借或贷	
负债	2101-09	代扣代交增值税	借或贷	借或贷	
负债	2102	其他应交税费	借或贷	借或贷	按应交纳税费种类明细核算
负债	2103	应缴财政款	贷	无余额	
负债	2103-01	应缴国库款	贷	无余额	
负债	2103-02	应缴财政专户款	贷	无余额	
负债	2201	应付职工薪酬	贷	贷	
负债	2201-01	基本工资（含离退休费）	贷	贷	
负债	2201-02	国家统一规定的津贴补贴	贷	贷	

续表

科目类别	科目编码	科目名称	余额方向	年末余额方向	备注
负债	2201-03	规范津贴补贴（绩效工资）	贷	贷	
负债	2201-04	改革性补贴	贷	贷	
负债	2201-05	社会保险费	贷	贷	按社会保险费种类明细核算
负债	2201-05-01	基本养老保险费	贷	贷	
负债	2201-05-01-01	代扣代缴	贷	贷	
负债	2201-05-01-02	单位缴纳	贷	贷	
负债	2201-05-02	基本医疗保险费	贷	贷	
负债	2201-05-02-01	代扣代缴	贷	贷	
负债	2201-05-02-02	单位缴纳	贷	贷	
负债	2201-06	住房公积金	贷	贷	
负债	2201-06-01	代扣代缴	贷	贷	
负债	2201-06-02	单位缴纳	贷	贷	
负债	2201-99	其他个人收入	贷	贷	
负债	2301	应付票据	贷	贷	按债权人明细核算
负债	2302	应付账款	贷	贷	按债权人明细核算
负债	2302-01	应付器材款	贷	贷	基建项目分具体项目明细核算
负债	2302-02	应付工程款	贷	贷	基建项目分具体项目明细核算
负债	2304	应付利息	贷	贷	按债权人等明细核算
负债	2305	预收账款	贷	贷	按债权人明细核算
负债	2307	其他应付款	贷	贷	按类别以及债权人等明细核算
负债	2307-01	押金	贷	贷	按债权人明细核算
负债	2307-02	保证金	贷	贷	按债权人明细核算
负债	2307-03	公务卡欠款	贷	贷	按债权人明细核算
负债	2307-04	其他	贷	贷	按债权人明细核算
负债	2401	预提费用	贷	贷	按预提费用的种类明细核算
负债	2501	长期借款#	贷	贷	
负债	2501-01	本金	贷	贷	按贷款单位和贷款种类明细核算

续表

科目类别	科目编码	科目名称	余额方向	年末余额方向	备注
负债	2501-02	应计利息	贷	贷	按贷款单位和贷款种类明细核算
负债	2502	长期应付款	贷	贷	按类别以及债权人明细核算
负债	2601	预计负债	贷	贷	按预计负债项目明细核算
负债	2901	受托代理负债	贷	贷	
净资产	3001	累计盈余	借或贷	借或贷	
净资产	3101	专用基金	贷	贷	按专用基金类别明细核算
净资产	3201	权益法调整	借或贷	借或贷	按被投资单位明细核算
净资产	3301	本期盈余	借或贷	无余额	
净资产	3302	本年盈余分配	借或贷	无余额	
净资产	3401	无偿调拨净资产	借或贷	无余额	
净资产	3501	以前年度盈余调整	借或贷	无余额	
收入	4001	财政拨款收入	贷	无余额	
收入	4001-01	一般公共预算财政拨款	贷	无余额	
收入	4001-02	政府性基金预算财政拨款	贷	无余额	
收入	4101	事业收入	贷	无余额	按事业收入的类别、来源等明细核算
收入	4101-01	保育费	贷	无余额	
收入	4101-02	学费	贷	无余额	
收入	4101-03	非同级财政拨款	贷	无余额	因科研及辅助活动从非同级政府财政部门取得的拨款
收入	……		贷	无余额	
收入	4201	上级补助收入	贷	无余额	按发放补助单位、补助项目等明细核算
收入	4301	附属单位上缴收入	贷	无余额	按附属单位、缴费项目等明细核算
收入	4401	经营收入#	贷	无余额	按经营活动类别、项目和收入来源等明细核算
收入	4601	非同级财政拨款收入	贷	无余额	

续表

科目类别	科目编码	科目名称	余额方向	年末余额方向	备注
收入	4601-01	本级横向转拨财政款	贷	无余额	按收入来源明细核算
收入	4601-02	非本级财政拨款	贷	无余额	按收入来源明细核算
收入	4602	投资收益#	贷	无余额	按投资的种类等明细核算
收入	4603	捐赠收入	贷	无余额	按捐赠资产的用途和捐赠单位等明细核算
收入	4604	利息收入	贷	无余额	
收入	4605	租金收入	贷	无余额	按出租国有资产类别和收入来源等明细核算
收入	4609	其他收入	贷	无余额	按类别、来源等明细核算
费用	5001	业务活动费用	借	无余额	按项目、服务或业务类别、支付对象等明细核算
费用	5001-01	工资福利费用	借	无余额	
费用	5001-02	商品和服务费用	借	无余额	
费用	5001-03	对个人和家庭的补助费用	借	无余额	
费用	5001-04	对企业补助费用	借	无余额	
费用	5001-05	固定资产折旧费	借	无余额	
费用	5001-06	无形资产摊销费	借	无余额	
费用	5001-07	公共基础设施折旧（摊销）费	借	无余额	
费用	5001-08	保障性住房折旧费	借	无余额	
费用	5001-09	计提专用基金	借	无余额	
费用	5101	单位管理费用	借	无余额	按项目、服务或业务类别、支付对象等明细核算
费用	5101-01	工资福利费用	借	无余额	
费用	5101-02	商品和服务费用	借	无余额	
费用	5101-03	对个人和家庭的补助费用	借	无余额	
费用	5101-04	固定资产折旧费	借	无余额	
费用	5101-05	无形资产摊销费	借	无余额	

续表

科目类别	科目编码	科目名称	余额方向	年末余额方向	备注
费用	5201	经营费用#	借	无余额	按经营活动类别、项目和支付对象等明细核算
费用	5201-01	工资福利费用	借	无余额	
费用	5201-02	商品和服务费用	借	无余额	
费用	5201-03	对个人和家庭的补助费用	借	无余额	
费用	5201-04	固定资产折旧费	借	无余额	
费用	5201-05	无形资产摊销费	借	无余额	
费用	5301	资产处置费用	借	无余额	按处置资产的类别、资产处置的形式等明细核算
费用	5401	上缴上级费用	借	无余额	按收缴款项单位、缴款项目等明细核算
费用	5501	对附属单位补助费用	借	无余额	按接受补助单位、补助项目等明细核算
费用	5801	所得税费用	借	无余额	
费用	5901	其他费用	借	无余额	按其他费用的类别等明细核算
费用	5901-01	利息费用	借	无余额	
费用	5901-02	坏账损失	借	无余额	
费用	5901-03	罚没支出	借	无余额	
费用	5901-04	现金资产捐赠支出	借	无余额	
费用	5901-05	运输费	借	无余额	
预算收入	6001	财政拨款预算收入	贷	无余额	按《政府收支分类科目》中"支出功能分类科目"的项级明细核算，有两种及以上财政拨款的，还要按财政拨款的种类明细核算
预算收入	6001-01	基本支出	贷	无余额	
预算收入	6001-01-01	人员经费	贷	无余额	
预算收入	6001-01-02	日常公用经费	贷	无余额	
预算收入	6001-02	项目支出	贷	无余额	按具体项目明细核算

续表

科目类别	科目编码	科目名称	余额方向	年末余额方向	备注
预算收入	6101	事业预算收入	贷	无余额	按事业预算收入类别、项目、来源、《政府收支分类科目》中"支出功能分类科目"的项级科目等明细核算
预算收入	6101-01	基本支出	贷	无余额	
预算收入	6101-01-01	保育费	贷	无余额	
预算收入	6101-01-02	学费	贷	无余额	
预算收入	6101-01-03	……	贷	无余额	
预算收入	6101-02	项目支出	贷	无余额	按具体项目明细核算
预算收入	6101-03	非同级财政拨款	贷	无余额	指开展科研及辅助活动从非同级政府财政部门取得的经费
预算收入	6101-03-01	基本支出	贷	无余额	
预算收入	6101-03-02	项目支出	贷	无余额	按具体项目明细核算
预算收入	6201	上级补助预算收入	贷	无余额	按发放补助单位、补助项目、《政府收支分类科目》中"支出功能分类科目"的项级科目等明细核算
预算收入	6201-01	基本支出	贷	无余额	
预算收入	6201-02	项目支出	贷	无余额	按具体项目明细核算
预算收入	6301	附属单位上缴预算收入	贷	无余额	按附属单位、缴费项目、《政府收支分类科目》中"支出功能分类科目"的项级科目等明细核算
预算收入	6301-01	基本支出	贷	无余额	
预算收入	6301-02	项目支出	贷	无余额	按具体项目明细核算
预算收入	6401	经营预算收入#	贷	无余额	按经营活动类别、项目、《政府收支分类科目》中"支出功能分类科目"的项级科目等明细核算

续表

科目类别	科目编码	科目名称	余额方向	年末余额方向	备注
预算收入	6501	债务预算收入#	贷	无余额	按贷款单位、贷款种类、《政府收支分类科目》中"支出功能分类科目"的项级科目等明细核算
预算收入	6501-01	基本支出	贷	无余额	
预算收入	6501-02	项目支出	贷	无余额	按具体项目明细核算
预算收入	6601	非同级财政拨款预算收入	贷	无余额	按类别、来源、《政府收支分类科目》中"支出功能分类科目"的项级科目等明细核算
预算收入	6601-01	基本支出	贷	无余额	
预算收入	6601-02	项目支出	贷	无余额	按具体项目明细核算
预算收入	6602	投资预算收益#	贷	无余额	按《政府收支分类科目》中"支出功能分类科目"的项级科目等明细核算
预算收入	6609	其他预算收入	贷	无余额	按类别、《政府收支分类科目》中"支出功能分类科目"的项级科目等明细核算
预算收入	6609-01	基本支出	贷	无余额	
预算收入	6609-02	项目支出	贷	无余额	
预算支出	7201	事业支出	借	无余额	
预算支出	7201-01	同级财政拨款	借	无余额	有两种及以上财政拨款的,按财政拨款种类明细核算
预算支出	7201-01-01	基本支出	借	无余额	
预算支出	7201-01-01-01	工资福利支出	借	无余额	
预算支出	7201-01-01-01-01	基本工资	借	无余额	
预算支出	7201-01-01-01-02	津贴补贴	借	无余额	
预算支出	7201-01-01-01-03	奖金	借	无余额	
预算支出	7201-01-01-01-04	伙食补助费	借	无余额	
预算支出	7201-01-01-01-05	绩效工资	借	无余额	
预算支出	7201-01-01-01-06	基本养老保险缴费	借	无余额	

续表

科目类别	科目编码	科目名称	余额方向	年末余额方向	备注
预算支出	7201-01-01-01-07	职业年金缴费	借	无余额	
预算支出	7201-01-01-01-08	基本医疗保险缴费	借	无余额	
预算支出	7201-01-01-01-09	其他社会保障缴费	借	无余额	
预算支出	7201-01-01-01-10	住房公积金	借	无余额	
预算支出	7201-01-01-01-11	医疗费	借	无余额	
预算支出	7201-01-01-01-99	其他工资福利支出	借	无余额	
预算支出	7201-01-01-01-99-01	外聘教职工工资	借	无余额	
预算支出	7201-01-01-01-99-02	外聘教职工社会保障缴费	借	无余额	
预算支出	7201-01-01-01-99-99	其他工资福利支出	借	无余额	
预算支出	7201-01-01-02	商品和服务支出	借	无余额	
预算支出	7201-01-01-02-01	办公费	借	无余额	
预算支出	7201-01-01-02-02	印刷费	借	无余额	
预算支出	7201-01-01-02-03	咨询费	借	无余额	
预算支出	7201-01-01-02-04	手续费	借	无余额	
预算支出	7201-01-01-02-05	水费	借	无余额	
预算支出	7201-01-01-02-06	电费	借	无余额	
预算支出	7201-01-01-02-07	邮电费	借	无余额	
预算支出	7201-01-01-02-08	取暖费	借	无余额	
预算支出	7201-01-01-02-09	物业管理费	借	无余额	
预算支出	7201-01-01-02-09-01	学校安保费	借	无余额	
预算支出	7201-01-01-02-09-02	校园保洁费	借	无余额	
预算支出	7201-01-01-02-09-03	校园绿化费	借	无余额	

续表

科目类别	科目编码	科目名称	余额方向	年末余额方向	备注
预算支出	7201-01-01-02-09-04	其他物业管理费	借	无余额	
预算支出	7201-01-01-02-10	差旅费	借	无余额	
预算支出	7201-01-01-02-10-01	市内差旅费	借	无余额	
预算支出	7201-01-01-02-10-02	国内差旅费	借	无余额	
预算支出	7201-01-01-02-11	因公出国（境）费用	借	无余额	
预算支出	7201-01-01-02-11-01	教师出国（境）培训费	借	无余额	
预算支出	7201-01-01-02-11-02	学生出国（境）活动费	借	无余额	
预算支出	7201-01-01-02-11-03	其他教职工出国（境）培训费	借	无余额	
预算支出	7201-01-01-02-11-04	教职工出国（境）考察费	借	无余额	
预算支出	7201-01-01-02-12	维修（护）费	借	无余额	
预算支出	7201-01-01-02-12-01	仪器设备维修（护）费	借	无余额	
预算支出	7201-01-01-02-12-02	信息系统维修（护）费	借	无余额	
预算支出	7201-01-01-02-12-03	房屋建筑物维修（护）费	借	无余额	
预算支出	7201-01-01-02-12-04	其他维修（护）费	借	无余额	
预算支出	7201-01-01-02-13	租赁费	借	无余额	
预算支出	7201-01-01-02-14	会议费	借	无余额	
预算支出	7201-01-01-02-15	培训费	借	无余额	
预算支出	7201-01-01-02-15-01	教师培训费	借	无余额	

续表

科目类别	科目编码	科目名称	余额方向	年末余额方向	备注
预算支出	7201-01-01-02-15-02	其他培训费	借	无余额	
预算支出	7201-01-01-02-16	公务接待费	借	无余额	
预算支出	7201-01-01-02-17	专用材料费	借	无余额	
预算支出	7201-01-01-02-17-01	实验耗材费	借	无余额	
预算支出	7201-01-01-02-17-02	体育耗材费	借	无余额	
预算支出	7201-01-01-02-17-03	其他材料费	借	无余额	
预算支出	7201-01-01-02-18	劳务费	借	无余额	
预算支出	7201-01-01-02-19	委托业务费	借	无余额	
预算支出	7201-01-01-02-20	工会经费	借	无余额	
预算支出	7201-01-01-02-21	福利费	借	无余额	
预算支出	7201-01-01-02-22	公务用车运行维护费	借	无余额	
预算支出	7201-01-01-02-22-01	校车运行维护费	借	无余额	
预算支出	7201-01-01-02-22-02	公务用车运行维护费	借	无余额	
预算支出	7201-01-01-02-23	其他交通费用	借	无余额	
预算支出	7201-01-01-02-24	税金及附加费用	借	无余额	
预算支出	7201-01-01-02-99	其他商品和服务支出	借	无余额	
预算支出	7201-01-01-02-99-01	学生活动费	借	无余额	
预算支出	7201-01-01-02-99-02	教师工会和党团活动	借	无余额	
预算支出	7201-01-01-02-99-03	学校财产和责任保险	借	无余额	
预算支出	7201-01-01-02-99-04	财务及审计费	借	无余额	

续表

科目类别	科目编码	科目名称	余额方向	年末余额方向	备注
预算支出	7201-01-01-02-99-05	诉讼费	借	无余额	
预算支出	7201-01-01-02-99-99	其他商品和服务支出	借	无余额	
预算支出	7201-01-01-03	对个人和家庭补助支出	借	无余额	
预算支出	7201-01-01-03-01	离休费	借	无余额	
预算支出	7201-01-01-03-02	退休费	借	无余额	
预算支出	7201-01-01-03-03	退职费	借	无余额	
预算支出	7201-01-01-03-04	抚恤金	借	无余额	
预算支出	7201-01-01-03-05	生活补助	借	无余额	
预算支出	7201-01-01-03-06	医疗费补助	借	无余额	
预算支出	7201-01-01-03-06-01	学生医疗费	借	无余额	
预算支出	7201-01-01-03-06-02	教职工医疗费	借	无余额	
预算支出	7201-01-01-03-07	助学金	借	无余额	
预算支出	7201-01-01-03-07-01	助学金	借	无余额	
预算支出	7201-01-01-03-07-02	奖学金	借	无余额	
预算支出	7201-01-01-03-07-03	书本费	借	无余额	
预算支出	7201-01-01-03-07-04	伙食补贴	借	无余额	
预算支出	7201-01-01-03-07-05	学生校外践习津贴	借	无余额	
预算支出	7201-01-01-03-08	奖励金	借	无余额	
预算支出	7201-01-01-03-99	其他对个人和家庭的补助	借	无余额	
预算支出	7201-01-01-04	资本性支出	借	无余额	
预算支出	7201-01-01-04-01	房屋建筑物购建	借	无余额	

续表

科目类别	科目编码	科目名称	余额方向	年末余额方向	备注
预算支出	7201-01-01-04-02	办公设备购置	借	无余额	
预算支出	7201-01-01-04-03	专用设备购置	借	无余额	
预算支出	7201-01-01-04-04	大型修缮	借	无余额	
预算支出	7201-01-01-04-04-01	仪器设备大型修缮	借	无余额	
预算支出	7201-01-01-04-04-02	房屋建筑物大型修缮	借	无余额	
预算支出	7201-01-01-04-05	信息网络及软件购置更新	借	无余额	
预算支出	7201-01-01-04-06	文物和陈列品购置	借	无余额	
预算支出	7201-01-01-04-07	无形资产购置	借	无余额	
预算支出	7201-01-01-04-99	其他资本性支出	借	无余额	
预算支出	7201-01-01-04-99-01	图书购置	借	无余额	
预算支出	7201-01-01-04-99-99	其他资本性支出	借	无余额	
预算支出	7201-01-02	项目支出	借	无余额	按《政府收支分类科目》中"支出功能分类科目"的项级科目和"政府预算支出经济分类科目"的款级科目（可参照基本支出明细科目）明细核算，同时按具体项目明细核算
预算支出	7201-02	事业收入	借	无余额	
预算支出	7201-02-01	基本支出	借	无余额	明细科目参照同级财政拨款中基本支出的明细科目设置
预算支出	7201-02-02	项目支出	借	无余额	按《政府收支分类科目》中"支出功能分类科目"的项级科目和"政府预算支出经济分类科目"的款级科目（可参照基本支出明细科目）明细核算，同时按具体项目明细核算
预算支出	7201-03	非同级财政拨款	借	无余额	

续表

科目类别	科目编码	科目名称	余额方向	年末余额方向	备注
预算支出	7201-03-01	基本支出	借	无余额	明细科目参照同级财政拨款中基本支出的明细科目设置
预算支出	7201-03-02	项目支出	借	无余额	按《政府收支分类科目》中"支出功能分类科目"的项级科目和"政府预算支出经济分类科目"的款级科目（可参照基本支出明细科目）明细核算，同时按具体项目明细核算
预算支出	7201-04	其他资金	借	无余额	
预算支出	7201-04-01	基本支出	借	无余额	明细科目参照同级财政拨款中基本支出的明细科目设置
预算支出	7201-04-02	项目支出	借	无余额	按《政府收支分类科目》中"支出功能分类科目"的项级科目和"政府预算支出经济分类科目"的款级科目（可参照基本支出明细科目）明细核算，同时按具体项目明细核算
预算支出	7301	经营支出#	借	无余额	按经营活动类别、项目、《政府收支分类科目》中"支出功能分类科目"的项级科目和"政府预算支出经济分类科目"的款级科目等明细核算
预算支出	7401	上缴上级支出	借	无余额	按收缴款项单位、缴款项目、《政府收支分类科目》中"支出功能分类科目"的项级科目和"政府预算支出经济分类科目"的款级科目等明细核算
预算支出	7501	对附属单位补助支出	借	无余额	按接受补助单位、补助项目、《政府收支分类科目》中"支出功能分类科目"的项级科目和"政府预算支出经济分类科目"的款级科目等明细核算

续表

科目类别	科目编码	科目名称	余额方向	年末余额方向	备注
预算支出	7601	投资支出#	借	无余额	按投资类型、投资对象、《政府收支分类科目》中"支出功能分类科目"的项级科目和"政府预算支出经济分类科目"的款级科目等明细核算
预算支出	7701	债务还本支出#	借	无余额	按贷款单位、贷款种类、《政府收支分类科目》中"支出功能分类科目"的项级科目和"政府预算支出经济分类科目"的款级科目等明细核算
预算支出	7901	其他支出	借	无余额	按类别、项目、《政府收支分类科目》中"支出功能分类科目"的项级科目和"政府预算支出经济分类科目"的款级科目等明细核算
预算支出	7901-01	同级财政拨款	借	无余额	
预算支出	7901-02	事业收入	借	无余额	
预算支出	7901-03	非同级财政拨款	借	无余额	
预算支出	7901-04	其他资金	借	无余额	
预算结余	8001	资金结存	借	借	
预算结余	8001-01	零余额账户用款额度	借	无余额	
预算结余	8001-02	货币资金	借	借	
预算结余	8001-02-01	库存现金	借	借	
预算结余	8001-02-02	银行存款	借	借	
预算结余	8001-02-03	其他货币资金	借	借	
预算结余	8001-03	财政应返还额度	借	借	
预算结余	8001-03-01	财政直接支付	借	借	
预算结余	8001-03-02	财政授权支付	借	借	
预算结余	8101	财政拨款结转	贷	贷	
预算结余	8101-01	年初余额调整	借或贷	无余额	
预算结余	8101-02	归集调入	贷	无余额	

续表

科目类别	科目编码	科目名称	余额方向	年末余额方向	备注
预算结余	8101-03	归集调出	借	无余额	
预算结余	8101-04	归集上缴	借	无余额	
预算结余	8101-05	单位内部调剂	贷	无余额	
预算结余	8101-06	本年收支结转	借或贷	无余额	
预算结余	8101-06-01	基本支出结转	借或贷	无余额	按《政府收支分类科目》中"支出功能分类科目"的相关科目明细核算
预算结余	8101-06-01-01	人员经费	借或贷	无余额	
预算结余	8101-06-01-02	日常公用经费	借或贷	无余额	
预算结余	8101-06-02	项目支出结转	借或贷	无余额	按具体项目、《政府收支分类科目》中"支出功能分类科目"的相关科目明细核算
预算结余	8101-07	累计结转	贷	贷	
预算结余	8101-07-01	基本支出结转	贷	贷	按《政府收支分类科目》中"支出功能分类科目"的相关科目明细核算
预算结余	8101-07-01-01	人员经费	贷	贷	
预算结余	8101-07-01-02	日常公用经费	贷	贷	
预算结余	8101-07-02	项目支出结转	贷	贷	按具体项目、《政府收支分类科目》中"支出功能分类科目"的相关科目明细核算
预算结余	8102	财政拨款结余	贷	贷	按具体项目、《政府收支分类科目》中"支出功能分类科目"的相关科目等明细核算
预算结余	8102-01	年初余额调整	借或贷	无余额	
预算结余	8102-02	归集上缴	借	无余额	
预算结余	8102-03	单位内部调剂	借	无余额	
预算结余	8102-04	结转转入	贷	无余额	
预算结余	8102-05	累计结余	贷	贷	

续表

科目类别	科目编码	科目名称	余额方向	年末余额方向	备注
预算结余	8201	非财政拨款结转	贷	贷	按具体项目、《政府收支分类科目》中"支出功能分类科目"的相关科目等明细核算
预算结余	8201-01	年初余额调整	借或贷	无余额	
预算结余	8201-02	缴回资金	借	无余额	
预算结余	8201-03	项目间接费用或管理费	借	无余额	
预算结余	8201-04	本年收支结转	借或贷	无余额	
预算结余	8201-05	累计结转	贷	贷	
预算结余	8202	非财政拨款结余	贷	贷	按《政府收支分类科目》中"支出功能分类科目"的相关科目明细核算
预算结余	8202-01	年初余额调整	借或贷	无余额	
预算结余	8202-02	项目间接费用或管理费	贷	无余额	
预算结余	8202-03	结转转入	贷	无余额	
预算结余	8202-04	累计结余	贷	贷	
预算结余	8301	专用结余	贷	贷	按专用结余的类别明细核算
预算结余	8401	经营结余#	贷	借或无余额	按经营活动类别明细核算
预算结余	8501	其他结余	贷	无余额	
预算结余	8701	非财政拨款结余分配	贷	无余额	

注：#号表示义务教育阶段中小学校不可使用的会计科目。

第四章 新旧会计制度衔接

第一节 新旧会计制度衔接概述

财政部规定：自 2019 年 1 月 1 日起，全国各级各类行政事业单位施行《政府会计制度——行政事业单位会计科目和报表》（财会〔2017〕25 号），执行本制度的中小学校，不再执行《中小学校会计制度》。

为确保新制度在中小学校有效贯彻实施，财政部制定了《关于中小学校执行〈政府会计制度——行政事业单位会计科目和报表〉的补充规定和衔接规定》（财会〔2018〕20 号）、《关于进一步做好政府会计准则制度新旧衔接和加强行政事业单位资产核算的通知》（财会〔2018〕34 号），要求中小学校应当以执行新政府会计准则制度、做好新旧制度衔接工作为契机，健全会计机构，充实会计人员，提升会计信息化水平，进一步规范和加强各类资产的会计核算，确保资产信息的全面性、完整性和准确性。

本章内容主要依据以上两个文件。

第二节 2018 年底的准备工作

一、修订学校内部财务管理制度

中小学校应根据政府会计准则及新制度的规定，及时更新、调整本单位的相关财务管理制度：如根据《政府会计准则第 3 号——固定资产》，重新划分固定资产类别，确定固定资产折旧方法；根据《政府会计准则第 3 号——固定资产》应用指南以及财会〔2018〕20 号文件中关于中小学校固定资产折旧年限表，确定固定资产的折旧年限。

对于本单位存货、无形资产的管理，均应根据政府会计准则，修订相关管理制度。

二、硬件准备

满足会计电算化软件配置要求的计算机。

三、软件准备及科目设置

中小学校应当按照新制度及补充规定要求对原有会计信息系统进行及时更新和调试，实现数据正确转换，确保新旧账套的有序衔接。

会计信息化软件本身自带的会计科目不一定完整，一定按照文件核对会计科目，这是财务工作的基础。宁可多设一些科目备用，也不能少设科目，因为一旦发生该业务需要增加数据时，系统改动不仅工作量很大，项目之间的衔接也容易出现遗漏或错误。

新账会计科目的设置，从一级到末级、各层级、具体科目名称，要按照以下两份文件核对，不要遗漏。

文件1：财政部关于印发《政府会计制度——行政事业单位会计科目和报表》的通知（财会〔2017〕25号）

文件2：财政部关于印发中小学校执行《政府会计制度——行政事业单位会计科目和报表》的补充规定和衔接规定的通知（财会〔2018〕20号）

四、人员准备

健全会计机构，充实会计人员，学习培训政府会计制度。

对资产管理、人事工资、基建、合同、库管等人员进行培训，每月月底各部门负责人应通报财务信息，确保财务工作如期完成。

五、数据准备

（一）开展财产清查工作

请单位负责人协调相关部门，进行固定资产、无形资产、库存物品清查，通过财产清查，核实单位各项资产损溢情况，全面摸清单位家底，如实暴露单位存在的矛盾和问题，真实、完整的反映单位资产状况和财务状况，为新旧制度的顺利衔接创造条件。

各单位进行财产清查工作时，应全面彻底、不重不漏，做到账实相符，保证新旧制度衔接后，会计信息更加真实、可靠。

（二）清理账目工作

清理账目是指对单位的各种银行账户、各类库存现金和有价证券、会计核算科目等基本财务情况进行全面核对和清理，以及对单位的各项内部资金往来进行全面核对和清理，以保证账账相符、账证相符、账表相符和账实相符。

清理账目应与财产清查相结合，以资产清查基准日（2018年12月31日）为时点，采取倒轧的方式对各项账务进行全面清理。单位在账务清理中，对清理出来的各种由于会计技术性差错因素造成的错账，应当根据有关会计差错调整的规定自行进行账务调整。

在分析整理相关会计科目明细信息时，应关注引起收支或资金变动的科目，尤其重点关注资金性质（财政/非财政专项/其他）、未入账资产初始入账成本以及代管的库存现金、银行存款、物资等。

（三）未入账的经济事项登记，如经济纠纷、在途物资

（四）基建并账

2018年末完成基建并账，根据《关于中小学校执行〈政府会计制度——行政事业单位会计科目和报表〉的衔接规定》，"截至2018年12月31日尚未进行基建'并账'的中小学校，应当首先按照《新旧中小学校会计制度有关衔接问题的处理规定》（财会〔2014〕5号），将基建账套相关数据并入2018年12月31日原账中的相关科目余额，再按照本规定将2018年12月31日原账相关会计科目余额转入新账相应科目"。

六、难点解析

（一）在建工程对历史价值是否追溯？

不用追溯。财会〔2018〕34号《关于进一步做好政府会计准则制度新旧衔接和加强行政事业单位资产核算的通知》，其中（八）关于在建工程："单位在新旧制度转换时，对于2018年12月31日前发生的已经计入支出、但按照政府会计准则制度应当计入在建工程成本的固定资产更新、改造等费用，无须追溯调整在建工程账面价值。"

（二）沿用《中小学校会计制度》不施行《政府会计制度》，是否可行？

不行。财政部《关于贯彻实施政府会计准则制度的通知》（财会〔2018〕21号），要求自2019年1月1日起，全国各级各类行政事业单位全面施行政府会计准则制度，各中小学校，不再执行《中小学校会计制度》（财会〔2013〕28号）。

财政部印发《关于中小学校执行〈政府会计制度——行政事业单位会计科目和报

表》的补充规定和衔接规定的通知》(财会〔2018〕20号),要求自2019年1月1日起,中小学校应当严格按照新制度及补充规定进行会计核算、编制财务报表和预算会计报表。

(三)执行新制度会计人员工作量大,难以应付,怎么办?

财政部《关于进一步做好政府会计准则制度新旧衔接和加强行政事业单位资产核算的通知》(财会〔2018〕34号),要求各单位应当以执行新政府会计准则制度、做好新旧制度衔接工作为契机,健全会计机构,充实会计人员,提升会计信息化水平,进一步规范和加强各类资产的会计核算,夯实资产核算的各项基础工作,强化资产账实相符,确保资产信息的全面性、完整性和准确性。

如果仅是会计一个人做这项工作,很难应对,需要学校内部协调:人事部门计算工资应发实发;基建部门统计合同、验收、在建工程转固定资产、核对质保金;资产管理部门计算固定资产折旧、无形资产摊销、资产清查、固资验收;总务或库管计算水、电、电话费等预付款的余额,清理库存存货,是否有待摊费用,是否有委托代理资产;合同管理部门统计合同执行情况,如应付未付、未入账事项;财务部门统计学校是否有借款等。以上都会涉及账务处理,所以每月各部门要及时通报财务信息。

第三节 新旧会计制度衔接的主要步骤

第1步,根据原账编制2018年12月31日科目余额表,并编制原账部分科目余额明细表(参见表4-1、表4-2)。

第2步,按照新制度及补充规定设立2019年1月1日新账。

第3步,按照衔接规定要求,登记新账的财务会计科目余额和预算结余科目余额,包括将原账科目余额转入新账财务会计科目、按照原账科目余额登记新账预算结余科目(中小学校新旧会计制度转账、登记新账科目对照表见表4-3),将未入账事项登记新账科目,并对相关新账科目余额进行调整。

第4步,按照登记及调整后新账各会计科目余额,编制2019年1月1日科目余额表,作为新账各会计科目期初余额。

第5步,根据新账各会计科目期初余额,按照新制度编制2019年1月1日资产负债表。

表 4-1　　　　　中小学校原会计科目余额明细表一

总账科目	明细分类	金额	备注
库存现金	库存现金		
	其中：受托代理现金		
银行存款	银行存款		
	其中：受托代理银行存款		
	其他货币资金		
应收账款	应收票据		
	应收账款		
	预收账款		
其他应收款	在途物品		已经付款，尚未收到物资
	其他		
存货	库存物品		
	受托代理物资		
长期投资	长期股权投资		
	长期债券投资		
在建工程	在建工程		
	工程物资		
	预付工程款、预付备料款		
应缴税费	应缴增值税		
	其他应缴税费		
应付账款	应付票据		
	应付账款		
	预收账款		
其他应付款	其他应付款		
	受托代理负债		
代管款项	受托代理负债		
	其他应付款		
	长期应付款		

表 4-2　　　　　　　　　中小学校原会计科目余额明细表二

总账科目	明细分类	金额	备注
应收账款	应收票据和应收账款		
	其中：发生时不计入收入		如转让资产的应收票据和应收账款
	发生时计入收入		
	其中：专项收入		
	其他		
	预付账款		
	其中：财政补助资金预付		
	非财政补助专项资金预付		
	非财政补助非专项资金预付		
其他应收款	预付款项		如职工预借的差旅费等
	其中：财政补助资金预付		
	非财政补助专项资金预付		
	非财政补助非专项资金预付		
	需要收回及其他		如支付的押金、应收为职工垫付的款项等
存货	购入存货		
	其中：使用财政补助资金购入		
	使用非财政补助专项资金购入		
	使用非财政补助非专项购入		
	非购入存货		如无偿调入、接受捐赠的存货等
长期投资	长期股权投资		
	其中：用现金资产取得		
	用非现金资产或其他方式取得		
	长期债券投资		

续表

总账科目	明细分类	金额	备注
应付账款	应付票据和应付账款		
	其中：发生时不计入支出		
	发生时计入支出		
	其中：财政补助资金应付		
	非财政补助专项资金应付		
	非财政补助非专项资金应付		
	预收账款		
	其中：预收专项资金		
	预收非专项资金		
专用基金	从非财政补助结余分配中提取		
	从收入中列支提取		
	其他		

表4-3 　　中小学校新旧会计制度转账、登记新账科目对照表

序号	新制度会计科目				原制度会计科目			
	编号	科目名称	借方	贷方	编号	科目名称	借方	贷方
一、资产类								
1	1001	库存现金			1001	库存现金		
		其中：受托代理资产						
2	1002	银行存款			1002	银行存款		
		其中：受托代理资产						
3	1021	其他货币资金						
4	1101	短期投资			1101	短期投资		
5	1201	财政应返还额度			1201	财政应返还额度		
6	1211	应收票据						
7	1212	应收账款			1212	应收账款		
8	1214	预付账款						
9	1218	其他应收款			1215	其他应收款		
10	1301	在途物品						

续表

序号	新制度会计科目				原制度会计科目			
	编号	科目名称	借方	贷方	编号	科目名称	借方	贷方
11	1302	库存物品			1301	存货		
12	1891	受托代理资产						
13	1501	长期股权投资			1401	长期投资		
14	1502	长期债券投资						
15	1601	固定资产			1501	固定资产		
16	1611	工程物资			1511	在建工程		
17	1613	在建工程						
18	1214	预付账款						
19	1701	无形资产			1601	无形资产		
20	1902	待处理财产损溢			1701	待处置资产损溢		
二、负债类								
21	2001	短期借款			2001	短期借款		
22	2101	应交增值税			2101	应缴税费		
23	2102	其他应交税费						
24	2103	应缴财政款			2102	应缴国库款		
25					2103	应缴财政专户款		
26	2201	应付职工薪酬			2201	应付职工薪酬		
27	2301	应付票据			2302	应付账款		
28	2302	应付账款						
29	2305	预收账款						
30	2307	其他应付款			2305	其他应付款		
31	2901	受托代理负债						
32	2501	长期借款			2401	长期借款		
33	2502	长期应付款			2402	长期应付款		
34	2901	受托代理负债			2501	代管款项		
35	2307	其他应付款						
36	2502	长期应付款						

续表

序号	新制度会计科目				原制度会计科目			
	编号	科目名称	借方	贷方	编号	科目名称	借方	贷方
三、净资产类								
37	3001	累计盈余			3001	事业基金		
38					3101	非流动资产基金		
39	3101	专用基金			3201	专用基金		
40					3301	财政补助结转		
41	3001	累计盈余			3302	财政补助结转		
42					3401	非财政补助结转		
43	3001	累计盈余（借方）			3403	经营结余（借方）		
四、预算结余类								
44	8101	财政拨款结转			3301	财政补助结转		
45	8102	财政拨款结余			3302	财政补助结转		
46	8201	非财政拨款结转			3401	非财政补助结转		
47	8202	非财政拨款结余			3001	事业基金		
48	8301	专用结余			3201	专用基金		
49	8401	经营结余			3403	经营结余		
50	8001	资金结存（借方）			3301	财政补助结转		
					3302	财政补助结转		
					3401	非财政补助结转		
					3001	事业基金		
					3201	专用基金		
					3403	经营结余		

第四节 财务会计科目的新旧衔接

一、将 2018 年 12 月 31 日原账会计科目余额转入新账财务会计科目

中小学校在进行新旧衔接的转账时，应当编制转账的工作分录，作为转账的工作底稿，并将转入新账的对应原科目余额及分拆原科目余额的依据作为原始凭证。

（一）资产类

1. "库存现金""财政应返还额度""短期投资""固定资产""无形资产"科目。

新制度设置了"库存现金""财政应返还额度""短期投资""固定资产""无形资产"科目，其核算内容与原账上述相应科目的核算内容基本相同。转账时，中小学校应当将原账上述科目余额直接转入新账相应科目。其中，还应当将原账"库存现金"科目余额中属于新制度规定受托代理资产的金额，转入新账"库存现金"科目下"受托代理资产"明细科目。

【例 4–1】某小学 2018 年末库存现金借方余额 3869 元，其中有代管款项，代收学生作业本费 869 元，由于厂商未开具发票，尚未支付。

工作分录 1，记账凭证

原账会计科目	新账财务会计科目
贷：库存现金 3869	借：库存现金 3000 库存现金—受托代理资产 869

2. "银行存款"科目。

新制度设置了"银行存款"和"其他货币资金"科目，原制度设置了"银行存款"科目。转账时，中小学校应当将原账"银行存款"科目中核算的属于新制度规定的其他货币资金的金额，转入新账财务会计分录"其他货币资金"科目；将原账"银行存款"科目余额减去其中属于其他货币资金余额后的差额，转入新账的"银行存款"科目。其中，还应当将原账"银行存款"科目余额中属于新制度规定受托代理资产的金额，转入新账"银行存款"科目下的"受托代理资产"明细科目。

【例 4–2】某中学 2018 年末银行存款借方余额 63869 元。其中外埠银行存款有 3869 元。

工作分录 2，记账凭证

原账会计科目	新账财务会计科目
贷：银行存款 63869	借：银行存款—银行存款 60000 其他货币资金 3869

3."应收账款"科目。

新制度设置了"应收票据""应收账款""预付账款"科目，这三个科目核算内容与原账"应收账款"科目核算内容基本相同。转账时，中小学校应当将原账"应收账款"科目余额中属于新制度规定的应收票据的金额转入新账"应收票据"科目；将原账"应收账款"科目余额中属于新制度规定的应收账款的金额转入新账"应收账款"科目；将原账"应收账款"科目余额中属于新制度规定的预付账款的金额转入新账"预付账款"科目。

【例4-3】某职业中学2018年末"应收账款"借方余额638690元，经过分析，其中持有未到期的商业汇票300000元转入新账"应收票据"；其中因为出租资产、出售物资138690元转入新制度"应收账款"；其中预付冬季取暖用燃料款200000元转入新制度"预付账款"。

工作分录3，记账凭证

原账会计科目	新账财务会计科目
贷：应收账款 638690	借：应收票据 300000 应收账款 138690 预付账款 200000

4."其他应收款"科目。

新制度设置了"其他应收款"科目，该科目核算内容与原账"其他应收款"科目核算内容基本相同。转账时，中小学校应当将原账"其他应收款"科目余额，转入新账"其他应收款"科目。

新制度设置了"在途物品"科目，中小学校在原账"其他应收款"科目中核算了已经付款或开出商业汇票、尚未收到物资的款项，应当将原账"其他应收款"科目余额中已经付款或开出商业汇票、尚未收到物资的款项金额，转入新账"在途物品"科目。

【例4-4】某中学2018年末"其他应收款"借方余额32000元。经过分析，其中已经付款但是尚未收到物资的款项转入新账"在途物品"30000元；其中教职工出差借款转入新制度"其他应收款"2000元。

工作分录4，记账凭证

原账会计科目	新账财务会计科目
贷：其他应收款 32000	借：在途物品 30000 其他应收款 2000

5."存货"科目。

新制度设置了"库存物品"和"加工物品"科目，原制度设置了"存货"科目。转账时，中小学校应当将原账"存货"科目余额中属于在加工存货的金额，转入新账"加工物品"科目；将原账"存货"科目余额减去属于在加工存货的金额后的差额，转入新账"库存物品"科目。

中小学校在原账的"存货"科目中核算了属于新制度规定的受托代理物资的，应当将原账"存货"科目余额中属于受托代理物资的金额，转入新账"受托代理资产"科目。

【例4-5】某职业中学2018年末"存货"借方余额140765元。经过分析，其中在加工服装原材料价值138690元转入新账"加工物品"；库存A4纸5箱价值800元转入新账"库存物品"；代管学生校服10套价值1275元转入新账"受托代理资产"。

工作分录5，记账凭证

原账	新账财务会计科目
贷：存货 140765	借：加工物品 138690 库存物品 800 受托代理资产 1275

6."长期投资"科目。

新制度设置了"长期股权投资"和"长期债券投资"科目，原制度设置了"长期投资"科目。转账时，中小学校应当将原账"长期投资"科目余额中属于股权投资的金额，转入新账"长期股权投资"科目及其明细科目；将原账"长期投资"科目余额中属于债券投资的金额，转入新账"长期债券投资"科目及其明细科目。义务教育阶段学校一般没有此类业务。

7."在建工程"科目。

新制度设置了"在建工程"和"预付账款——预付备料款、预付工程款"科目，原制度设置了"在建工程"科目。转账时，中小学校应当将原账"在建工程"科目余额（基建"并账"后的金额，下同）中属于预付备料款、预付工程款的金额，转入新账"预付账款"科目相关明细科目；将原账"在建工程"科目余额减去预付备料款、预付工程款金额后的差额，转入新账"在建工程"科目。

中小学校在原账"在建工程"科目中核算了按照新制度规定应当记入"工程物

资"科目内容的,应当将原账"在建工程"科目余额中属于工程物资的金额,转入新账"工程物资"科目。

【例4-6】某学校2018年末基建并账后"在建工程"借方余额1407650元。经过分析,其中预付农民工工资、安全文明施工措施费转入新账"预付账款"1200000元;其余转入新账"在建工程"。

工作分录6,记账凭证

原账会计科目	新账财务会计科目
贷:在建工程 1407650	借:预付账款 1200000 　　在建工程 207650

8."待处置资产损溢"科目。

新制度设置了"待处理财产损溢"科目,该科目核算内容与原账"待处置资产损溢"科目核算内容基本相同。转账时,中小学校应当将原账"待处置资产损溢"科目余额,转入新账"待处理财产损溢"科目。

9."零余额账户用款额度"科目。

由于原账"零余额账户用款额度"科目年末无余额,该科目无需进行转账处理。

(二)负债类

1."短期借款""应付职工薪酬""长期借款""长期应付款"科目。

新制度设置了"短期借款""应付职工薪酬""长期借款""长期应付款"科目,这些科目核算内容与原账上述相应科目核算内容基本相同。转账时,中小学校应当将原账上述科目余额直接转入新账相应科目。

2."应缴税费"科目。

新制度设置了"应交增值税"和"其他应交税费"科目,原制度设置了"应缴税费"科目。转账时,中小学校应当将原账"应缴税费—应缴增值税"科目余额,转入新账"应交增值税"科目中的相关明细科目;将原账"应缴税费"科目余额减去属于应缴增值税余额后的差额,转入新账"其他应交税费"科目。

【例4-7】某学校2018年"应缴税费"贷方余额196.56元(教职工应缴个人所得税),转入新账"其他应交税费"。

工作分录7,记账凭证

原账会计科目	新账财务会计科目
借:应缴税费 196.56	贷:其他应交税费 196.56

3."应缴国库款""应缴财政专户款"科目。

新制度设置了"应缴财政款"科目,原制度设置了"应缴国库款""应缴财政专户款"科目。转账时,中小学校应当将原账"应缴国库款""应缴财政专户款"科目余额,转入新账"应缴财政款"科目。

【例4-8】 某学校2018年末"应缴国库款"贷方余额1560元(资产处置收入),转入新账"应缴财政款"。

工作分录8,记账凭证

原账会计科目	新账财务会计科目
借:应缴国库款 1560	贷:应缴财政款 1560

【例4-9】 某公办幼儿园2018年末"应缴财政专户款"贷方余额19000元(幼儿保教费),转入新账"应缴财政款"。

工作分录9,记账凭证

原账会计科目	新账财务会计科目
借:应缴财政专户款 19000	贷:应缴财政款 19000

4."应付账款"科目。

新制度设置了"应付票据""应付账款""预收账款"科目,这三个科目核算内容与原账"应付账款"科目核算内容基本相同。转账时,中小学校应当将原账"应付账款"科目余额中属于应付票据的金额转入新账"应付票据"科目;将原账"应付账款"科目余额中属于应付账款的金额转入新账"应付账款"科目;将原账"应付账款"科目余额中属于预收账款的金额转入新账"预收账款"科目。

5."其他应付款"科目。

新制度设置了"其他应付款"科目,该科目核算内容与原账"其他应付款"科目核算内容基本相同。转账时,中小学校应当将原账"其他应付款"科目余额,转入新账"其他应付款"科目。其中,中小学校在原账"其他应付款"科目中核算了属于新制度规定的受托代理负债的,应当将原账"其他应付款"科目余额中属于受托代理负债的余额,转入新账"受托代理负债"科目。

【例4-10】 某学校2018年末"其他应付款"贷方余额14076元。经过分析,其中有12076元是学校代收铁塔公司信号塔的电费,需要转交电力局,转入新账"受托代理负债";其余2000元转入新账"其他应付款"。

工作分录10,记账凭证

原账会计科目	新账财务会计科目
借：其他应付款 14076	贷：其他应付款 2000 受托代理负债 12076

6. "代管款项"科目。

新制度设置了"受托代理负债"科目，原账"代管款项"科目核算内容包括了受托代理负债的内容。转账时，中小学校应当对原账"代管款项"科目余额进行分析，将其中属于新制度规定受托代理负债的余额转入新账"受托代理负债"科目；将不属于受托代理负债的余额，根据偿还期限分别转入新账"其他应付款"和"长期应付款"科目。

【例 4-11】某初中 2018 年末"代管款项"贷方余额 17000 元，转入新账"受托代理负债"。

工作分录 11，记账凭证

原账会计科目	新账财务会计科目
借：代管款项 17000	贷：受托代理负债 17000

（三）净资产类

1. "事业基金"科目。

新制度设置了"累计盈余"科目。该科目余额包含了原账"事业基金"科目的核算内容。转账时，中小学校应当将原账"事业基金"科目余额转入新账"累计盈余"科目。

2. "非流动资产基金"科目。

依据新制度，无须进行原制度中"非流动资产基金"科目对应内容的核算。转账时，中小学校应当将原账"非流动资产基金"科目余额转入新账"累计盈余"科目。

3. "专用基金"科目。

新制度设置了"专用基金"科目，该科目的核算内容与原账的"专用基金"科目的核算内容基本相同。转账时，中小学校应当将原账"专用基金"科目余额转入新账"专用基金"科目。

4. "财政补助结转""财政补助结余""非财政补助结转"科目。

新制度设置了"累计盈余"科目，该科目余额包含了原账"财政补助结转""财政补助结余""非财政补助结转"科目的余额内容。转账时，中小学校应当将原账"财政补助结转""财政补助结余""非财政补助结转"科目余额，转入新账"累计盈余"科目。

5. "经营结余"科目。

新制度设置了"本期盈余"科目,该科目的核算内容包含了原账"经营结余"科目核算内容。新制度规定"本期盈余"科目余额最终转入"累计盈余"科目,如果原账"经营结余"科目有借方余额,转账时,中小学校应当将原账"经营结余"科目借方余额,转入新账"累计盈余"科目借方。

6. "事业结余""非财政补助结余分配"科目。

由于原账的"事业结余""非财政补助结余分配"科目年末无余额,这两个科目无须进行转账处理。

(四)收入类、支出类

由于原账中收入类、支出类科目年末无余额,无须进行转账处理。

中小学校存在其他本章节未列举的原账科目余额的,应当比照上述举例转入新账相应科目。新账科目设有明细科目的,应将原账中对应科目余额加以分析,分别转入新账中相应科目的相关明细科目。

二、将原未入账事项登记新账财务会计科目

中小学校对新账财务会计科目补记未入账事项时,应当编制记账凭证,并将补充登记事项的确认依据作为原始凭证。

(一)应收股利

中小学校在新旧制度转换时,应当将 2018 年 12 月 31 日前未入账的应收股利按照新制度规定记入新账。登记新账时,按照确定的应收股利金额,借记"应收股利"科目,贷记"累计盈余"科目。义务教育阶段学校一般没有此项业务。

(二)受托代理资产

中小学校在新旧制度转换时,应当将 2018 年 12 月 31 日前未入账的受托代理资产按照新制度规定记入新账。登记新账时,按照确定的受托代理资产金额,借记"受托代理资产"科目,贷记"受托代理负债"科目。

这里的资产指的是物资物品等实物资产,不是资金。

【例 4-12】某小学 2018 年末盘点库存材料,发现有每套 8.5 元的学生作业本 200 套未入账,价值 1700 元,按照"受托代理资产"记入新账。

业务和事项内容	财务会计分录	预算会计分录
2019 年 1 月 1 日依据库管员、学校负责人签字确认的库存盘点表金额记账。	借:受托代理资产 1700 贷:受托代理负债 1700	——

(三) 盘盈资产

中小学校在新旧制度转换时，应当将 2018 年 12 月 31 日前未入账的盘盈资产按照新制度规定记入新账。登记新账时，按照确定的盘盈资产及其成本，分别借记有关资产科目，按照盘盈资产成本的合计金额，贷记"累计盈余"科目。

【例 4-13】某学校 2018 年末盘点资产，发现有每一批价值 12800 元的图书未入账。

业务和事项内容	财务会计分录	预算会计分录
2019 年 1 月 1 日依据资产管理人员、学校负责人签字确认的盘点表盘盈金额记账。	借：固定资产 12800 贷：累计盈余 12800	——

(四) 应付质量保证金

中小学校在新旧制度转换时，应当将 2018 年 12 月 31 日前未入账的应付质量保证金按照新制度规定记入新账。登记新账时，按照确定未入账的应付质量保证金金额，借记"累计盈余"科目，贷记"其他应付款"科目〔扣留期在 1 年以内（含 1 年）〕、"长期应付款"科目（扣留期超过 1 年）。

【例 4-14】某学校 2018 年末清理合同时，发现有应付暖气改造质量保证金 30000 元未入账，按照合同扣留期在 1 年以内需要在 2019 年 4 月份支付；发现有应付楼顶防水质量保证金 60000 元未入账，按照合同扣留期超过 1 年需要在 2019 年 12 月支付，以上两笔保证金登记新账的财务会计分录：

业务和事项内容	财务会计分录	预算会计分录
2019 年 1 月 1 日依据基建或合同管理人员和负责人签字确认的应付质量保证金金额记账。	借：累计盈余 30000 贷：其他应付款 30000 借：累计盈余 60000 贷：长期应付款 60000	——

(五) 预计负债

中小学校在新旧制度转换时，应当将 2018 年 12 月 31 日按照新制度规定确认的预计负债记入新账。登记新账时，按照确定的预计负债金额，借记"累计盈余"科目，贷记"预计负债"科目。

【例 4-15】某学生上体育课时摔伤，校方责任险报销后还有部分费用，家长要求学校承担这部分费用 10000 元，但是学校与家长尚未达成解决方案。

业务和事项内容	财务会计分录	预算会计分录
2019年1月1日登记新账时，根据家长写的文字材料，经相关人员签字确认事实后记账。	借：累计盈余10000 　　贷：预计负债10000	—

中小学校存在2018年12月31日前未入账的其他事项的，例如应付职工薪酬，应当比照上述举例登记新账相应科目。

三、对新账相关财务会计科目余额按照新制度规定进行调整

中小学校对新账财务会计科目期初余额进行调整时，应当编制记账凭证，并将调整事项的确认依据作为原始凭证。

（一）计提坏账准备

新制度要求对中小学校收回后无须上缴财政的应收账款和其他应收款提取坏账准备。在新旧制度转换时，中小学校应当按照2018年12月31日无须上缴财政的应收账款和其他应收款的余额计算应计提的坏账准备金额，借记"累计盈余"科目，贷记"坏账准备"科目。

【例4-16】2017年11月22日，某寄宿学校有学生突发疾病，学校为其垫付医药费3000元，已经记入其他应收款。学生康复后，经班主任多次催要，至2018年末家长未偿还，经过研究全部计提坏账准备。

业务和事项内容	财务会计分录	预算会计分录
2019年1月1日登记新账时，根据班主任写的文字材料，经学校领导签字确认后记账。	借：累计盈余3000 　　贷：坏账准备3000	—

（二）按照权益法调整长期股权投资账面余额

对按照新制度规定应当采用权益法核算的长期股权投资，在新旧制度转换时，中小学校应当在"长期股权投资"科目下设置"新旧制度转换调整"明细科目，依据被投资单位2018年12月31日财务报表的所有者权益账面余额，以及中小学校持有被投资单位的股权比例，计算应享有或应分担的被投资单位所有者权益的份额，调整长期股权投资的账面余额，借记或贷记"长期股权投资——新旧制度转换调整"科目，贷记或借记"累计盈余"科目。义务教育阶段学校一般没有此项业务。

（三）确认长期债券投资期末应收利息

中小学校应当按照新制度规定于2019年1月1日补记长期债券投资应收利息，按照长期债券投资的应收利息金额，借记"长期债券投资"科目〔到期一次还本付

息〕或"应收利息"科目（分期付息、到期还本），贷记"累计盈余"科目。

义务教育阶段学校一般没有此项业务。

（四）补提折旧

中小学校在原账中尚未计提固定资产折旧的，应当全面核查截至2018年12月31日的固定资产的预计使用年限、已使用年限、尚可使用年限等，并于2019年1月1日对尚未计提折旧的固定资产补提折旧，按照应计提的折旧金额，借记"累计盈余"科目，贷记"固定资产累计折旧"科目。

业务和事项内容	财务会计分录	预算会计分录
依据资产管理员和负责人签字确认的折旧表记账。	借：累计盈余 贷：固定资产累计折旧	——

（五）补提摊销

中小学校在原账中尚未计提无形资产摊销的，应当全面核查截至2018年12月31日无形资产的预计使用年限、已使用年限、尚可使用年限等，并于2019年1月1日对前期尚未计提摊销的无形资产补提摊销，按照应计提的摊销金额，借记"累计盈余"科目，贷记"无形资产累计摊销"科目。

业务和事项内容	财务会计分录	预算会计分录
依据资产管理员和负责人签字确认的摊销表记账。	借：累计盈余 贷：无形资产累计摊销	——

摊销还包括"待摊费用"（1年以内，含1年）和"长期待摊费用"（1年以上，不含1年）两个财务会计科目。

【例4-17】某学校2018年11月份支付2019年的报刊费用6000元。2019年1月1日计提待摊费用6000元。

业务和事项内容	财务会计分录	预算会计分录
2019年1月1日补提2020年"待摊费用－报刊"6000元。	借：待摊费用6000 贷：累计盈余6000	——

【例4-18】某学校2018年7月教室喷涂料48000元，摊销期限2年。每个月摊销，共需摊销24期，每个月摊销费用48000÷24＝2000元。从2018年7月至2018年12月有6个月，这6个月应该摊销2000×6＝12000元，但按照《中小学校会计制度》不需要对摊销记账。2019年1月1日补提长期待摊费用48000—48000÷24×6＝36000元。

业务和事项内容	财务会计分录	预算会计分录
2019年1月1日补提长期待摊费用－教室刮膏36000元。	借：长期待摊费用 36000 　　贷：累计盈余 36000	—

（六）确认长期借款期末应付利息

中小学校应当按照新制度规定于2019年1月1日补记长期借款的应付利息金额，对其中资本化的部分，借记"在建工程"科目，对其中费用化的部分，借记"累计盈余"科目，按照全部长期借款应付利息金额，贷记"长期借款"科目（到期一次还本付息）或"应付利息"科目（分期付息、到期还本）。义务教育阶段学校一般没有此项业务。

第五节　预算会计科目的新旧衔接

一、"财政拨款结转"和"财政拨款结余"科目及对应的"资金结存"科目余额

新制度设置了"财政拨款结转""财政拨款结余"科目及对应的"资金结存"科目。在新旧制度转换时，中小学校应当对原账"财政补助结转"科目及对应科目余额进行逐项分析，加上已经计入支出尚未支付财政资金（如发生时列支的应付账款、应缴税费、应付职工薪酬等）的金额，减去已经支付财政资金尚未计入支出（如购入的存货、预付账款、其他应收款等）的金额，按照增减后的金额，登记新账"财政拨款结转"科目及其明细科目贷方；按照原账"财政补助结转"科目余额，登记新账"财政拨款结余"科目及其明细科目贷方。

按照原账"财政应返还额度"科目余额登记新账"资金结存—财政应返还额度"科目借方。按照新账"财政拨款结转"和"财政拨款结余"科目贷方余额合计数减去新账"资金结存—财政应返还额度"科目借方余额后的差额，登记新账"资金结存—货币资金"科目借方。

二、"非财政拨款结转"科目及对应的"资金结存"科目余额

新制度设置了"非财政拨款结转"科目及对应的"资金结存"科目。在新旧制度转换时，中小学校应当对原账"非财政补助结转"科目及对应科目余额进行逐项分

析，原账"非财政补助结转"科目余额，加上已经计入支出尚未支付非财政补助专项资金（如发生时列支的应付票据、应付账款、应缴税费、应付职工薪酬等）的金额，减去已经支付非财政补助专项资金尚未计入支出（如购入的存货、预付账款、其他应收款等）的金额，加上已经收到非财政补助专项资金尚未计入预算收入（如预收账款等）的金额，减去已经计入预算收入尚未收到非财政补助专项资金（如应收票据、应收账款等）的金额，按照增减后的金额登记新账"非财政拨款结转"科目及其明细科目贷方；同时，按照相同的金额登记新账"资金结存—货币资金"科目借方。

例如学前保教费、高中住宿费、学费等其他非税资金。

三、"专用结余"科目及对应的"资金结存"科目余额

新制度设置了"专用结余"科目及对应的"资金结存"科目。在新旧制度转换时，中小学校应当按照原账"专用基金"科目余额中通过非财政补助结余分配形成的金额，借记新账的"资金结存—货币资金"科目，贷记新账的"专用结余"科目。

四、"经营结余"科目及对应的"资金结存"科目余额

新制度设置了"经营结余"科目及对应的"资金结存"科目。如果原账的"经营结余"科目期末有借方余额，在新旧制度转换时，按照原账的"经营结余"科目余额，借记新账的"经营结余"科目，贷记新账的"资金结存"科目。义务教育阶段学校一般无此项业务。

五、"非财政拨款结余"科目及对应的"资金结存"科目余额

（一）登记"非财政拨款结余"科目余额

新制度设置了"非财政拨款结余"科目及对应的"资金结存"科目。在新旧制度转换时，中小学校应当按照原账"事业基金"科目余额，借记新账"资金结存—货币资金"科目，贷记新账"非财政拨款结余"科目。

（二）对新账"非财政拨款结余"科目及"资金结存"科目余额进行调整

1.调整短期投资对非财政拨款结余的影响。

中小学校应当按照原账"短期投资"科目余额，借记"非财政拨款结余"科目，贷记"资金结存—货币资金"科目。

2.调整应收票据、应收账款对非财政拨款结余的影响。

中小学校应当对原账"应收票据""应收账款"科目余额进行分析，区分其中发生时计入预算收入的金额和没有计入预算收入的金额。对发生时计入收入的金额，再

区分计入专项资金收入的金额和计入非专项资金收入的金额，按照计入非专项资金收入的金额，借记"非财政拨款结余"科目，贷记"资金结存—货币资金"科目。

3. 调整预付账款对非财政拨款结余的影响。

中小学校应当对原账"预付账款"科目余额进行分析，区分其中由财政补助资金预付的金额、非财政补助专项资金预付的金额和非财政补助非专项资金预付的金额，按照非财政补助非专项资金预付的金额，借记"非财政拨款结余"科目，贷记"资金结存—货币资金"科目。

4. 调整其他应收款对非财政拨款结余的影响。

中小学校按照新制度规定将原账其他应收款中的预付款项计入支出的，应当对原账"其他应收款"科目余额进行分析，区分其中预付款项金额（将来很可能列支）和非预付款项金额，并对预付款项金额划分为财政补助资金预付金额、非财政补助专项资金预付金额和非财政补助非专项资金预付金额，按照非财政补助非专项资金预付金额，借记"非财政拨款结余"科目，贷记"资金结存—货币资金"科目。

5. 调整存货对非财政拨款结余的影响。

中小学校应当对原账"存货"科目余额进行分析，区分购入存货金额和非购入存货金额。对购入存货金额划分出其中使用财政补助资金购入金额、使用非财政补助专项资金购入金额和使用非财政补助非专项资金购入金额，按照使用非财政补助非专项资金购入金额，借记"非财政拨款结余"科目，贷记"资金结存—货币资金"科目。

6. 调整长期股权投资对非财政拨款结余的影响。

中小学校应当对原账"长期投资"科目余额中属于股权投资的余额进行分析，区分其中用现金资产取得的金额和用非现金资产及其他方式取得的金额，按照用现金资产取得的金额，借记"非财政拨款结余"科目，贷记"资金结存—货币资金"科目。

按照原制度核算长期投资、而且对应科目为"非流动资产基金—长期投资"的，不作此项调整。

7. 调整长期债券投资对非财政拨款结余的影响。

中小学校应当按原账"长期投资"科目余额中属于债券投资的余额，借记"非财政拨款结余"科目，贷记"资金结存—货币资金"科目。

按照原制度核算长期投资、而且对应科目为"非流动资产基金—长期投资"的，不作此项调整。

8. 调整短期借款、长期借款对非财政拨款结余的影响。

中小学校应当按照原账"短期借款""长期借款"科目余额，借记"资金结存—货币资金"科目，贷记"非财政拨款结余"科目。

9. 调整应缴税费、应付职工薪酬对非财政拨款结余的影响。

中小学校应当对原账"应缴税费""应付职工薪酬"科目余额进行分析，将计入支出尚未支付的金额划分出财政补助应付的金额、非财政补助专项资金应付的金额和非财政补助非专项资金应付的金额，按照非财政补助非专项资金应付的金额，借记"资金结存—货币资金"科目，贷记"非财政拨款结余"科目。

10.调整应付票据、应付账款对非财政拨款结余的影响。

中小学校应当对原账"应付票据""应付账款"科目余额进行分析，区分其中发生时计入支出的金额和未计入支出的金额。将计入支出的金额划分出财政补助应付金额、非财政补助专项资金应付金额和非财政补助非专项资金应付金额，按照非财政补助非专项资金应付金额，借记"资金结存—货币资金"科目，贷记"非财政拨款结余"科目。

11.调整预收账款对非财政拨款结余的影响。

中小学校应当按照原账"预收账款"科目余额中预收非财政非专项资金的金额，借记"资金结存—货币资金"科目，贷记"非财政拨款结余"科目。

12.调整专用基金对非财政拨款结余的影响。

中小学校应当对原账"专用基金"科目余额进行分析，划分出按照预算收入比例列支提取的专用基金，按照列支提取的专用基金金额，借记"资金结存—货币资金"科目，贷记"非财政拨款结余"科目。

（三）中小学校按照前述1、2两个步骤难以准确调整出"非财政拨款结余"科目及对应的"资金结存"科目余额的，在新旧制度转换时，可以在新账"库存现金""银行存款""其他货币资金""财政应返还额度"科目借方余额合计数基础上，对不纳入单位预算管理的资金进行调整（如减去新账中货币资金形式的受托代理资产、应缴财政款、已收取将来需要退回资金的其他应付款，加上已支付将来需要收回资金的其他应收款），按照调整后的金额减去新账"财政拨款结转""财政拨款结余""非财政拨款结转""专用结余"科目贷方余额合计数，加上"经营结余"科目借方余额后的金额，登记新账"非财政拨款结余"科目贷方；同时，按照相同的金额登记新账"资金结存—货币资金"科目借方。

六、"其他结余""非财政拨款结余分配"科目

新制度设置了"其他结余"和"非财政拨款结余分配"科目。由于这两个科目年初无余额，在新旧制度转换时，无需对"其他结余"和"非财政拨款结余分配"科目进行新账年初余额登记。

七、预算收入类、预算支出类会计科目

由于预算收入类、预算支出类会计科目年初无余额，在新旧制度转换时，无需对预算收入类、预算支出类会计科目进行新账年初余额登记。

中小学校存在 2018 年 12 月 31 日需要按照新制度调整预算会计科目期初余额其他事项的，应当比照本规定调整新账相应预算会计科目期初余额。

第六节 财务报表和预算会计报表新旧衔接

一、编制 2019 年 1 月 1 日资产负债表

中小学校应当根据 2019 年 1 月 1 日新账的财务会计科目余额，按照新制度编制 2019 年 1 月 1 日资产负债表（仅要求填列各项目"年初余额"）。

表 4-4　　　　　　　　　　资产负债表

编制单位：　　　　　　　　　　　　　　　　　　　　　　　　　　年　月　日

资产	期末余额	年初余额	负债和净资产	期末余额	年初余额
流动资产：			流动负债：		
货币资金			短期借款		
短期投资			应交增值税		
财政应返还额度			其他应交税费		
应收票据			应缴财政款		
应收账款净额			应付职工薪酬		
预付账款			应付票据		
应收股利			应付账款		
应收利息			应付政府补贴款		
其他应收款净额			应付利息		
存货			预收账款		
待摊费用			其他应付款		
一年内到期的非流动资产			预提费用		

续表

资　产	期末余额	年初余额	负债和净资产	期末余额	年初余额
其他流动资产			一年内到期的非流动负债		
流动资产合计			其他流动负债		
非流动资产：			流动负债合计		
长期股权投资			非流动负债：		
长期债券投资			长期借款		
固定资产原值			长期应付款		
减：固定资产累计折旧			预计负债		
固定资产净值			其他非流动负债		
工程物资			非流动负债合计		
在建工程			受托代理负债		
无形资产原值			负债合计		
减：无形资产累计摊销					
无形资产净值					
研发支出					
公共基础设施原值					
减：公共基础设施累计折旧（摊销）					
公共基础设施净值					
政府储备物资					
文物文化资产					
保障性住房原值					
减：保障性住房累计折旧			净资产：		
保障性住房净值			累计盈余		
长期待摊费用			专用基金		
待处理财产损溢			权益法调整		
其他非流动资产			无偿调拨净资产*		——
非流动资产合计			本期盈余*		——
受托代理资产			净资产合计		
资产总计			负债和净资产总计		

注："*"标识项目为月报项目，年报中不需列示。

二、2019 年度财务报表和预算会计报表的编制

中小学校应当按照新制度及补充规定编制 2019 年财务报表和预算会计报表。在编制 2019 年度报表时，不要求填列上年比较数。

中小学校应当根据 2019 年 1 月 1 日新账财务会计科目余额，填列 2019 年净资产变动表各项目的"上年年末余额"；根据 2019 年 1 月 1 日新账预算会计科目余额，填列 2019 年预算结转结余变动表的"年初预算结转结余"项目和财政拨款预算收入支出表的"年初财政拨款结转结余"项目。

各表样例见本书第十四章《报表与报告》。

第五章 资 产

第一节 资产概述

在中小学校会计实务中，资产是指中小学校过去的经济业务或者事项形成的，由中小学校控制的，预期能够产生服务潜力或者带来经济利益流入的经济资源。

中小学校的资产按照流动性，分为流动资产和非流动资产。

流动资产是指预计在1年内（含1年）变现或者耗用的资产，包括货币资金、短期投资、应收及预付款项、存货等。

非流动资产是指流动资产以外的资产，包括固定资产、无形资产、在建工程、待处理财产损溢等。

资产类常设库存现金、银行存款、零余额账户用款额度等会计科目。

第二节 库存现金

一、科目简介

中小学校的库存现金，是指存于学校内部用于日常零星开支的货币资金。在中小学校的所有资产中，库存现金最容易直接转化为其他资产，流动性最强，因此加强现金的管理对保护其完整，防止意外或损失有着极为重要的意义。中小学校对库存现金的管理包括外部约束制度和内部控制制度，共分为以下五方面内容。

（一）库存现金的使用范围

国务院《现金管理暂行条例》对现金的用途进行了规定，除该限定范围内的开支可以用现金支付外，其他开支必须通过银行转账支付。《现金管理暂行条例》规定的现金使用范围为：

1. 未实行银行化发放的职工工资、各种工资性津贴；
2. 支付个人劳务报酬，包括稿费、讲课费及其他专门工作报酬；
3. 支付给个人的奖金，包括根据国家规定颁发给个人的各种科学技术、文化艺术、体育等各种奖金；
4. 各种劳保、福利费用以及国家规定的对个人的其他现金支出；
5. 向个人收购农副产品和其他物资支付的价款；
6. 未实行公务卡结算的出差人员随身携带的差旅费；
7. 现金支付的结算起点（1000元）以下的零星支出；
8. 中国人民银行确定需要支付现金的其他支出。

目前中小学校的职工工资和各种津贴、奖金、福利费用等可以采用财政直接支付或授权支付方式支付，因此使用现金的范围会越来越小。

（二）库存现金的限额管理

中小学为了应付日常的零星开支，需经常保持一定数量的库存现金（备用金）。为防止现金积压，国家银行（或支付中心）对中小学校实行限额管理，各学校就库存现金的数量提出申请，经开户银行（或支付中心）审批，核定限额。中小学校不得超出限额提取现金。库存现金限额原则上以3-5天的日常开支量为准。因业务量变化需调整库存现金时，应向开户银行（或支付中心）申请报批。

（三）严禁坐支现金

坐支现金是指从本学校现金收入中直接支付现金。按有关规定，中小学校每天收入的现金，必须当天送存银行，不能直接支付。

（四）严格现金收付

为了防止各种差错的发生，《会计法》和中小学校内部控制制度明确要求，现金的收付、结算、审核、登记等工作，不得由1人从事。应由专职或兼职的出纳员专门负责现金的收付工作，并登记现金日记账，出纳不得兼任稽核、会计档案保管和收入、支出、费用、债权债务账目的登记工作。会计和出纳工作要实行分管，会计管账不管钱，出纳管钱不管账。

中小学校办理任何现金收支，都必须以合法的原始凭证作为依据。一切现金收入都应开具收款票据，即使有些现金收入已有对方付款凭证，也应开具收据，交付款人，以明确经济职责。一切现金收入必须当天入账，当天送存银行。如收到的现金是银行当天停止收款以后发生的，也应在第二天送存银行。一切现金支出都要有原始凭证，由经办人签名，经主管和有关人员审核后，出纳人员才能据以付款，付款后应加盖"现金付讫"戳记，妥善保管。

(五) 其他规定

中小学校库存现金收支方面,除了遵守上述几条规定外,还需遵守现金不准借给私人;不准白条抵库;不能编造和谎报用途套取现金;不能将学校的现金收入作为个人储蓄存入银行;不准私设"小金库"保存账外现金;必须如实反映现金库存情况;收付现金时要及时记账;对于每天办理的业务,做到日清月结,保证账款相符。出纳人员在将账面库存与实际库存核对时,如发现长款或短款,应及时查明原因,做出处理。

"库存现金"科目的借方反映当期学校库存现金的增加;贷方反映学校库存现金的减少;本科目期末借方余额反映学校实际持有的库存现金。

二、明细科目

中小学校在本科目下应设置"库存现金"明细科目,对中小学校现金的收支、结存情况进行核算;设置"受托代理资产"明细科目,对中小学校受托代理、代管的现金进行核算。

三、关联科目

本科目可关联"银行存款""零余额账户用款额度""应付职工薪酬""业务活动费用""单位管理费用""事业收入""应付账款""应收账款""其他应收款""其他应付款""受托代理负债""待处理财产损溢"等科目。

四、账务处理

1. 中小学校从银行等金融机构提取现金,按照实际提取的金额,借记本科目,贷记"银行存款"科目;将现金存入银行等金融机构,按照实际存入金额,借记"银行存款"科目,贷记本科目。根据规定从学校零余额账户提取现金,按照实际提取的金额,借记本科目,贷记"零余额账户用款额度"科目;将现金退回零余额账户,按照实际退回的金额,借记"零余额账户用款额度"科目,贷记本科目。

对于从银行提取现金的业务,一般只编制银行付款凭证,不再编制现金收款凭证;将现金存入银行,一般只编制现金付款凭证,不再编制银行收款凭证。中小学校应设置"现金日记账",出纳人员根据收付款凭证逐笔顺序登记。每日业务终了,应计算出现金收入合计数,现金支出合计数和结余数,核对账面结余与实际库存相符后,编制"库存现金日报表",连同原始凭证送交会计人员复核整理后,填制记账凭证。如果日常现金收支量较大,可以根据汇总记账凭证或科目汇总表定期或月终登记

"现金"科目。

2. 因内部职工出差等原因借出的现金，按照实际借出的现金金额，借记"其他应收款"科目，贷记本科目。

出差人员报销差旅费时，按照实际报销的金额，借记"业务活动费用""单位管理费用"等科目，按照实际借出的现金金额，贷记"其他应收款"科目，按照其差额，借记或贷记本科目。

3. 中小学校因提供服务、物品或者其他事项收到现金，按照实际收到的金额，借记本科目，贷记"事业收入""应收账款"等相关科目。因购买服务、物品或其他事项支付现金，按照实际支付的金额，借记"业务活动费用""单位管理费用""库存物品"等相关科目，贷记本科目。

4. 收到受托代理、代管的现金，按照实际收到的金额，借记本科目（受托代理资产），贷记"受托代理负债"科目；支付受托代理、代管的现金，按照实际支付的金额，借记"受托代理负债"，贷记本科目（受托代理资产）。

5. 为了及时准确地反映库存现金的余额，加强监督，保护现金的安全。出纳人员每日应对现金进行清点，学校内部审计人员亦应定期检查并不定期地突击抽查清点，将现金实有数与账面金额核对。每日账款核对中发现有待查明原因的现金短缺或溢余的，应通过"待处理财产损溢"科目核算。属于现金溢余，应按照实际溢余的金额，借记本科目，贷记"待处理财产损溢"科目；属于现金短缺，应按照实际短缺的金额，借记"待处理财产损溢"科目，贷记本科目。待查明原因后，及时请领导审批并进行账务处理。

五、案例分析

【例5-1】2020年1月5日，某学校出纳从零余额账户提取现金500元（备用金）。账务处理如下：

财务会计分录：

借：库存现金—库存现金　　500
　　贷：零余额账户用款额度　　500

预算会计分录：

借：资金结存—货币资金　　500
　　贷：资金结存—零余额账户用款额度　　500

【例5-2】2020年1月10日，某学校教导处王主任出差，从出纳处借用现金（出差用）800元。账务处理如下：

财务会计分录：

借：其他应收款   800
　　贷：库存现金—库存现金   800

不做预算会计分录

（1）实际报销金额小于借款金额的情况：

2020年1月13日，教导处王主任报销差旅费共计600元，交回财务现金200元，学校财务人员给王主任开具收据，学校财务凭200元收款收据记账联及差旅费报销单记账（800元借款单不能退给王主任）。账务处理如下：

财务会计分录：

借：业务活动费用—商品和服务费用   600
　　库存现金—库存现金   200
　　贷：其他应收款   800

预算会计分录：

借：事业支出—差旅费 #   600
　　贷：资金结存—货币资金   600

（# 在举例表述中，为了简化处理，省略部分中间科目）

（2）实际报销金额大于借款金额的情况：

2020年1月13日，教导处王主任报销差旅费共计1000元，学校财务应再向王主任支付现金200元。账务处理如下：

财务会计分录：

借：业务活动费用—商品和服务费用   1000
　　贷：其他应收款   800
　　　　库存现金—库存现金   200

预算会计分录：

借：事业支出—差旅费   1000
　　贷：资金结存—货币资金   1000

【例5-3】2020年1月20日，某学校以现金方式购买办公用品（直接分发给所需科室，无须入库管理的情况）共计费用100元。账务处理如下：

财务会计分录：

借：业务活动费用—商品和服务费用—办公费   100
　　贷：库存现金—库存现金   100

预算会计分录：

借：事业支出—办公费   100
　　贷：资金结存—货币资金   100

【例 5-4】 2020 年 1 月 25 日，某学校以现金方式收取学生作业本费 2000 元，并存入银行。账务处理如下：

财务会计分录：

借：库存现金—受托代理资产　　2000

　　贷：受托代理负债—作业本费　　2000

借：银行存款—受托代理资产　　2000

　　贷：库存现金—受托代理资产　　2000

不做预算会计分录

【例 5-5】 2020 年 1 月 31 日，某学校进行现金盘点发现库存现金比账面多出 100 元。账务处理如下：

财务会计分录：

借：库存现金—库存现金　　100

　　贷：待处理财产损溢　　100

预算会计分录：

借：资金结存—货币资金　　100

　　贷：其他预算收入　　100

2020 年 1 月 31 日，某学校进行现金盘点发现库存现金比账面少 100 元。账务处理如下：

财务会计分录：

借：待处理财产损溢　　100

　　贷：库存现金—库存现金　　100

预算会计分录：

借：其他支出　　100

　　贷：资金结存—货币资金　　100

第三节　银行存款

一、科目简介

在学校会计实务中，银行存款是指各类学校存入银行或其他金融机构账户上的货币，包括人民币存款和外币存款。各类学校的货币资金，除不超过库存现金限额的少量现金外，其余都必须存入银行。货币资金的收付，除国家定可以用于现金办理的结算外，其余都必须通过银行办理转账结算。银行转账结算就是由银行将结算款项从付款单位的存款账户划拨到收款单位的存款账户。因此，各类学校应按规定在银行开立存款账户。银行存款账户的管理应遵循以下原则。

1. 认真贯彻执行国家的政策、法令，严格遵守银行的各项结算制度和现金管理制度，接受银行监督；

2. 银行存款账户只供本学校使用，不准出租、出借或转让给其他单位或个人使用；

3. 各种收支款凭证，必须如实填明款项来源和用途，不得巧立名目，弄虚作假，套取现金，套购物资，严禁利用账户搞非法活动；

4. 重视与银行的对账工作，认真及时地与银行对账单进行核对，保证账账相符，账款相符。

"银行存款"科目的借方反映当期学校各种存款的增加；贷方反映学校各种存款的减少；本科目期末借方余额反映学校实际存放的银行或其他金融机构的款项。

二、明细科目

中小学校应在本科目下设置"银行存款"明细科目，对中小学校存入银行或其他金融机构的各种存款进行核算；设置"受托代理资产"明细科目，对中小学校受托代理、代管的银行存款进行核算。

三、关联科目

本科目可关联"库存现金""应付职工薪酬""业务活动费用""单位管理费用""事业收入""经营收入""利息收入""其他收入""库存物品""应付账款""应收账款""其他应收款""其他应付款""受托代理负债"等科目。

四、账务处理

1. 将款项存入银行或者其他金融机构，按照实际存入的金额，借记本科目，贷记"库存现金""应收账款""事业收入""经营收入""其他收入"等相关科目。

收到银行存款利息，按照实际收到的金额，借记本科目，贷记"利息收入"科目。

2. 从银行等金融机构提取现金，按照实际提取的金额，借记"库存现金"科目，贷记本科目。

3. 以银行存款支付相关费用，按照实际支付的金额，借记"业务活动费用""单位管理费用"等相关科目，贷记本科目。

4. 收到受托代理、代管的银行存款，按照实际收到的金额，借记本科目（受托代理资产），贷记"受托代理负债"科目；支付受托代理、代管的银行存款，按照实际支付的金额，借记"受托代理负债"科目，贷记本科目（受托代理资产）。

五、案例分析

【例5-6】2020年1月1日，某学校收到电信公司铁塔占地租金5000元，对方直接将资金转入学校银行账户，学校将资金上缴国库。账务处理如下：

财务会计分录：

借：银行存款—银行存款　　5000
　　贷：应缴财政款—应缴国库款　　5000

借：应缴财政款—应缴国库款　　5000
　　贷：银行存款—银行存款　　5000

不做预算会计分录

【例5-7】2020年1月4日，某学校因购买办公用品，从银行存款账户提取现金900元。账务处理如下：

财务会计分录：

借：库存现金—库存现金　　900
　　贷：银行存款—银行存款　　900

不做预算会计分录

【例5-8】2020年1月8日，某学校通过银行存款转账支付办公用品款1500元，收到的办公用品验收入库。账务处理如下：

财务会计分录：

借：库存物品—办公用品　　1500
　　贷：银行存款—银行存款　　1500

预算会计分录：

借：事业支出—商品和服务支出—办公费　　1500
　　贷：资金结存—货币资金　　1500

【例5-9】2020年3月，某小学代收作业本费时，家长通过微信、支付宝扫描二维码缴费至学校银行账户，共计3000元。账务处理如下：

财务会计分录：

借：银行存款—受托代理资产　　3000

贷：受托代理负债　　　3000
不做预算会计分录

第四节　零余额账户用款额度

一、科目简介

在中小学校会计实务中，零余额账户是指财政部门为中小学校在商业银行开设的账户，用于财政直接支付和财政授权支付及清算。

中小学校在办理支付款项业务时，先由代理银行根据财政预算批复拨款凭证支付指令，通过学校零余额账户将资金支付到供应商或收款人账户。支付的资金由代理银行在每天规定的时间内与人民银行通过国库账户进行清算，将当天支付的所有资金从人民银行国库划到代理银行账户，当天转账后账户的余额为零。

本科目期末借方余额，反映学校尚未支付的零余额账户用款额度。年度终了注销学校零余额账户用款额度后，本科目应无余额。

二、明细科目

本科目无明细科目。

三、关联科目

本科目可关联"库存现金""财政应返还额度""财政拨款收入""业务活动费用""单位管理费用""库存物品""固定资产""在建工程""以前年度盈余调整"等科目。

四、账务处理

中小学校应设置"零余额账户用款额度"科目，对实行国库集中支付的中小学校根据财政部门批复的用款计划收到和支付的零余额账户用款额度进行核算。

（一）收到额度

学校收到"财政授权支付到账通知书"时，根据通知书所列金额，借记本科目，贷记"财政拨款收入"科目。

（二）支付额度

1. 支付日常活动费用时，按照支付的金额，借记"业务活动费用""单位管理费用"等科目，贷记本科目。

2. 购买库存物品或购建固定资产，按照实际发生的成本，借记"库存物品""固定资产""在建工程"等科目，按照实际支付或应付的金额，贷记本科目、"应付账款"等科目。

3. 从零余额账户提取现金时，按照实际提取的金额，借记"库存现金"科目，贷记本科目。

（三）因购货退回等发生财政授权支付额度退回的，按照退回的金额，借记本科目，贷记"库存物品"等科目。

（四）年末，根据代理银行提供的对账单作注销额度的相关账务处理，借记"财政应返还额度—财政授权支付"科目，贷记本科目。

年末，学校本年度财政授权支付预算指标数大于零余额账户用款额度下达数的，根据未下达的用款额度，借记"财政应返还额度—财政授权支付"科目，贷记"财政拨款收入"科目。

（五）下年初，学校根据代理银行提供的上年度注销额度恢复到账通知书作恢复额度的相关账务处理，借记本科目，贷记"财政应返还额度—财政授权支付"科目。学校收到财政部门批复的上年未下达零余额账户用款额度，借记本科目，贷记"财政应返还额度—财政授权支付"科目。

五、案例分析

【例5-10】2020年1月1日，某学校收到财政拨付的公用经费额度10000元，依据"财政授权支付到账通知书"借记本科目，贷记"财政拨款收入"科目。账务处理如下：

财务会计分录：

借：零余额账户用款额度　　10000
　　贷：财政拨款收入　　10000

预算会计分录：

借：资金结存—零余额账户用款额度　　10000
　　贷：财政拨款预算收入　　10000

【例5-11】2020年1月10日，某学校通过零余额账户用款额度支付试卷款共计1800元。账务处理如下：

财务会计分录：

借：业务活动费用—商品和服务费用　　1800
　　　贷：零余额账户用款额度　　1800
预算会计
借：事业支出—商品和服务支出—印刷费　　1800
　　　贷：资金结存—零余额账户用款额度　　1800

【例5-12】2020年1月12日，某学校通过零余额账户用款额度购买办公用品共计1200元，办公用品登记入库。账务处理如下：

财务会计分录：
借：库存物品—办公用品　　1200
　　　贷：零余额账户用款额度　　1200
预算会计
借：事业支出—商品和服务支出—办公费　　1200
　　　贷：资金结存—零余额账户用款额度　　1200

【例5-13】2020年1月14日，某学校从零余额账户用款额度提取现金1000元。账务处理如下：

财务会计分录：
借：库存现金—库存现金　　1000
　　　贷：零余额账户用款额度　　1000
预算会计分录：
借：资金结存—货币资金　　1000
　　　贷：资金结存—零余额账户用款额度　　1000

【例5-14】2020年1月14日，某学校购买一批教学用专用材料3000元，使用零余额账户用款额度支付。在领用时发现不能满足教学需要，予以退货，企业将收到的货款原渠道退回。账务处理如下：

财务会计分录：
借：零余额账户用款额度　　3000
　　　贷：库存物品　　3000
预算会计分录：
借：资金结存—零余额账户用款额度　　3000
　　　贷：事业支出—商品和服务支出　　3000

第五节 其他货币资金

一、科目简介

其他货币资金是指学校除现金、银行存款以外的其他各种货币资金。包括外埠存款、银行汇票存款、银行本票存款、信用卡存款、信用卡保证金存款以及存出投资款等。本科目期末借方余额，反映学校实际持有的其他货币资金。

二、明细科目

本科目应设置"外埠存款""银行本票存款""银行汇票存款""信用卡存款"等明细科目。

三、关联科目

本科目可关联"银行存款""库存物品""单位管理费用"等科目。

四、账务处理

（一）形成货币资金

学校按照有关规定需要在异地开立银行账户，将款项委托本地银行汇往异地开立账户时，借记本科目，贷记"银行存款"科目。将款项交存银行取得银行本票、银行汇票，按照取得的银行本票、银行汇票金额，借记本科目，贷记"银行存款"科目。将款项交存银行取得信用卡，按照交存金额，借记本科目，贷记"银行存款"科目。

（二）发生支付

收到供应商发票等报销凭证或使用银行本票、银行汇票、信用卡购物时，借记"库存物品""单位管理费用"等科目，贷记本科目。

（三）余款退回

将多余的外埠存款转回本地银行时，根据银行的收账通知，借记"银行存款"科目，贷记本科目；如有余款或因本票、汇票超过付款期等原因而退回款项，按照退款金额，借记"银行存款"科目，贷记本科目。

五、案例分析

【例 5-15】2020 年 2 月 1 日，某学校用信用卡购买办公用品共计 600 元，办公用品验收入库。账务处理如下：

财务会计分录：

借：库存物品　　600

　　贷：其他货币资金—信用卡存款　　600

预算会计分录：

借：事业支出—商品和服务支出—办公费　　600

　　贷：资金结存—货币资金　　600

第六节　短期投资

一、科目简介

短期投资是指各类学校将暂时多余不用的资金购买各种能随时变现的持有时间不超过一年的有价证券以及不超过一年的其他投资。义务教育阶段学校不得对外投资。

由于各种各样的原因，各类学校往往有多余的货币资金，为了获得比银行存款利息较高的收益，可购买有公开市场的可随时抛售的有价证券。至于不超过一年的其他投资是指以货币资金、材料、固定资产等向其他单位的投资，这种投资在一年内可以收回。在各类学校，短期投资主要是国债投资，一般按照国债投资的种类进行明细核算。

中小学校不得使用财政拨款及其结余进行对外投资，不得从事股票、期货、基金、企业债券等投资，国家另有规定的除外。

本科目期末借方余额，反映学校应收财政返还的资金额度。

二、明细科目

本科目应按投资种类等明细核算。

第七节 财政应返还额度

一、科目简介

财政应返还额度是指实行国库集中支付的中小学校应收财政返还的资金额度。包括可能使用的以前年度财政直接支付资金额度和财政应返还的财政授权支付资金额度。

二、明细科目

本科目应设置"财政直接支付""财政授权支付"两个明细科目进行明细核算。

三、关联科目

本科目可关联"零余额账户用款额度""财政拨款收入""业务活动费用""单位管理费用""库存物品"等科目。

四、账务处理

（一）财政直接支付

年末，学校根据本年度财政直接支付预算指标数大于当年财政直接支付实际发生数的差额，借记本科目（财政直接支付），贷记"财政拨款收入"科目。学校使用以前年度财政直接支付额度支付款项时，借记"业务活动费用""单位管理费用"等科目，贷记本科目（财政直接支付）。

（二）财政授权支付

年末，根据代理银行提供的对账单作注销额度的相关账务处理，借记本科目（财政授权支付），贷记"零余额账户用款额度"科目。年末，学校本年度财政授权支付预算指标数大于零余额账户用款额度下达数的，根据未下达的用款额度，借记本科目（财政授权支付），贷记"财政拨款收入"科目。

下年初，学校根据代理银行提供的上年度注销额度恢复到账通知书作恢复额度的相关账务处理，借记"零余额账户用款额度"科目，贷记本科目（财政授权支付）。学校收到财政部门批复的上年未下达零余额账户用款额度，借记"零余额账户用款额度"科目，贷记本科目（财政授权支付）。

五、案例分析

【例 5-16】2019 年，某学校财政直接支付的预算指标数为 20000 元，财政直接支付实际支出 15000 元。年末账务处理如下：

财务会计分录：

借：财政应返还额度—财政直接支付　5000
　　贷：财政拨款收入　5000

预算会计分录：

借：资金结存—财政应返还额度　5000
　　贷：财政拨款预算收入　5000

【例 5-17】2020 年，某学校用上年度财政直接支付额度 2000 元购买办公用品，办公用品已登记入库。账务处理如下：

财务会计分录：

借：库存物品—办公用品　2000
　　贷：财政应返还额度—财政直接支付　2000

预算会计分录：

借：事业支出—商品和服务支出—办公费　2000
　　贷：资金结存—财政应返还额度　2000

【例 5-18】2020 年初，恢复上年度财政资金额度 10000 元，依据代理银行提供的额度恢复到账通知书做恢复额度处理。账务处理如下：

财务会计分录：

借：零余额账户用款额度　10000
　　贷：财政应返还额度—财政授权支付　10000

预算会计分录：

借：资金结存—零余额账户用款额度　10000
　　贷：资金结存—财政应返还额度　10000

第八节　应收票据

一、科目简介

应收票据是指中小学校因从事经营活动、提供有偿服务而收到的商业汇票，包括银行承兑汇票和商业承兑汇票。商业票据是一种载有指定付款日期、付款地点、付款金额和付款人的无条件支付的流通证券，也是一种可以由持票人自由转让给他人的债权凭证。会计上作为应收票据处理的是指中小学校采用商业汇票结算方式销售商品、产品而收到的商业汇票。商业汇票是由出票人签发的、指定付款人在一定日期支付一定金额给收款人或持票人的票据，通常涉及出票人、付款人、收款人三方。本科目期末借方余额反映学校持有的商业汇票票面金额。

二、明细科目

中小学校应设置"应收票据"科目，核算学校因开展经营活动、提供有偿服务等而收到的商业汇票，包括银行承兑汇票和商业承兑汇票。本科目应按照开出承兑商业汇票的单位等进行明细核算。

三、关联科目

本科目可关联"经营收入""银行存款""库存物品""应收账款"等科目。

四、账务处理

1. 因销售产品、提供服务等收到商业汇票，按照商业汇票的票面金额，借记本科目，按照确认的收入金额，贷记"经营收入"等科目。涉及增值税业务的，相关账务处理参见"应交增值税"科目。

2. 持未到期的商业汇票向银行贴现，按照实际收到的金额（即扣除贴现息后的净额），借记"银行存款"科目，按照贴现息金额，借记"经营费用"等科目，按照商业汇票的票面金额，贷记本科目（无追索权）或"短期借款"科目（有追索权）。附追索权的商业汇票到期未发生追索事项的，按照商业汇票的票面金额，借记"短期借款"科目，贷记本科目。

3.将持有的商业汇票背书转让以取得所需物资时，按照取得物资的成本，借记"库存物品"等科目，按照商业汇票的票面金额，贷记本科目，如有差额，借记或贷记"银行存款"等科目。涉及增值税业务的，相关账务处理参见"应交增值税"科目。

4.商业汇票到期时，应分别针对以下情况处理：

（1）收回票款时，按照实际收到的商业汇票票面金额，借记"银行存款"科目，贷记本科目。

（2）因付款人无力支付票款，收到银行退回的商业承兑汇票、委托收款凭证未付票款通知书或拒付款证明等，按照商业汇票的票面金额，借记"应收账款"科目，贷记本科目。

五、案例分析

【例5-19】2020年1月1日，某学校为甲单位提供有偿服务。合同约定，甲单位应付款8000元。甲单位交给学校1张2个月到期的商业承兑汇票。账务处理如下：

财务会计分录：

借：应收票据　　8000
　　　贷：经营收入　　8000

不做预算会计分录

【例5-20】2020年2月1日，某学校持未到期的面值为8000元的商业汇票向银行贴现，贴现率为6%，无追索权。账务处理如下：

贴现利息 =8000×6%×（30÷360）=40元

扣除贴现利息后的净额 =8000-40=7960元

财务会计分录：

借：银行存款　　7960
　　经营费用　　40
　　　贷：应收票据　　8000

预算会计分录：

借：资金结存—货币资金　　7960
　　　贷：经营预算收入　　7960

第九节 应收账款

一、科目简介

应收账款,是指中小学校因提供劳务、开展有偿服务等业务形成的应向客户收取的款项以及中小学校出租资产、出售物资等应收取而尚未收取的款项。不包括借出款、备用金、应向职工收取的各种垫付款项等。"应收账款"科目借方反映当期学校应收账款的增加;贷方反映当期学校应收账款的减少;本科目期末借方余额,反映学校尚未收回的应收账款。

二、明细科目

本科目应按照债务单位(或个人)进行明细核算。

三、关联科目

本科目可关联"银行存款""应缴财政款""事业收入""经营收入""租金收入""其他收入"等科目。

四、账务处理

(一)应收账款收回后不需上缴财政

学校发生应收账款时,按照应收未收金额,借记本科目,贷记"事业收入""经营收入""租金收入""其他收入"等科目。

收回应收账款时,按照实际收到的金额,借记"银行存款"等科目,贷记本科目。

(二)应收账款收回后需上缴财政

学校按照应收未收金额,借记本科目,贷记"应缴财政款"科目。

收回应收账款时,按照实际收到的金额,借记"银行存款"等科目,贷记本科目。

五、案例分析

【例 5-21】

2019年2月10日，某高中新学期开学统一收学费，某学生张三欠缴学费1200元。账务处理如下：

财务会计分录：

借：应收账款　　1200

　　贷：应缴财政款—应缴财政专户款　　1200

不做预算会计分录

2019年3月10日，收到张三同学补缴的1200元学费（直接转银行）。账务处理如下：

财务会计分录：

借：银行存款　　1200

　　贷：应收账款　　1200

收到的1200元上缴财政

借：应缴财政款—应缴财政专户款　　1200

　　贷：银行存款　　1200

不做预算会计分录

第十节　预付账款

一、科目简介

预付账款是指按照购货、服务合同或协议规定预付给供应单位（或个人）的款项，以及按照合同规定向承包工程的施工企业预付的备料款和工程款。预付账款与应收账款都属于流动资产，两者的主要区别是：预付账款是由购货引起的，反映学校处于购买方的债权地位；应收账款是由销货引起的，反映学校处于供应方的债权地位。

"预付账款"科目借方反映当期学校预付账款的增加；贷方反映当期学校预付账款的减少；本科目期末借方余额，反映学校实际预付但尚未结算的款项。

二、明细科目

本科目应按照供应单位（或个人）及具体项目进行明细核算，对于基本建设项目发生的预付账款，还应在本科目所属基本建设项目明细科目下设置"预付备料款""预付工程款""其他预付款"等明细科目进行明细核算。

三、关联科目

本科目可关联"银行存款""零余额账户用款额度""业务活动费用""单位管理费用""库存物品""固定资产""在建工程""财政拨款收入"等科目。

四、账务处理

1. 根据购货服务合同或协议规定预付款项时，按照预付金额，借记本科目，贷记"财政拨款收入""零余额账户用款额度""银行存款"等科目。

2. 收到所购资产或服务时，按照购入资产或服务的成本，借记"库存物品""固定资产""无形资产""业务活动费用"等相关科目，按照相关预付账款的账面余额，贷记本科目，按照实际补付的金额，贷记"财政拨款收入""零余额账户用款额度""银行存款"等科目。

3. 根据工程进度结算工程价款及备料款时，按照结算金额，借记"在建工程"科目，按照相关预付账款的账面余额，贷记本科目，按照实际补付的金额，贷记"财政拨款收入""零余额账户用款额度""银行存款"等科目。

4. 发生预付账款退回的，按照实际退回金额借记"财政拨款收入""财政应返还额度""零余额账户用款额度""银行存款"等科目，贷记本科目。

五、案例分析

【例5-22】 2020年3月1日，某学校与销售商签订购买合同，约定购买教学用触控一体机两台，价款共36000元，先预付30%款项。账务处理如下：

财务会计分录：

借：预付账款　10800

　　贷：零余额账户用款额度　10800

预算会计分录：

借：事业支出—资本性支出—专用设备购置　10800

　　贷：资金结存—零余额账户用款额度　10800

2020年3月8日，学校收到货并验收合格后，支付剩余70%价款。账务处理如下：

财务会计分录：

借：固定资产　　36000

　　贷：预付账款　　10800

　　　　零余额账户用款额度　　25200

预算会计分录：

借：事业支出—资本性支出—专用设备购置　　25200

　　贷：资金结存—零余额账户用款额度　　25200

第十一节　应收股利

一、科目简介

本科目核算各类学校持有长期股权投资应收取的现金股利或应分得的利润。本科目期末借方余额，反映各类学校应收取但尚未收到的现金股利或利润。义务阶段中小学严禁对外投资。义务教育阶段中小学校不使用本科目。

二、明细科目

本科目应按照被投资单位等进行明细核算。

三、关联科目

本科目可关联"长期股权投资""投资收益""银行存款"等科目。

四、账务处理

1. 取得长期股权投资，按照支付的价款中所包含的已宣告但尚未发放的现金股利，借记本科目，按照确定的长期股权投资成本，借记"长期股权投资"科目，按照实际支付的金额，贷记"银行存款"等科目。收到取得投资时实际支付价款中所包含的已宣告但尚未发放的现金股利时，按照收到的金额，借记"银行存款"科目，贷记本科目。

2.长期股权投资持有期间，被投资单位宣告发放现金股利或利润的，按照应享有的份额，借记本科目，贷记"投资收益"或"长期股权投资"科目。

3.实际收到现金股利或利润时，按照收到的金额，借记"银行存款"等科目，贷记本科目。

第十二节　应收利息

一、科目简介

本科目核算各类学校长期债券投资应收取的利息。各类学校购入的到期一次还本付息的长期债券投资持有期间的利息，应通过"长期债券投资—应计利息"科目核算，不通过本科目核算。本科目期末借方余额反映学校应收未收的长期债券投资利息。义务阶段中小学不使用该科目。

二、明细科目

本科目应按照被投资单位等进行明细核算。

三、关联科目

本科目可关联"长期债券投资""投资收益""银行存款"等科目。

四、账务处理

1.取得长期债券投资，按照确定的投资成本借记"长期债券投资"科目，按照支付的价款中包含的已到付息期但尚未领取的利息，借记本科目，按照实际支付的金额，贷记"银行存款"等科目。收到取得投资时实际支付价款中所包含的已到付息期但尚未领取的利息时，按照收到的金额，借记"银行存款"等科目，贷记本科目。

2.按期计算确认长期债券投资利息收入时，对于分期付息、一次还本的长期债券投资，按照以票面金额和票面利率计算确定的应收未收利息金额，借记本科目，贷记"投资收益"科目。

3.实际收到应收利息时，按照收到的金额，借记"银行存款"等科目，贷记本科目。

第十三节　其他应收款

一、科目简介

其他应收款，是指除财政应返还额度、应收票据、应收账款、预付账款、应收股利、应收利息以外的其他各项应收及暂付款项，如教职工预借的差旅费、已经偿还银行尚未报销的本学校公务卡欠款、拨付给内部有关部门的备用金、应向教职工收取的各种垫付款项、支付的可以收回的订金或押金、应收的上级补助和附属单位上缴款项等。其他应收款应按实际发生额入账。本科目期末借方余额，反映学校尚未收回的其他应收款。

二、明细科目

本科目应按照其他应收款的类别以及债务单位（或个人）进行明细核算。

三、关联科目

本科目可关联"库存现金""银行存款""零余额账户用款额度""业务活动费用""单位管理费用""上级补助收入""附属单位上缴收入""其他收入""坏账准备"等科目。

四、账务处理

1. 发生其他各种应收及暂付款项时，按照实际发生金额，借记本科目，贷记"零余额账户用款额度""银行存款""库存现金""上级补助收入""附属单位上缴收入"等科目。

2. 收回其他各种应收及暂付款项时，按照收回的金额，借记"库存现金""银行存款"等科目，贷记本科目。

3. 学校内部实行备用金制度的，有关部门使用备用金以后应及时到财务部门报销并补足备用金。财务部门核定并发放备用金时，按照实际发放金额，借记本科目，贷记"库存现金"等科目。根据报销金额用现金补足备用金定额时，借记"业务活动费用""单位管理费用"等科目，贷记"库存现金"等科目，报销数和拨补数都不再通过本科目核算。

4.偿还尚未报销的本学校公务卡欠款时,按照偿还的款项,借记本科目,贷记"零余额账户用款额度""银行存款"等科目,持卡人报销时,按照报销金额,借记"业务活动费用""单位管理费用"等科目,贷记本科目。

5.将预付账款账面余额转入其他应收款时,借记本科目,贷记"预付账款"科目。

五、案例分析

【例5-23】2020年2月1日,某学校为教职工垫付水电费2000元,3月1日该学校从应付工资中扣除垫付款项。账务处理如下:

垫付水电费时:

财务会计分录:

借:其他应收款　2000
　　贷:银行存款　2000

不做预算会计分录

从应付工资中扣除垫付水电时:

财务会计分录:

借:应付职工薪酬　2000
　　贷:其他应收款　2000

预算会计分录:

借:事业支出—工资福利支出　2000
　　贷:资金结存—货币资金　2000

【例5-24】2020年3月31日,某学校偿还尚未报销的某老师公务卡欠款—差旅费800元(由于尚未收到培训机构邮寄的发票,学校依据消费小票先行偿还公务卡欠款),并于4月10日手续及票据齐全后报销。账务处理如下:

偿还公务卡欠款时:

财务会计分录:

借:其他应收款　800
　　贷:库存现金　800

不做预算会计分录

报销费用时:

财务会计分录:

借:业务活动费用—差旅费　800

    贷：其他应收款   800
  预算会计分录：
  借：事业支出—差旅费   800
    贷：资金结存—库存现金   800

第十四节　坏账准备

一、科目简介

本科目核算各类学校对收回后不需上缴财政的应收账款和其他应收款提取的坏账准备。

中小学校应于每年年末，对收回后不需上缴财政的应收账款和其他应收款进行全面检查，分析其可收回性，对预计可能产生的坏账损失计提坏账准备、确认坏账损失。中小学校可以采用应收款项余额百分比法、账龄分析法、个别认定法等方法计提坏账准备。坏账准备计提方法一经确定，不得随意变更。如需变更应按照规定报经批准，并在财务报表附注中予以说明。本科目期末贷方余额，反映学校提取的坏账准备金额。

二、明细科目

本科目应设置应收账款和其他应收款进行明细核算。

三、关联科目

本科目可关联"银行存款""其他费用""应收账款""其他应收款""非财政拨款结余"等科目。

四、账务处理

1. 提取坏账准备时，借记"其他费用"科目，贷记本科目；冲减坏账准备时，借记本科目，贷记"其他费用"科目。

2. 对于账龄超过规定年限并确认无法收回的应收账款、其他应收款，应按照有关规定报经批准后，按照无法收回的金额，借记本科目，贷记"应收账款""其他应收款"科目。

已核销的应收账款、其他应收款在以后期间又收回的，按照实际收回金额，借记"应收账款""其他应收款"科目，贷记本科目；同时借记"银行存款"等科目，贷记"应收账款""其他应收款"科目。

五、案例分析

【例 5-25】2019 年 4 月 2 日，某寄宿学校有学生突发疾病，学校为其垫付医药费 3000 元。学生康复后，经班主任多次催要，至年末家长未偿还。账务处理如下：

财务会计分录：

借：坏账准备—应收账款　　3000
　　贷：应收账款　3000

不做预算会计分录

2020 年 3 月 15 日，家长主动将学校垫付款 3000 元交回。账务处理如下：

财务会计分录：

借：应收账款　3000
　　贷：坏账准备—应收账款　　3000
借：银行存款　3000
　　贷：应收账款　3000

预算会计分录：

借：资金结存—货币资金　　3000
　　贷：非财政拨款结余　3000

第十五节　在途物品

一、科目简介

本科目用于核算学校采购材料等物资时，货款已付或已开出商业汇票但尚未验收入库的在途物品的采购成本。本科目期末借方余额，反映学校在途物品的采购成本。

二、明细科目

本科目应按照供应单位和物品种类进行明细核算。

三、关联科目

本科目可关联"银行存款""零余额账户用款额度""库存物品""财政拨款收入""应付票据"等科目。

四、账务处理

1. 学校购入材料等物品，按照确定的物品采购成本的金额，借记本科目，按照实际支付的金额，贷记"财政拨款收入""零余额账户用款额度""银行存款"等科目。

2. 所购材料等物品到达验收入库，按照确定的库存物品成本金额，借记"库存物品"科目，按照物品采购成本金额，贷记本科目，按照使得入库物品达到目前场所和状态所发生的其他支出，贷记"银行存款"等科目。

五、案例分析

【例5-26】2020年3月15日，为阻击新冠肺炎传播，辽宁省某学校从河南省医用口罩市场采购医用口罩10箱，学校依据企业开具的电子发票支付货款20000元。货物发出后，因物流不畅，预计到货时间较长。账务处理如下：

财务会计分录：

借：在途物品—防疫物资　　20000
　　贷：零余额账户用款额度　　20000

预算会计分录：

借：事业支出—商品和服务支出—其他材料费　　20000
　　贷：资金结存—零余额账户用款额度　　20000

4月8日，所购医用口罩到达并验收入库。账务处理如下：

财务会计分录：

借：库存物品—防疫物资　　20000
　　贷：在途物品—防疫物资　　20000

不做预算会计分录

第十六节 库存物品

一、科目简介

本科目核算学校在开展业务活动及其他活动中为耗用或出售而储存的各种材料、产品、包装物、低值易耗品，以及达不到固定资产标准的用具、装具、动植物等。已完成的测绘、地质勘察、设计成果等也属于库存物品的范围。学校随买随用的零星办公用品，可以在购进时直接列作费用，不纳入库存物品的核算范围。学校受托存储保管的物资和受托转赠的物资，不符合库存物品的确认条件，属于"受托代理资产"。学校控制的政府储备物资，属于"政府储备物资"，学校为在建工程购买和使用的材料物资，属于"工程物资"，不属于库存物品的核算范围。本科目期末借方余额，反映学校库存物品的实际成本。

二、明细科目

本科目应按照库存物品的种类、规格、保管地点等进行明细核算。

三、关联科目

本科目可关联"银行存款""零余额账户用款额度""财政应返还额度""应付账款""加工物品""固定资产""固定资产累计折旧""资产处置费用""应缴财政款""其他收入""捐赠收入""无偿调拨净资产""其他费用""业务活动费用""单位管理费用""经营费用""待处理财产损溢""应付职工薪酬""财政拨款收入"等科目。

四、账务处理

（一）各类学校取得的库存物品，应按照其取得时的成本入账

1. 外购的库存物品验收入库，按照确定的成本，借记本科目，贷记"财政拨款收入""零余额账户用款额度""银行存款""应付账款""在途物品"等科目。

2. 自制完成或委托外单位加工收回的库存物品验收入库，按照确定的成本，借记本科目，贷记"加工物品"科目。

3. 接受捐赠的库存物品验收入库，按照确定的成本，借记本科目，按照发生的相关税费、运输费等，贷记"银行存款"等科目，按照其差额，贷记"捐赠收入"科目。接受捐赠的库存物品按照名义金额入账的，按照名义金额，借记本科目，贷记"捐赠收入"科目；同时，按照发生的相关税费、运输费等，借记"其他费用"科目，贷记"银行存款"等科目。

4. 无偿调入的库存物品验收入库，按照确定的成本，借记本科目，按照发生的相关税费、运输费等，贷记"银行存款"等科目，按照其差额，贷记"无偿调拨净资产"科目。

5. 置换换入的库存物品验收入库，按照确定的成本，借记本科目，按照换出资产的账面余额，贷记相关资产科目（换出资产为固定资产、无形资产的，还应借记"固定资产累计折旧""无形资产累计摊销"科目），按照置换过程中发生的其他相关支出，贷记"银行存款"等科目，按照借贷方差额，借记"资产处置费用"科目或贷记"其他收入"科目。涉及补价的，分别以下情况处理：

（1）支付补价的，按照确定的成本，借记本科目，按照换出资产的账面余额，贷记相关资产科目（换出资产为固定资产、无形资产的，还应借记"固定资产累计折旧""无形资产累计摊销"科目），按照支付的补价和置换过程中发生的其他相关支出，贷记"银行存款"等科目，按照借贷方差额，借记"资产处置费用"科目或贷记"其他收入"科目。

（2）收到补价的，按照确定的成本，借记本科目，按照收到的补价，借记"银行存款"等科目，按照换出资产的账面余额，贷记相关资产科目（换出资产为固定资产、无形资产的，还应借记"固定资产累计折旧""无形资产累计摊销"科目），按照置换过程中发生的其他相关支出，贷记"银行存款"等科目，按照补价扣减其他相关支出后的净收入，贷记"应缴财政款"科目，按照借贷方差额，借记"资产处置费用"科目或贷记"其他收入"科目。

（二）库存物品在发出时，分别按以下情况处理

1. 学校开展业务活动等领用、按照规定自主出售发出或加工发出库存物品，按照领用、出售等发出物品的实际成本，借记"业务活动费用""单位管理费用""经营费用""加工物品"等科目，贷记本科目。

2. 经批准对外出售的库存物品（不含可自主出售的库存物品）发出时，按照库存物品的账面余额，借记"资产处置费用"科目，贷记本科目；同时，按照收到的价款，借记"银行存款"等科目，按照处置过程中发生的相关费用，贷记"银行存款"等科目，按照其差额，贷记"应缴财政款"科目。

3. 经批准对外捐赠的库存物品发出时，按照库存物品的账面余额和对外捐赠过程

中发生的归属于捐出方的相关费用合计数,借记"资产处置费用"科目,按照库存物品账面余额,贷记本科目,按照对外捐赠过程中发生的归属于捐出方的相关费用,贷记"银行存款"等科目。

4. 经批准无偿调出的库存物品发出时,按照库存物品的账面余额,借记"无偿调拨净资产"科目,贷记本科目;同时,按照无偿调出过程中发生的归属于调出方的相关费用,借记"资产处置费用"科目,贷记"银行存款"等科目。

5. 经批准置换换出的库存物品,参照本科目有关置换换入库存物品的规定进行账务处理。

(三)库存物品的发出计价方法

在实际业务中,由于每次购进库存物品存货的单价可能不同,则需要选择适用的单价。按照现行制度规定,学校按照实际成本核算库存物品时,领用或发出库存物品可采用先进先出法、加权平均法、后进先出法和个别计价法等方法确定其实际成本。由于我国会计核算不允许学校使用后进先出法,因此本文主要对先进先出法、加权平均法和个别计价法进行介绍。

先进先出法是以先购进的材料先消耗为假定前提,并根据这一假定对领用材料及结存材料进行计价的一种方法。收入材料时要逐笔登记购进的每一批材料的数量、单价和金额;发出时按先进先出的原则确定单价,逐笔登记材料发出和结存金额。期末结存材料的账面价值,反映较后购进材料的实际成本。

加权平均法是按收入各批材料的平均成本对材料进行计价。在计算平均成本时,以月初库存材料金额加上本月收入材料金额,除以月初库存材料数量加上本月收入材料数量,求得材料平均单价,作为本月发出材料和结存材料的单价。在存货品种、数量较多情况下,简化了核算,计价结果也较为均衡;但是由于只在月末计算,不能随时计算、登记存货发出和结存成本,因此不利于学校存货的日常管理。

个别计价法,也叫个别认定法、具体辨认法、分批实际法,把每一种存货的实际成本作为计算发出存货成本和期末存货成本的基础。注重所发出存货具体项目的实物流转与成本流转之间的联系,逐一辨认各批发出存货和期末存货所属的购进批别,分别按其购入的单位成本计算各发出存货和期末存货的成本。对于不能替代使用的存货、为特定项目专门购入的存货,通常采用个别计价法确定发出存货的成本。

如:某学校 2020 年 1 月某种材料明细账如下表所示:

表 5-1　　　　　　　　　　某种材料明细　　　　　　　　　　单位：升，元

时间	购入			使用			结存		
	数量	单价	金额	数量	单价	金额	数量	单价	金额
1日							60	5	300
10日	180	6	1080				60 180	5 6	300 1080
11日				60 100	5 6	300 600	80	6	480
18日	120	7	840				80 120	6 7	480 840
20日				80 80	6 7	480 560	40	7	280
23日	40	8	320				40 40	7 8	280 320

1.在采用先进先出法时，11日使用材料的会计分录为：

财务会计分录

借：业务活动费用—专用材料费　　900

　　贷：库存物品—某材料　　900

不做预算会计分录

20日使用材料的会计分录为：

财务会计分录

借：业务活动费用—专用材料费　　1040

　　贷：库存物品—某材料　　1040

不做预算会计分录

2.用全月一次加权平均法计算材料加权平均单价、本月使用材料成本、月末库存材料成本。

材料加权平均单位=（300+1080+840+320）÷（60+180+120+40）=6.35（元）

本月发出材料成本=320×6.35=2032（元）

月末库存材料成本=80×6.35=508（元）

3.用移动加权平均法计算材料的移动加权平均单价、本月使用材料成本、月末库存材料成本。

10日购入后的移动加权平均单位成本为：

（300+1080）÷（60+180）=5.75（元）

则 11 日使用的 160 升材料的成本为：5.75×160=920（元）

18 日购入后的移动加权平均单位成本为：

（80×5.75+840）÷（80+120）=6.50（元）

20 日使用 160 升材料的成本为：6.5×160=1040（元）

23 日购入后的移动加权平均单位成本为：

（40×6.50+40×8）÷（40+40）=7.25（元）

该材料月末结存 80 升，月末存货成本为：80×7.25=580（元），本月使用材料的成本合计为 920+1040=1960（元）。

（四）各类学校应定期对库存物品进行清查盘点，每年至少盘点一次。对于发生的库存物品盘盈、盘亏或者报废、毁损，应先计入"待处理财产损溢"科目，按照规定报经批准后及时进行后续账务处理。

1. 盘盈的库存物品，其成本按照有关凭据注明的金额确定；没有相关凭据、但按照规定经过资产评估的，其成本按照评估价值确定；没有相关凭据、也未经过评估的，其成本按照重置成本确定。如无法采用上述方法确定盘盈的库存物品成本的，按照名义金额入账。

盘盈的库存物品，按照确定的入账成本，借记本科目，贷记"待处理财产损溢"科目。

2. 盘亏或者毁损、报废的库存物品，按照待处理库存物品的账面余额，借记"待处理财产损溢"科目，贷记本科目。

五、案例分析

【例 5-27】2020 年 2 月 20 日，某学校防控新冠肺炎购入一次性医用隔离衣 14 套，费用共计 1200 元，并验收合格入库。账务处理如下：

财务会计分录：

借：库存物品—防疫物资　　1200

　　贷：零余额账户用款额度　　1200

预算会计分录：

借：事业支出—商品和服务支出—其他材料费　　1200

　　贷：资金结存—零余额账户用款额度　　1200

【例 5-28】2020 年 3 月 1 日，某学校收到 A 企业捐赠的 84 消毒液 40 箱，价值 1500 元，指定用于该学校防控新冠肺炎，由学校负担运输费 100 元。账务处理如下：

财务会计分录：

借：库存物品—防疫物资　　1600

贷：库存现金　　　　100
　　　　捐赠收入　　1500
　预算会计分录：
　　借：其他支出　100
　　　　贷：资金结存—货币资金　　100

【例5-29】2020年4月8日，某职业学校经批准将一批不再使用实验材料出售，实验材料成本5000元，取得收入3000元。账务处理如下：

财务会计分录：
　　借：资产处置费用　5000
　　　　贷：库存物品　5000
　　借：银行存款　3000
　　　　贷：应缴财政款—应缴国库款　3000
不做预算会计分录

第十七节　加工物品

一、科目简介

本科目核算学校自制或委托外单位加工的各种物品的实际成本。未完成的测绘、地质勘察、设计成果的实际成本，也通过加工物品科目核算。本科目期末借方余额，反映学校自制或委托加工但尚未完工的各种物品的实际成本。

二、明细科目

本科目应设置"自制物品""委托加工物品"两个一级明细科目，并按照物品类别、品种、项目等设置明细账，进行明细核算。

本科目"自制物品"一级明细科目下应设置"直接材料""直接人工""其他直接费用"和"间接费用"二级明细科目予以归集，期末，再按照一定的分配标准和方法，分配计入有关物品的成本。

三、关联科目

本科目可关联"库存物品""应付职工薪酬""零余额账户用款额度""银行存款""财政拨款收入""固定资产累计折旧""无形资产累计摊销"等科目。

四、账务处理

(一)自制物品

1. 为自制物品领用材料时,按照材料成本,借记本科目(自制物品—直接材料),贷记"库存物品"科目。

2. 专门从事物品制造的人员发生的直接人工费用,按照实际发生的金额,借记本科目(自制物品直接人工),贷记"应付职工薪酬"科目。

3. 为自制物品发生的其他直接费用,按照实际发生的金额,借记本科目(自制物品—其他直接费用),贷记"零余额账户用款额度""银行存款"等科目。

4. 为自制物品发生的间接费用,按照实际发生的金额,借记本科目(自制物品—间接费用),贷记"零余额账户用款额度""银行存款""应付职工薪酬""固定资产累计折旧""无形资产累计摊销"等科目。

间接费用一般按照生产人员工资、生产人员工时、机器工时、耗用材料的数量或成本、直接费用(直接材料和直接人工)或产品产量等进行分配。学校可根据具体情况自行选择间接费用的分配方法。分配方法一经确定不得随意变更。

5. 已经制造完成并验收入库的物品,按照所发生的实际成本(包括耗用的直接材料费用、直接人工费用、其他直接费用和分配的间接费用),借记"库存物品"科目,贷记本科目(自制物品)。

(二)委托加工物品

1. 发给外单位加工的材料等,按照其实际成本,借记本科目(委托加工物品),贷记"库存物品"科目。

2. 支付加工费、运输费等费用,按照实际支付的金额,借记本科目(委托加工物品),贷记"零余额账户用款额度""银行存款"等科目。

3. 委托加工完成的材料等验收入库,按照加工前发出材料的成本和加工、运输成本等,借记"库存物品"等科目,贷记本科目(委托加工物品)。

五、案例分析

【例5-30】2020年1月5日,某职业学校加工一批服装,领用布料5000元。账务处理如下：

财务会计分录：

借：加工物品—自制物品　　5000

　　贷：库存物品—布料　　5000

不做预算会计分录

2月5日，发生直接人工费用8000元，尚未支付。发生的其他费用1000元，银行已经转账支付。账务处理如下：

财务会计分录：

借：加工物品—自制物品　　8000

　　贷：应付职工薪酬　8000

借：加工物品—自制物品　　1000

　　贷：银行存款　1000

预算会计分录：

借：经营支出　1000

　　贷：资金结存—货币资金　1000

2月15日，服装加工完成并验收入库。账务处理如下：

财务会计分录：

借：库存物品—自制物品　　14000

　　贷：加工物品—自制物品　　14000

不做预算会计分录

第十八节　待摊费用

一、科目简介

本科目核算学校已经支付，但应由本期和以后各期分别负担的分摊期在1年以内（含1年）的各项费用，如预付租金等。摊销期限在1年以上的租入固定资产改良支出和其他费用，应通过"长期待摊费用"科目核算，不通过本科目核算。本科目期末借方余额，反映学校各种已支付但尚未摊销的分摊期在1年以内（含1年）的费用。

二、明细科目

本科目应按照待摊费用种类进行明细核算。

三、关联科目

本科目可关联"零余额账户用款额度""银行存款""业务活动费用""单位管理费用""经营费用""财政拨款收入"等科目。

四、账务处理

1. 发生待摊费用时，按照实际预付的金额，借记本科目，贷记"财政拨款收入""零余额账户用款额度""银行存款"等科目。

2. 按照受益期限分期平均摊销时，按照摊销金额，借记"业务活动费用""单位管理费用""经营费用"等科目，贷记本科目。

3. 如果某项待摊费用已经不能使学校受益，应将其摊余金额一次全部转入当期费用。按照摊销金额，借记"业务活动费用""单位管理费用""经营费用"等科目，贷记本科目。

五、案例分析

【例5-31】2020年1月1日，某学校支付本年度操场占地租金24000元。租金应在租赁期内按月平均摊销。账务处理如下：

财务会计分录：

借：待摊费用　　24000

　　贷：零余额账户用款额度　　24000

预算会计分录：

借：事业支出—商品服务费用—租赁费　　24000

　　贷：资金结存—零余额账户用款额度　　24000

2020年1月起至12月，每月摊销预付租金2000元。账务处理如下：

财务会计分录：

借：业务活动费用—租赁费　　2000

　　贷：待摊费用　　2000

不做预算会计分录

第十九节　长期股权投资

一、科目简介

本科目核算各类学校按照规定取得的，持有时间超过1年（不含1年）的股权性质的投资。本科目期末借方余额反映学校持有的长期股权提交的价值。我国现行制度规定公办学校不允许购买股权投资。

二、明细科目

本科目应按照被投资单位和长期股权投资取得方式等进行明细核算。长期股权投资采用权益法核算的，还应按照"成本""损溢调整""其他权益变动"设置明细科目，进行明细核算。

第二十节　长期债券投资

一、科目简介

本科目核算各类学校按照规定取得的，持有时间超过1年（不含1年）的债券投资。本科目期末借方余额，反映学校持有的长期债券投资的价值。我国现行财务制度规定公办学校不允许购买债券投资。

二、明细科目

本科目应设置"成本"和"应计利息"明细科目，并按照债券投资的种类进行明细核算。

第二十一节 固定资产

一、科目简介

固定资产是指使用期限超过1年（不含1年），单位价值在规定标准以上（1000元以上，其中专用设备单位价值在1500元以上），并在使用过程中基本保持原有物质形态的资产。单位价值虽未达到规定标准，但是耐用时间超过1年（不含1年）的大批同类物资，应作为固定资产核算。本科目期末借方余额，反映学校固定资产的原值。

二、明细科目

本科目应按照固定资产类别和项目进行明细核算。

固定资产一般分为六类：房屋及构筑物；通用设备；专用设备；文物和陈列品；图书、档案；家具、用具、装具及动植物。

三、关联科目

本科目可关联"零余额账户用款额度""银行存款""应付账款""在建工程""长期应付款""其他应付款""捐赠收入""其他费用""无偿调拨净资产""固定资产累计折旧""财政拨款收入""资产处置费用""待处理财产损溢"等科目。

四、账务处理

（一）固定资产在取得时，应按照成本进行初始计量

1.购入不需安装的固定资产验收合格时，按照确定的固定资产成本，借记本科目，贷记"财政拨款收入""零余额账户用款额度""应付账款""银行存款"等科目。

购入需要安装的固定资产，在安装完毕交付使用前通过"在建工程"科目核算，安装完毕交付使用时再转入本科目。

购入固定资产扣留质量保证金的，应在取得固定资产时，按照确定的固定资产成本，借记本科目（不需安装）或"在建工程"科目（需要安装），按照实际支付或应付的金额，贷记"财政拨款收入""零余额账户用款额度""应付账款"（不含质量保证金)、"银行存款"等科目,按照扣留的质量保证金数额,贷记"其他应付款"〔扣留期在1年以内(含1年)〕或"长期应付款"(扣留期超过1年)科目。

质保期满支付质量保证金时借记"其他应付款""长期应付款"科目,贷记"财政拨款收入""零余额账户用款额度""银行存款"等科目。

2.自行建造的固定资产交付使用时,按照在建工程成本,借记本科目,贷记"在建工程"科目。

已交付使用但尚未办理竣工决算手续的固定资产,按照估计价值入账,待办理竣工决算后再按照实际成本调整原来的暂估价值。

3.融资租赁取得的固定资产,其成本按照租赁协议或者合同确定的租赁价款、相关税费以及固定资产交付使用前所发生的可归属于该项资产的运输费、途中保险费、安装调试费等确定。

融资租入的固定资产,按照确定的成本,借记本科目(不需安装)或"在建工程"科目(需安装),按照租赁协议或者合同确定的租赁付款额,贷记"长期应付款"科目,按照支付的运输费、途中保险费、安装调试费等金额,贷记"财政拨款收入""零余额账户用款额度""银行存款"等科目。

定期支付租金时,按照实际支付金额,借记"长期应付款"科目,贷记"财政拨款收入""零余额账户用款额度""银行存款"等科目。

4.按照规定跨年度分期付款购入固定资产的账务处理,参照融资租入固定资产。

5.接受捐赠的固定资产,按照确定的固定资产成本,借记本科目(不需安装)或"在建工程"科目(需安装),按照发生的相关税费、运输费等,贷记"零余额账户用款额度""银行存款"等科目,按照其差额,贷记"捐赠收入"科目。

接受捐赠的固定资产按照名义金额入账的,按照名义金额,借记本科目,贷记"捐赠收入"科目;按照发生的相关税费、运输费等,借记"其他费用"科目,贷记"零余额账户用款额度""银行存款"等科目。

6.无偿调入的固定资产,按照确定的固定资产成本,借记本科目(不需安装)或"在建工程"科目(需安装),按照发生的相关税费、运输费等,贷记"零余额账户用款额度""银行存款"等科目,按照其差额,贷记"无偿调拨净资产"科目。

7.置换取得的固定资产,参照"库存物品"科目中置换取得库存物品的相关规定进行账务处理。

(二)与固定资产有关的后续支出

1.符合固定资产确认条件的后续支出。

通常情况下,将固定资产转入改建、扩建时,按照固定资产的账面价值,借记"在建工程"科目,按照固定资产已计提折旧,借记"固定资产累计折旧"科目,按照固定资产的账面余额,贷记本科目。

为增加固定资产使用效能或延长其使用年限而发生的改扩建等后续支出,借记"在建工程"科目,贷记"财政拨款收入""零余额账户用款额度""银行存款"等科目。

固定资产改扩建等完成交付使用时,按照在建工程成本,借记本科目,贷记"在建工程"科目。

2. 不符合固定资产确认条件的后续支出。

为保证固定资产正常使用发生的日常维修等支出,借记"业务活动费用""单位管理费用"等科目,贷记"财政拨款收入""零余额账户用款额度""银行存款"等科目。

(三)按照规定报经批准处置固定资产,应分别以下情况处理

1. 报经批准出售、转让固定资产,按照被出售、转让固定资产的账面价值,借记"资产处置费用"科目,按照固定资产已计提的折旧,借记"固定资产累计折旧"科目,按照固定资产账面余额,贷记本科目;同时,按照收到的价款,借记"银行存款"等科目,按照处置过程中发生的相关费用,贷记"银行存款"等科目,按照其差额,贷记"应缴财政款"科目。

2. 报经批准对外捐赠固定资产,按照固定资产已计提的折旧,借记"固定资产累计折旧"科目,按照被处置固定资产账面余额,贷记本科目,按照捐赠过程中发生的归属于捐出方的相关费用,贷记"银行存款"等科目,按照其差额,借记"资产处置费用"科目。

3. 报经批准无偿调出固定资产,按照固定资产已计提的折旧,借记"固定资产累计折旧"科目,按照被处置固定资产账面余额,贷记本科目,按照其差额,借记"无偿调拨净资产"科目;同时,按照无偿调出过程中发生的归属于调出方的相关费用,借记"资产处置费用"科目,贷记"银行存款"等科目。

4. 报经批准置换换出固定资产,参照"库存物品"中置换换入库存物品的规定进行账务处理。

(四)学校应定期对固定资产进行清查盘点,每年至少盘点一次。对于发生的固定资产盘盈、盘亏或毁损、报废,应先记入"待处理财产损溢"科目,按照规定报经批准后及时进行后续账务处理。

1. 盘盈的固定资产,其成本按照有关凭据注明的金额确定;没有相关凭据但按照规定经过资产评估的,其成本按照评估价值确定;没有相关凭据、也未经过评估的,其成本按照重置成本确定。如无法采用上述方法确定盘盈固定资产成本的,按照名义金额入账。

盘盈的固定资产，按照确定的入账成本，借记本科目，贷记"待处理财产损溢"科目。

2. 盘亏、毁损或报废的固定资产，按照待处理固定资产的账面价值，借记"待处理财产损溢"科目，按照已计提折旧，借记"固定资产累计折旧"科目，按照固定资产的账面余额，贷记本科目。

五、案例分析

【例5-32】2020年3月1日，某学校购置A3打印机一台，价格3000元，无其他费用，验收合格，登记入库。账务处理如下：

财务会计分录：

借：固定资产　　3000

　　贷：零余额账户用款额度　　3000

预算会计分录：

借：事业支出—办公设备购置　　3000

　　贷：资金结存—零余额账户用款额度　　3000

【例5-33】2020年3月10日，某幼儿园购置室外大型一套（需安装），价格80000元，安装费2000元。

（1）购入时，账务处理如下：

财务会计分录：

借：在建工程　　80000

　　贷：零余额账户用款额度　　80000

预算会计分录：

借：事业支出—专用设备购置　　80000

　　贷：资金结存—零余额账户用款额度　　80000

（2）安装时，账务处理如下：

财务会计分录：

借：在建工程　　2000

　　贷：零余额账户用款额度　　2000

预算会计分录：

借：事业支出—专用设备购置　　2000

　　贷：资金结存—零余额账户用款额度　　2000

（3）验收合格，交付使用时，账务处理如下：

财务会计分录：

借：固定资产　　82000
　　　贷：在建工程　　82000
不做预算会计分录

【例5-34】某企业捐赠给学校篮球架一副，价值30000元，发生运输费500元。账务处理如下：

财务会计分录：

借：固定资产　　30500
　　　贷：捐赠收入　　30000
库存现金　　500

预算会计分录：

借：其他支出　　500
　　　贷：资金结存—货币资金　　500

【例5-35】2020年3月5日，教育局无偿调拨给某学校额温枪30个，价值7800元。账务处理如下：

财务会计分录：

借：固定资产　　7800
　　　贷：无偿调拨净资产　　7800

不做预算会计分录

【例5-36】某学校对教学楼进行加固处理。该教学楼账面余额（原值）为1000000元，已提折旧200000元，学校支付加固工程款100000元。账务处理如下：

财务会计分录：

借：在建工程　　800000
累计折旧　　200000
　　　贷：固定资产　　1000000
借：在建工程　　100000
　　　贷：银行存款　　100000

预算会计分录：

借：事业支出—资本性支出—大型修缮　　100000
　　　贷：资金结存—货币资金　　100000

工程完工，验收合格时，账务处理如下：

财务会计分录：

借：固定资产　　900000
　　　贷：在建工程　　900000

不做预算会计分录

第二十二节 固定资产累计折旧

一、科目简介

本科目核算各类学校计提的固定资产累计折旧。

公共基础设施和保障性住房计提的累计折旧，应分别通过"公共基础设施累计折旧（摊销）"科目和"保障性住房累计折旧"科目核算，不通过本科目核算。

本科目期末贷方余额，反映学校计提的固定资产折旧累计数。

二、明细科目

本科目应按照所对应固定资产的明细分类进行明细核算。

三、关联科目

本科目可关联"业务活动费用""单位管理费用""经营费用""待处理资产损溢""无偿调拨净资产""资产处置费用""固定资产"等科目。

四、账务处理

1. 按月计提固定资产折旧时，按照应计提折旧金额，借记"业务活动费用""单位管理费用""经营费用""加工物品""在建工程"等科目，贷记本科目。

2. 经批准处置或处理固定资产时，按照所处置或处理固定资产的账面价值，借记"资产处置费用""无偿调拨净资产""待处理财产损溢"等科目，按照已计提折旧，借记本科目，按照固定资产的账面余额，贷记"固定资产"科目。

五、折旧处理

固定资产的折旧应遵循以下原则：

1. 折旧是指在固定资产的预计使用年限内，按照确定的方法对应计的折旧额进行系统分摊。固定资产应计提的折旧额为其成本，计提折旧不考虑预计净残值。

2. 不计提折旧的固定资产：文物和陈列品；动植物；图书、档案；单独计价入账的土地；以名义金额计量的固定资产。另外，已提足折旧的固定资产和提前报废的固定资产，也不再计提折旧。

3. 暂估入账的固定资产计提折旧，实际成本确定后不需调整原已计提的折旧额。因改扩建或修缮等原因而延长其使用年限的，应按照重新确定的固定资产的成本以及重新确定的折旧年限计算折旧额。

4. 折旧方法一般应采用年限平均法计提固定资产折旧。

年限平均法也称为直线法，是指将固定资产的应折旧金额按均等的数额在其预计使用期内分配于每一会计期间的一种方法。因此，固定资产的折旧费可以均衡地摊配于其使用年限内的各个期间。在平均年限法下，固定资产折旧额的计算公式为：

固定资产月折旧额 = 应折旧金额（成本）÷ 折旧年限 ÷ 12

按照《关于中小学校执行〈政府会计制度——行政事业单位会计科目和报表〉的补充规定》，通常情况下，中小学校应根据表【5-2】来确定各类应计提折旧的固定资产的折旧年限。

表 5-2　　　　　　　　　　中小学固定资产折旧年限表

固定资产类别	折旧年限	备注
一、房屋及构建物		
1. 房屋		
钢结构	50 年	
钢筋混凝土结构	50 年	
砖混结构	30 年	
砖木结构	30 年	
2. 简易房	8 年	
3. 房屋附属设施	8 年	围墙、停车设施等
4. 构筑物	8 年	池、罐、槽、塔等
二、通用设备		
1. 计算机设备	6 年	计算机、网络设备、安全设备、终端设备、存储设备等
2. 办公设备	6 年	电话机、传真机、复印机、投影仪、多功能一体机、录音设备、电子白板、LED 显示屏、触控一体机等
3. 车辆	8 年	校车、乘用车、载货汽车、专用车辆等
4. 图书档案设备	5 年	

续表

固定资产类别	折旧年限	备注
5. 机械设备	10 年	电梯、制冷空调、锅炉等
6. 电气设备	5 年	电机、变压器、电源设备、生活用电器等
7. 通信设备	5 年	
8. 广播、电视、电影设备	5 年	
9. 仪器仪表	5 年	
10. 电子和通信测量设备	5 年	
11. 计量标准器具及量具、衡器	5 年	
三、专用设备		
1. 专用仪器仪表	5 年	教学专用仪器等
2. 文艺设备	5 年	乐器、舞台设备、影剧院设备等
3. 体育设备	5 年	田赛设备、径赛设备、球类设备、体育运动辅助设备等
4. 娱乐设备	5 年	
5. 公安专用设备	3 年	
6. 其他专用设备	10 年	
四、家具、用具及装具		
1. 家具	15 年	
其中：学生用家具（教学用）	5 年	
2. 用具和装具	5 年	

六、案例分析

【例 5-37】2020 年 3 月 1 日，某学校购置教学用触控一体机两台，价款共 36000 元，折旧年限为 6 年，从购入当月起每月计提折旧 500 元。

（1）购入时，账务处理如下：

财务会计分录：

借：固定资产　　36000

　　贷：零余额账户用款额度　　36000

预算会计分录：

借：事业支出—专用设备购置   36000
　　贷：资金结存—零余额账户用款额度   36000

（2）按月计提折旧时，账务处理如下：

财务会计分录：

借：业务活动费用—固定资产折旧费   500
　　贷：固定资产累计折旧   500

不做预算会计分录

（3）到第六年末对已折旧完的一体机报废处置时，账务处理如下：

财务会计分录：

借：固定资产累计折旧   36000
　　贷：固定资产   36000

第二十三节　工程物资

一、科目简介

本科目核算各类学校为在建工程准备的各种物资的成本，包括工程用材料、设备等。本科目期末借方余额，反映学校为在建工程准备的各种物资的成本。

二、明细科目

本科目可按照"库存材料""库存设备"等工程物资类别进行明细核算。

三、关联科目

本科目关联"银行存款""零余额账户用款额度""应付账款""其他应付款""库存物品""在建工程""财政拨款收入"等科目。

四、账务处理

1.购入为工程准备的物资，按照确定的物资成本，借记本科目，贷记"财政拨款收入""零余额账户用款额度""银行存款""应付账款"等科目。

2.领用工程物资，按照物资成本，借记"在建工程"科目，贷记本科目。工程完工后将领出的剩余物资退库时做相反的会计分录。

3. 工程完工后将剩余的工程物资转做本学校存货的，按照物资成本，借记"库存物品"等科目，贷记本科目。

五、案例分析

【例5-38】2020年4月1日，某学校实施消防工程改造，购入安全应急灯15个，共计3000元；4月10日，因工程需要领用应急灯10个共计2000元；4月30日，将剩余的5个应急灯转为存货。

（1）购入工程物资时，账务处理如下：

财务会计分录：

借：工程物资—库存材料　　3000
　　贷：零余额账户用款额度　　3000

预算会计分录：

借：事业支出—其他资本性支出　　3000
　　贷：资金结存—零余额账户用款额度　　3000

（2）领用工程物资时，账务处理如下：

财务会计分录：

借：在建工程　　2000
　　贷：工程物资—库存材料　　2000

不做预算会计分录

（3）剩余工程物资转为存货时，账务处理如下：

财务会计分录：

借：库存物品—某工程物资　　1000
　　贷：工程物资—库存材料　　1000

第二十四节　在建工程

一、科目简介

本科目核算各类学校在建的建设项目工程的实际成本。

在建的信息系统项目工程、公共基础设施项目工程、保障性住房项目工程的实际成本，也通过本科目核算。本科目期末借方余额，反映学校尚未完工的建设项目工程发生的实际成本。

二、明细科目

本科目应设置"建筑安装工程投资""设备投资""待摊投资""其他投资""待核销基建支出""基建转出投资"等明细科目，并按照具体项目进行明细核算。

三、关联科目

本科目可关联"银行存款""零余额账户用款额度""应付账款""固定资产""固定资产累计折旧""无形资产""工程物资""应付职工薪酬""待处理财产损溢""应付利息""长期借款""其他应交税费""应缴财政款""其他收入""无偿调拨净资产""资产处置费用"等科目。

四、账务处理

（一）建筑安装工程投资

1.将固定资产转入改扩建时，按照固定资产的账面价值，借记本科目（建筑安装工程投资），按照已计提的折旧或摊销，借记"固定资产累计折旧"等科目，按照固定资产的原值，贷记"固定资产"等科目。

固定资产改扩建过程中涉及替换（或拆除）原资产的某些组成部分的，按照被替换（或拆除）部分的账面价值，借记"待处理财产损溢"科目，贷记本科目（建筑安装工程投资）。

2.学校对于发包建筑安装工程，根据建筑安装工程价款结算账单与施工企业结算工程价款时，按照应承付的工程价款，借记本科目（建筑安装工程投资），按照预付工程款余额，贷记"预付账款"科目，按照其差额，贷记"财政拨款收入""零余额账户用款额度""银行存款""应付账款"等科目。

3.学校自行施工的小型建筑安装工程，按照发生的各项支出金额，借记本科目（建筑安装工程投资），贷记"工程物资""零余额账户用款额度""银行存款""应付职工薪酬"等科目。

4.工程竣工，办理竣工验收交接手续交付使用时，按照建筑安装工程成本（含应分摊的待摊投资），借记"固定资产"等科目，贷记本科目（建筑安装工程投资）。

（二）设备投资

1.购入设备时，按照购入成本，借记本科目（设备投资），贷记"财政拨款收入""零余额账户用款额度""银行存款"等科目；采用预付款方式购入设备的，有关预付款的账务处理参照本科目有关"建筑安装工程投资"明细科目的规定。

2.设备安装完毕，办妥竣工验收交接手续交付使用时，按照设备投资成本（含设备安装工程成本和分摊的待摊投资），借记"固定资产"等科目，贷记本科目。

将不需要安装的设备和达不到固定资产标准的工具、器具交付使用时，按照相关设备、工具、器具的实际成本，借记"固定资产""库存物品"科目，贷记本科目（设备投资）。

（三）待摊投资

建设工程发生的构成建设项目实际支出的，按照规定应分摊计入有关工程成本和设备成本的各项间接费用和税费支出，先在本明细科目中归集；建设工程办妥竣工验收手续交付使用时，按照合理的分配方法，摊入相关工程成本、安装设备成本等。

1.学校发生的构成待摊投资的各类费用，按照实际发生金额，借记本科目（待摊投资），贷记"财政拨款收入""零余额账户用款额度""银行存款""应付利息""长期借款""其他应交税费""固定资产累计折旧""无形资产累计摊销"等科目。

2.对于建设过程中试生产、设备调试等产生的收入，按照取得的收入金额，借记"银行存款"等科目，按照依据有关规定应冲减建设工程成本的部分，贷记本科目（待摊投资），按照其差额贷记"应缴财政款"或"其他收入"科目。

3.由于自然灾害、管理不善等原因造成的单项工程或学校工程报废或毁损，扣除残料价值和过失人或保险公司等赔款后的净损失，报经批准后计入继续施工的工程成本的，按照工程成本扣除残料价值和过失人或保险公司等赔款后的净损失，借记本科目（待摊投资），按照残料变价收入、过失人或保险公司赔款等，借记"银行存款""其他应收款"等科目，按照报废或毁损的工程成本，贷记本科目（建筑安装工程投资）。

4.工程交付使用时，按照合理的分配方法分配待摊投资，借记本科目（建筑安装工程投资、设备投资），贷记本科目（待摊投资）。

（四）其他投资

1.学校为建设工程发生的房屋购置支出，基本畜禽、林木等的购置、饲养、培育支出，办公生活用家具、器具购置支出，软件研发和不能计入设备投资的软件购置等支出，按照实际发生金额，借记本科目（其他投资），贷记"财政拨款收入""零余额账户用款额度""银行存款"等科目。

2.工程完成将形成的房屋、基本畜禽、林木等各种财产以及无形资产交付使用时，按照其实际成本，借记"固定资产""无形资产"等科目，贷记本科目（其他投资）。

（五）待核销基建支出

1. 建设项目发生的江河清障、航道清淤、飞播造林、补助群众造林、水土保持、城市绿化等不能形成资产的各类待核销基建支出，按照实际发生金额，借记本科目（待核销基建支出），贷记"财政拨款收入""零余额账户用款额度""银行存款"等科目。

2. 取消的建设项目发生的可行性研究费，按照实际发生金额，借记本科目（待核销基建支出），贷记本科目（待摊投资）。

3. 由于自然灾害等原因发生的建设项目整体报废所形成的净损失，报经批准后转入待核销基建支出，按照项目整体报废所形成的净损失，借记本科目（待核销基建支出），按照报废工程回收的残料变价收入、保险公司赔款等，借记"银行存款""其他应收款"等科目，按照报废的工程成本，贷记本科目（建筑安装工程投资等）。

4. 建设项目竣工验收交付使用时，对发生的待核销基建支出进行冲销，借记"资产处置费用"科目，贷记本科目（待核销基建支出）。

（六）基建转出投资

为建设项目配套而建成的、产权不归属本学校的专用设施，在项目竣工验收交付使用时，按照转出的专用设施的成本，借记本科目（基建转出投资），贷记本科目（建筑安装工程投资）；同时，借记"无偿调拨净资产"科目，贷记本科目（基建转出投资）。

五、案例分析

【例 5-39】2019 年暑假，某学校把原有旱厕改建成水冲卫生厕所，是学校施工的小型建筑安装工程投资。

将原旱厕改建时，需要停止提取折旧，并把净值转出至在建工程。7 月份厕所原值 10 万元，已经计提折旧 4 万元，净值 6 万元。账务处理如下：

财务会计分录：

借：在建工程—建筑安装工程投资　60000

固定资产累计折旧—房屋及构筑物　40000

  贷：固定资产　100000

不做预算会计分录

在改扩建工程中拆除了化粪池，账面价值 10000 元。账务处理如下：

财务会计分录：

借：待处理财产损溢—待处理财产价值　　　　10000

  贷：在建工程—建筑安装工程投资　　　　10000

不做预算会计分录

报经批准处理时，把待处理财产损溢转费用。

财务会计分录：

借：资产处置费用　　　　　10000

　　贷：待处理财产损溢—待处理财产价值　　　10000

不做预算会计分录

8月份，从学校零余额账户支出改扩建资金28000元，项目手续费2000元。账务处理如下：

财务会计分录：

借：在建工程—建筑安装工程投资　　　28000

　　在建工程—待摊投资　　　2000

　　贷：零余额账户用款额度　　　30000

预算会计分录：

借：事业支出—房屋建筑物大型修缮　　　30000

　　贷：资金结存—零余额账户用款额度　　　30000

工程竣工验收审计后，及时转入固定资产。财务会计分录：

借：固定资产—房屋及构筑物　　　80000

　　贷：在建工程—建筑安装工程投资　　　78000

　　　　在建工程—待摊投资　　　2000

不做预算会计分录

改扩建完成后新厕所的固定资产账面价值是60000-10000+30000=80000元。当月计提折旧。

【例5-40】2019年某学校筹建一座新教学楼。1月份学校从零余额账户支出前期手续费，包括勘察费、设计费、研究试验费、可行性研究费、土地使用税、契税、印花税、招投标费等共40000元。账务处理如下：

财务会计分录：

借：在建工程—待摊投资—教学楼　　　40000

　　贷：零余额账户用款额度　　　40000

预算会计分录：

借：事业支出—手续费　　　40000

　　贷：资金结存—零余额账户用款额度　　　40000

经政府集中采购公开招标，2019年6月份学校与建筑公司签订了包工包料的600万元的大包合同。财政直接支付农民工工资预储金、安全防护、文明施工措施费共计

120万元，此款项打到财政指定的银行账户。账务处理如下：

财务会计分录：

借：预付账款—教学楼　　　　1200000

　　贷：财政拨款收入　　　　1200000

预算会计分录：

借：事业支出—房屋建筑物购建　　　1200000

　　贷：财政拨款预算收入　　　　1200000

2019年8月份财政授权支付项目建设管理费、监理费、检验检测类费用等50000元。账务处理如下：

财务会计分录：

借：在建工程—待摊投资—教学楼　　　50000

　　贷：零余额账户用款额度　　　50000

预算会计分录：

借：事业支出—委托业务费　　　50000

　　贷：资金结存—零余额账户用款额度　　　50000

根据工程进度2019年10月份结算工程价款180万，财政授权支付给建筑公司。账务处理如下：

财务会计分录：

借：在建工程—建筑安装工程投资—教学楼　　　1800000

　　贷：零余额账户用款额度　　　1800000

预算会计分录：

借：事业支出—房屋建筑物购建　　　1800000

　　贷：资金结存—零余额账户用款额度　　　1800000

年末，在建工程直接结转下年。

2020年5月工程完工，经审计教学楼的价值是598万元。学校用银行资金支付社会中介审计（审查）费7000元。账务处理如下：

财务会计分录：

借：在建工程—待摊投资—教学楼　　　7000

　　贷：银行存款　　　70000

预算会计分录：

借：事业支出—财务及审计费　　　7000

　　贷：资金结存—货币资金　　　7000

在建工程竣工，办妥竣工验收交接手续交付使用时，按照合理的分配方法分配待摊投资。本工程建设工期短，整个项目的所有单项工程一次竣工，适用于按照实际分配率分配。财务会计分录：

借：在建工程—建筑安装工程投资—教学楼　　97000
　　贷：在建工程—待摊投资—教学楼　　7000
　　　　在建工程—待摊投资—教学楼　　50000
　　　　在建工程—待摊投资—教学楼　　40000

不做预算会计分录

在建工程竣工，办妥竣工验收交接手续交付使用时，按照建筑安装工程成本（含应分摊的待摊投资）转入固定资产。

借：固定资产—房屋及构筑物　　6077000
　　贷：在建工程—建筑安装工程投资—教学楼　　97000
　　　　在建工程—建筑安装工程投资—教学楼　　1800000
　　　　预付账款—教学楼　　1200000
　　　　应付账款—教学楼　　2980000

转出后，此项教学楼工程的"在建工程"科目为零。后续再按照合同支付尾款（含质量保证金）。

第二十五节　无形资产

一、科目简介

无形资产是指不具有实物形态而能够为使用者提供某种权利的非货币性资产，包括著作权、土地使用权、专利权、非专利技术等。学校购入的不构成相关硬件不可缺少组成部分的软件，应作为无形资产核算。非大批量购入、单价小于1000元的无形资产，可以于购买的当期将其成本直接计入当期费用。本科目期末借方余额，反映学校预计能达到预定用途的研究开发项目在开发阶段发生的累计支出数。

二、明细科目

本科目应按照无形资产的类别、项目等进行明细核算。

三、关联科目

本科目可关联"零余额账户用款额度""银行存款""预付账款""应付账款""研发支出""捐赠收入""其他费用""无偿调拨净资产""无形资产累计摊销""财政拨款收入""资产处置费用""在建工程""业务活动费用""单位管理费用""经营费用""应缴财政专户"等科目。

四、账务处理

（一）无形资产在取得时，应按照成本进行初始计量

1. 外购的无形资产，按照确定的成本，借记本科目，贷记"财政拨款收入""零余额账户用款额度""应付账款""银行存款"等科目。

2. 委托软件公司开发软件，视同外购无形资产进行处理。

合同中约定预付开发费用的，按照预付金额，借记"预付账款"科目，贷记"财政拨款收入""零余额账户用款额度""银行存款"等科目。

软件开发完成交付使用并支付剩余或全部软件开发费用时，按照软件开发费用总额，借记本科目，按照相关预付账款金额，贷记"预付账款"科目，按照支付的剩余金额，贷记"财政拨款收入""零余额账户用款额度""银行存款"等科目。

3. 自行研究开发形成的无形资产，按照研究开发项目进入开发阶段后至达到预定用途前所发生的支出总额，借记本科目，贷记"研发支出—开发支出"科目。

自行研究开发项目尚未进入开发阶段，或者确实无法区分研究阶段支出和开发阶段支出，但按照法律程序已申请取得无形资产的，按照依法取得时发生的注册费、聘请律师费等费用，借记本科目，贷记"财政拨款收入""零余额账户用款额度""银行存款"等科目；按照依法取得前所发生的研究开发支出，借记"业务活动费用"等科目，贷记"研发支出"科目。

4. 接受捐赠的无形资产，按照确定的无形资产成本，借记本科目，按照发生的相关税费等，贷记"零余额账户用款额度""银行存款"等科目，按照其差额，贷记"捐赠收入"科目。

接受捐赠的无形资产按照名义金额入账的，按照名义金额，借记本科目，贷记"捐赠收入"科目；同时，按照发生的相关税费等，借记"其他费用"科目，贷记"零余额账户用款额度""银行存款"等科目。

5. 无偿调入的无形资产，按照确定的无形资产成本，借记本科目，按照发生的相关税费等，贷记"零余额账户用款额度""银行存款"等科目，按照其差额，贷记

"无偿调拨净资产"科目。

6. 置换取得的无形资产，参照"库存物品"科目中置换取得库存物品的相关规定进行账务处理。

（二）与无形资产有关的后续支出

1. 符合无形资产确认条件的后续支出。

为增加无形资产的使用效能对其进行升级改造或扩展其功能时，如需暂停对无形资产进行摊销的，按照无形资产的账面价值，借记"在建工程"科目，按照无形资产已摊销金额，借记"无形资产累计摊销"科目，按照无形资产的账面余额，贷记本科目。

无形资产后续支出符合无形资产确认条件的，按照支出的金额，借记本科目（无须暂停摊销的）或"在建工程"科目（需暂停摊销的），贷记"财政拨款收入""零余额账户用款额度""银行存款"等科目。

暂停摊销的无形资产升级改造或扩展功能等完成交付使用时，按照在建工程成本，借记本科目，贷记"在建工程"科目。

2. 不符合无形资产确认条件的后续支出。

为保证无形资产正常使用发生的日常维护等支出，借记"业务活动费用""单位管理费用"等科目，贷记"财政拨款收入""零余额账户用款额度""银行存款"等科目。

（三）按照规定报经批准处置无形资产，应分别以下情况处理

1. 报经批准出售、转让无形资产，按照被出售、转让无形资产的账面价值，借记"资产处置费用"科目，按照无形资产已计提的摊销，借记"无形资产累计摊销"科目，按照无形资产账面余额，贷记本科目；同时，按照收到的价款，借记"银行存款"等科目，按照处置过程中发生的相关费用，贷记"银行存款"等科目，按照其差额，贷记"应缴财政款"（按照规定应上缴无形资产转让净收入的）或"其他收入"（按照规定将无形资产转让收入纳入本学校预算管理的）科目。

2. 报经批准对外捐赠无形资产，按照无形资产已计提的摊销，借记"无形资产累计摊销"科目，按照被处置无形资产账面余额，贷记本科目，按照捐赠过程中发生的归属于捐出方的相关费用，贷记"银行存款"等科目，按照其差额，借记"资产处置费用"科目。

3. 报经批准无偿调出无形资产，按照无形资产已计提的摊销，借记"无形资产累计摊销"科目，按照被处置无形资产账面余额，贷记本科目，按照其差额，借记"无偿调拨净资产"科目；同时，按照无偿调出过程中发生的归属于调出方的相关费用，借记"资产处置费用"科目，贷记"银行存款"等科目。

4. 报经批准置换换出无形资产，参照"库存物品"科目中置换换入库存物品的规定进行账务处理。

5. 无形资产预期不能为学校带来服务潜力或经济利益，按照规定报经批准核销时，按照待核销无形资产的账面价值，借记"资产处置费用"科目，按照已计提摊销，借记"无形资产累计摊销"科目，按照无形资产的账面余额，贷记本科目。

（四）学校应定期对无形资产进行清查盘点，每年至少盘点一次。学校资产清查盘点过程中发现的无形资产盘盈、盘亏等，参照"固定资产"科目相关规定进行账务处理。

五、案例分析

【例 5-41】2020 年 1 月 1 日，某学校购买图书管理软件一套，通过零余额账户用款额度支付 6000 元。账务处理如下：

财务会计分录：

借：无形资产　　6000

　　贷：零余额账户用款额度　　6000

预算会计分录：

借：事业支出—资本性支出　　6000

　　贷：资金结存—零余额账户用款额度　　6000

【例 5-42】某学校自行开发一套资产管理软件，并申请专利，发生注册费等费用共计 2000 元，在取得专利前共发生研发费用 8000 元。所有款项均使用财政授权支付方式进行支付。账务处理如下：

（1）发生研发费用时会计分录

财务会计分录：

借：研发支出　　8000

　　贷：零余额账户用款额度　　8000

预算会计分录：

借：事业支出—资本性支出　　8000

　　贷：资金结存—零余额账户用款额度　　8000

（2）取得专利时会计分录

财务会计分录：

借：无形资产　　10000

　　贷：研发支出　　8000

　　　　零余额账户用款额度　　2000

预算会计分录：

借：事业支出—资本性支出　2000
　　贷：资金结存—零余额账户用款额度　2000

第二十六节　无形资产累计摊销

一、科目简介

本科目核算各学校对使用年限有限的无形资产计提的累计摊销。本科目期末贷方余额，反映学校计提的无形资产摊销累计数。

二、明细科目

本科目应按照所对应无形资产的明细分类进行明细核算。

三、关联科目

本科目可关联"业务活动费用""单位管理费用""加工物品""在建工程""无形资产""资产处置费用""无偿调拨净资产""待处理财产损溢"等科目。

四、账务处理

1. 按月对无形资产进行摊销时，按照应摊销金额，借记"业务活动费用""单位管理费用""加工物品""在建工程"等科目，贷记本科目。

2. 经批准处置无形资产时，按照所处置无形资产的账面价值，借记"资产处置费用""无偿调拨净资产""待处理财产损溢"等科目，按照已计提摊销，借记本科目，按照无形资产的账面余额，贷记"无形资产"科目。

五、案例分析

【例5-43】2020年1月1日，某学校购买图书管理软件一套，价款6000元，按规定摊销年限为10年，从购入当月起每月摊销50元。摊销时账务处理如下：

财务会计分录：

借：单位管理费用—无形资产摊销费　50

贷：无形资产累计摊销　　50
不做预算会计分录

第二十七节　研发支出

一、科目简介

本科目核算学校自行研究开发项目研究阶段和开发阶段发生的各项支出，包括研究与开发过程中所使用资产的折旧、消耗的原材料、直接参与开发人员的工资及福利费、开发过程中发生的租金以及借款费用等。建设项目中的软件研发支出，应通过"在建工程"科目核算，不通过本科目核算。本科目期末借方余额，反映学校预计能达到预定用途的研究开发项目在开发阶段发生的累计支出数。

二、明细科目

本科目应按照自行研究开发项目，分别"研究支出""开发支出"进行明细核算。

三、关联科目

本科目可关联"零余额账户用款额度""银行存款""库存物品""应付职工薪酬""业务活动费用""单位管理费用""无形资产""固定资产累计折旧""财政拨款收入"等科目。

四、账务处理

1. 自行研究开发项目研究阶段的支出，应先在本科目归集。按照从事研究及其辅助活动人员计提的薪酬，研究活动领用的库存物品，发生的与研究活动相关的管理费、间接费和其他各项费用，借记本科目（研究支出），贷记"应付职工薪酬""库存物品""财政拨款收入""零余额账户用款额度""固定资产累计折旧""银行存款"等科目。期（月）末，应将本科目归集的研究阶段的支出金额转入当期费用，借记"业务活动费用"等科目，贷记本科目（研究支出）。

2. 自行研究开发项目开发阶段的支出，先通过本科目进行归集。按照从事开发及其辅助活动人员计提的薪酬，开发活动领用的库存物品，发生的与开发活动相关的管理费、间接费和其他各项费用，借记本科目（开发支出），贷记"应付职工薪酬""库存物品""财政拨款收入""零余额账户用款额度""固定资产累计折旧""银行存款"等科目。自行研究开发项目完成，达到预定用途形成无形资产的，按照本科目归集的开发阶段的支出金额，借记"无形资产"科目，贷记本科目（开发支出）。学校应于每年年度终了评估研究开发项目是否能达到预定用途，如预计不能达到预定用途（如无法最终完成开发项目并形成无形资产的），应将已发生的开发支出金额全部转入当期费用，借记"业务活动费用"等科目，贷记本科目（开发支出）。

五、案例分析

【例5-44】2020年1月1日，某学校自行研究开发一项专利，研究开发中发生人工费3000元、材料费5000元，其他费用10000元，总计18000元。其中符合资本化条件的支出为15000元。账务处理如下：

财务会计分录：

借：研发支出—研究支出　　3000

研发支出—开发支出　　15000

　　贷：库存物品　　5000

　　　　应付职工薪酬　　3000

　　　　银行存款　　10000

预算会计分录：

借：事业支出—资本性支出　　10000

　　贷：资金结存—货币资金　　10000

第二十八节　公共基础设施

一、科目简介

公共基础设施是指各类学校为满足社会公共需求而控制的，同时具有以下特征的有形资产：是一个有形资产系统或网络的组成部分；具有特定用途；一般不可移动。本科目期末借方余额，反映公共基础设施的原值。

二、明细科目

本科目应按照公共基础设施的类别、项目等进行明细核算。

三、关联科目

本科目可关联"银行存款""零余额账户用款额度""在建工程""财政拨款收入""捐赠收入""其他费用""业务活动费用""单位管理费用""资产处置费用""公共基础设施累计折旧""无偿调拨净资产""待处理财产损溢"等科目。

四、账务处理

(一) 公共基础设施在取得时，应按照其成本入账

1. 自行建造的公共基础设施完工交付使用时，按照在建工程的成本，借记本科目，贷记"在建工程"科目。

已交付使用但尚未办理竣工决算手续的公共基础设施，按照估计价值入账，待办理竣工决算后再按照实际成本调整原来的暂估价值。

2. 接受其他单位无偿调入的公共基础设施，按照确定的成本，借记本科目，按照发生的归属于调入方的相关费用，贷记"财政拨款收入""零余额账户用款额度""银行存款"等科目，按照其差额，贷记"无偿调拨净资产"科目。

无偿调入的公共基础设施成本无法可靠取得的，按照发生的相关税费运输费等金额，借记"其他费用"科目，贷记"财政拨款收入""零余额账户用款额度""银行存款"等科目。

3. 接受捐赠的公共基础设施，按照确定的成本，借记本科目，按照发生的相关费用，贷记"财政拨款收入""零余额账户用款额度""银行存款"等科目，按照其差额，贷记"捐赠收入"科目。

接受捐赠的公共基础设施成本无法可靠取得的，按照发生的相关税费等金额，借记"其他费用"科目，贷记"财政拨款收入""零余额账户用款额度""银行存款"等科目。

4. 外购的公共基础设施，按照确定的成本，借记本科目，贷记"财政拨款收入""零余额账户用款额度""银行存款"等科目。

5. 对于成本无法可靠取得的公共基础设施，单位应设置备查簿进行登记，待成本能够可靠确定后按照规定及时入账。

(二）与公共基础设施有关的后续支出

将公共基础设施转入改扩建时，按照公共基础设施的账面价值，借记"在建工程"科目，按照公共基础设施已计提折旧，借记"公共基础设施累计折旧（摊销）"科目，按照公共基础设施的账面余额，贷记本科目。

为增加公共基础设施使用效能或延长其使用年限而发生的改扩建等后续支出，借记"在建工程"科目，贷记"财政拨款收入""零余额账户用款额度""银行存款"等科目。

公共基础设施改扩建完成，竣工验收交付使用时，按照在建工程成本，借记本科目，贷记"在建工程"科目。

为保证公共基础设施正常使用发生的日常维修等支出，借记"业务活动费用""单位管理费用"等科目，贷记"财政拨款收入""零余额账户用款额度""银行存款"等科目。

（三）按照规定报经批准处置公共基础设施，分别以下情况处理

1. 报经批准对外捐赠公共基础设施，按照公共基础设施已计提的折旧或摊销，借记"公共基础设施累计折旧（摊销）"科目，按照被处置公共基础设施账面余额，贷记本科目，按照捐赠过程中发生的归属于捐出方的相关费用，贷记"银行存款"等科目，按照其差额，借记"资产处置费用"科目。

2. 报经批准无偿调出公共基础设施，按照公共基础设施已计提的折旧或摊销，借记"公共基础设施累计折旧（摊销）"科目，按照被处置公共基础设施账面余额，贷记本科目，按照其差额，借记"无偿调拨净资产"科目；同时，按照无偿调出过程中发生的归属于调出方的相关费用，借记"资产处置费用"科目，贷记"银行存款"等科目。

（四）单位应定期对公共基础设施进行清查盘点。对于发生的公共基础设施盘盈、盘亏、毁损或报废，应先记入"待处理财产损溢"科目，按照规定报经批准后及时进行后续账务处理。

1. 盘盈的公共基础设施，其成本按照有关凭据注明的金额确定；没有相关凭据、但按照规定经过资产评估的，其成本按照评估价值确定；没有相关凭据、也未经过评估的，其成本按照重置成本确定。盘盈的公共基础设施成本无法可靠取得的，单位应设置备查簿进行登记，待成本确定后按照规定及时入账。

盘盈的公共基础设施，按照确定的入账成本，借记本科目，贷记"待处理财产损溢"科目。

2. 盘亏、毁损或报废的公共基础设施，按照待处置公共基础设施的账面价值，借记"待处理财产损溢"科目，按照已计提折旧或摊销，借记"公共基础设施累计折旧

（摊销）"科目按照公共基础设施的账面余额，贷记本科目。

五、案例分析

【例 5-45】某学校收到市文体局无偿调拨的健身设施（向社会开放，学校与社会共用）价值 200000 元，由学校支付安装费 3000 元。账务处理如下：

财务会计分录：

借：公共基础设施　　　　　203000

　　贷：无偿调拨净资产　　　　200000

　　　　零余额账户用款额度　　3000

预算会计分录：

借：其他支出　3000

　　贷：资金结存—零余额账户用款额度　　3000

第二十九节　文物文化资产

一、科目简介

文物文化资产是指用于展览、教育或研究等目的的历史文物、艺术品以及其他具有文化或历史价值并作长期或永久保存的典藏等。由于文物文化资产不介入生产经营过程，故不能将文物文化资产作为存货、固定资产、金融资产、无形资产等进行核算。本科目核算学校为满足社会公共需求而控制的文物文化资产的成本。学校为满足自身开展业务活动或其他活动需要而控制的文物和陈列品，应通过"固定资产"科目核算，不通过本科目核算。本科目期末借方余额，反映文物文化资产的成本。

二、明细科目

本科目应按照文物文化资产的类别、项目等进行明细核算。

三、关联科目

本科目可关联"银行存款""零余额账户用款额度""应付账款""财政拨款收入""无偿调拨净资产""捐赠收入""其他费用""资产处置费用""待处理财产损溢"

等科目。

四、账务处理

(一)文物文化资产在取得时,应按照其成本入账

1. 外购的文物文化资产,其成本包括购买价款相关税费以及可归属于该项资产达到预定用途前所发生的其他支出(如运输费、安装费、装卸费等)。

外购的文物文化资产,按照确定的成本,借记本科目,贷记"财政拨款收入""零余额账户用款额度""银行存款"等科目。

2. 接受其他单位无偿调入的文物文化资产,其成本按照该项资产在调出方的账面价值加上归属于调入方的相关费用确定。

调入的文物文化资产,按照确定的成本,借记本科目,按照发生的归属于调入方的相关费用,贷记"零余额账户用款额度""银行存款"等科目,按照其差额,贷记"无偿调拨净资产"科目。

无偿调入的文物文化资产成本无法可靠取得的,按照发生的归属于调入方的相关费用,借记"其他费用"科目,贷记"零余额账户用款额度""银行存款"等科目。

3. 接受捐赠的文物文化资产,其成本按照有关凭据注明的金额加上相关费用确定;没有相关凭据可供取得,但按照规定经过资产评估的,其成本按照评估价值加上相关费用确定;没有相关凭据可供取得、也未经评估的,其成本比照同类或类似资产的市场价格加上相关费用确定。

接受捐赠的文物文化资产,按照确定的成本,借记本科目,按照发生的相关税费、运输费等金额,贷记"零余额账户用款额度""银行存款"等科,目按照其差额,贷记"捐赠收入"科目。

接受捐赠的文物文化资产成本无法可靠取得的,按照发生的相关税费、运输费等金额,借记"其他费用"科目,贷记"零余额账户用款额度""银行存款"等科目。

4. 对于成本无法可靠取得的文物文化资产,学校应设置备查簿进行登记,待成本能够可靠确定后按照规定及时入账。

(二)与文物文化资产有关的后续支出,参照"公共基础设施"科目相关规定进行处理

(三)按照规定报经批准处置文物文化资产,应分别以下情况处理

1. 报经批准对外捐赠文物文化资产,按照被处置文物文化资产账面余额和捐赠过程中发生的归属于捐出方的相关费用合计数,借记"资产处置费用"科目,按照被处置文物文化资产账面余额,贷记本科目,按照捐赠过程中发生的归属于捐出方的相关费用,贷记"银行存款"等科目。

2.报经批准无偿调出文物文化资产,按照被处置文物文化资产账面余额,借记"无偿调拨净资产"科目,贷记本科目;同时,按照无偿调出过程中发生的归属于调出方的相关费用,借记"资产处置费用"科目,贷记"银行存款"等科目。

(四)学校应定期对文物文化资产进行清查盘点,每年至少盘点一次。对于发生的文物文化资产盘盈、盘亏、毁损或报废等,参照"公共基础设施"科目相关规定进行账务处理。

五、案例分析

【例5-46】某国防主题教育公办幼儿园,要建国防教育公益展厅,接受老红军捐赠抗战时期的军事物品,经评估价值10000元,发生运输费500元。账务处理如下:

财务会计分录:

借:文物文化资产　10500
　　贷:捐赠收入　10000
　　　　库存现金—库存现金　500

预算会计分录:

借:其他支出　500
　　贷:资金结存—货币资金　500

第三十节　保障性住房

一、科目简介

保障性住房是指政府为中低收入住房困难家庭所提供的限定标准、限定价格或租金的住房,一般由廉租住房、经济适用住房、政策性租赁住房、定向安置房等构成。本科目核算各类学校为满足社会公共需求而控制的保障性住房的原值。本科目期末借方余额,反映保障性住房的原值。

二、明细科目

本科目应按照保障性住房的类别、项目等进行明细核算。

三、关联科目

本科目可关联"银行存款""零余额账户用款额度""财政拨款收入""其他费用""在建工程""应收账款""应缴财政款""资产处置费用""保障性住房累计折旧""无偿调拨净资产""待处理财产损溢"等科目。

四、账务处理

（一）保障性住房在取得时，应按其成本入账

1. 外购的保障性住房，其成本包括购买价款、相关税费以及可归属于该项资产达到预定用途前所发生的其他支出。

外购的保障性住房，按照确定的成本，借记本科目，贷记"财政拨款收入""零余额账户用款额度""银行存款"等科目。

2. 自行建造的保障性住房交付使用时，按照在建工程成本，借记本科目，贷记"在建工程"科目。

已交付使用但尚未办理竣工决算手续的保障性住房，按照估计价值入账，待办理竣工决算后再按照实际成本调整原来的暂估价值。

3. 接受其他单位无偿调入的保障性住房，其成本按照该项资产在调出方的账面价值加上归属于调入方的相关费用确定。

无偿调入的保障性住房，按照确定的成本，借记本科目，按照发生的归属于调入方的相关费用，贷记"零余额账户用款额度""银行存款"等科目，按照其差额，贷记"无偿调拨净资产"科目。

4. 接受捐赠、融资租赁取得的保障性住房，参照"固定资产"科目相关规定进行处理。

（二）与保障性住房有关的后续支出，参照"固定资产"科目相关规定进行处理。

（三）按照规定出租保障性住房并将出租收入上缴同级财政，按照收取的租金金额，借"银行存款"等科目，贷记"应缴财政款"科目。

（四）按照规定报经批准处置保障性住房，应分别以下情况处理：

1. 报经批准无偿调出保障性住房，按照保障性住房已计提的折旧，借记"保障性住房累计折旧"科目，按照被处置保障性住房账面余额，贷记本科目，按照其差额，借记"无偿调拨净资产"科目；同时，按照无偿调出过程中发生的归属于调出方的相关费用，借记"资产处置费用"科目，贷记"银行存款"等科目。

2. 报经批准出售保障性住房，按照被出售保障性住房的账面价值，借记"资产处置费用"科目,按照保障性住房已计提的折旧,借记"保障性住房累计折旧"科目,按照保障性住房账面余额,贷记本科目;同时,按照收到的价款,借记"银行存款"等科目,按照出售过程中发生的相关费用,贷记"银行存款"等科目,按照其差额,贷记"应缴财政款"科目。

(五)学校应定期对保障性住房进行清查盘点。对于发生的保障性住房盘盈、盘亏、毁损或报废等,参照"固定资产"科目相关规定进行账务处理。

五、案例分析

【例5-47】某学校接受无偿调拨的保障性住房5套,价值1500000元,学校支付相关费用10000元。账务处理如下:

财务会计分录:

借:保障性住房　　1510000
　　贷:银行存款　　10000
　　　　无偿调拨净资产　　1500000

预算会计分录:

借:其他支出　　10000
　　贷:资金结存—货币资金　　10000

第三十一节　保障性住房累计折旧

一、科目简介

本科目核算学校计提的保障性住房的累计折旧。各类学校应参照《政府会计准则第3号—固定资产》及其应用指南的相关规定,按月对其控制的保障性住房计提折旧。本科目期末贷方余额,反映学校计提的保障性住房折旧累计数。

二、明细科目

本科目应按照所对应保障性住房的类别进行明细核算。

三、关联科目

本科目可关联"业务活动费用""待处理财产损溢""资产处置费用""保障性住房"等科目。

四、账务处理

1. 按月计提保障性住房折旧时，按照应计提的折旧额，借记"业务活动费用"科目，贷记本科目。

2. 报经批准处置保障性住房时，按照所处置保障性住房的账面价值，借记"资产处置费用""无偿调拨净资产""待处理财产损溢"等科目，按照已计提折旧，借记本科目，按照保障性住房的账面余额，贷记"保障性住房"科目。

第三十二节 受托代理资产

一、科目简介

本科目核算各类学校接受委托方委托管理的各项资产，包括受托指定转赠的物资、受托存储保管的物资等的成本。学校管理的罚没物资也应通过本科目核算。学校收到的受托代理资产为现金和银行存款的，不通过本科目核算，应通过"库存现金""银行存款"科目进行核算。本科目期末借方余额，反映学校受托代理实物资产的成本。

二、明细科目

本科目应按照资产的种类和委托人进行明细核算；属于转赠资产的，还应按照受赠人进行明细核算。

三、关联科目

本科目可关联"银行存款""零余额账户用款额度""财政拨款收入""受托代理负债""库存物品""固定资产""其他收入""其他费用""应缴财政款"等科目。

四、账务处理

（一）受托转赠物资

1. 接受委托人委托需要转赠给受赠人的物资，其成本按照有关凭据注明的金额确定。接受委托转赠的物资验收入库，按照确定的成本，借记本科目，贷记"受托代理负债"科目。

受托协议约定由受托方承担相关税费、运输费等的，还应按照实际支付的相关税费、运输费等金额，借记"其他费用"科目，贷记"银行存款"等科目。

2. 将受托转赠物资交付受赠人时，按照转赠物资的成本，借记"受托代理负债"科目，贷记本科目。

3. 转赠物资的委托人取消了对捐赠物资的转赠要求，且不再收回捐赠物资的应将转赠物资转为学校的存货、固定资产等。按照转赠物资的成本，借记"受托代理负债"科目，贷记本科目；同时，借记"库存物品""固定资产"等科目，贷记"其他收入"科目。

（二）受托存储保管物资

1. 接受委托人委托存储保管的物资，其成本按照有关凭据注明的金额确定。接受委托储存的物资验收入库，按照确定的成本，借记本科目，贷记"受托代理负债"科目。

2. 发生由受托单位承担的与受托存储保管的物资相关的运输费、保管费等费用时，按照实际发生的费用金额，借记"其他费用"等科目，贷记"银行存款"等科目。

3. 根据委托人要求交付或发出受托存储保管的物资时，按照发出物资的成本，借记"受托代理负债"科目，贷记本科目。

（三）罚没物资

1. 取得罚没物资时，其成本按照有关凭据注明的金额确定。罚没物资验收（入库），按照确定的成本，借记本科目，贷记"受托代理负债"科目，罚没物资成本无法可靠确定的，单位应设置备查簿进行登记。

2. 按照规定处置或移交罚没物资时，按照罚没物资的成本，借记"受托代理负债"科目，贷记本科目。处置时取得款项的，按照实际取得的款项金额，借记"银行存款"等科目，贷记"应缴财政款"等科目。

五、案例分析

【例5-48】2020年2月，某学校接受市政府委托，利用学校仓库储存一批新冠肺炎防疫物资，该物资成本20000元，学校支付运输费800元。账务处理如下：

财务会计分录：

借：受托代理资产　　20000
　　贷：受托代理负债　　20000
借：其他费用　　800
　　贷：银行存款　　800

预算会计分录：

借：其他支出　　800
　　贷：资金结存—货币资金　　800

第三十三节　长期待摊费用

一、科目简介

本科目核算单位已经支出，但应由本期和以后各期负担的分摊期限在1年以上（不含1年）的各项费用，如以经营租赁方式租入的固定资产发生的改良支出等。本科目期末借方余额，反映学校尚未摊销完毕的长期待摊费用。

二、明细科目

本科目应按照费用项目进行明细核算。

三、关联科目

本科目可关联"银行存款""零余额账户用款额度""财政拨款收入""业务活动费用""单位管理费用""经营费用"等科目。

四、账务处理

1. 发生长期待摊费用时，按照支出金额，借记本科目，贷记"财政拨款收入""零余额账户用款额度""银行存款"等科目。

2. 按照受益期间摊销长期待摊费用时，按照摊销金额，借记"业务活动费用""单位管理费用""经营费用"等科目，贷记本科目。

3. 如果某项长期待摊费用已经不能使单位受益，应将其摊余金额一次全部转入当期费用。按照摊销金额，借记"业务活动费用""单位管理费用""经营费用"等科目，贷记本科目。

五、案例分析

【例5-49】2020年3月1日某学校将租赁的体育馆进行装修，费用60000元。2020年4月1日装修完工后交付使用，按租赁期10年进行摊销。账务处理如下：

（1）装修时会计分录

财务会计分录：

借：长期待摊费用　60000

　　贷：零余额账户用款额度　60000

预算会计分录：

借：事业支出—资本性支出　60000

　　贷：资金结存—零余额账户用款额度　60000

（2）交付使用当月开始摊销时会计分录

财务会计分录：

借：业务活动费用　500

　　贷：长期待摊费用　500

不做预算会计分录

第三十四节　待处理财产损溢

一、科目简介

待处理财产损溢是指各类学校处理资产而发生的资产盘盈、盘亏和毁损的价值。学校财产的处理包括资产的出售、报废、毁损、盘盈、盘亏，以及货币性资产损失核销等。本科目期末如为借方余额，反映尚未处理完毕的各种资产的净损失；期末如为贷方余额，反映尚未处理完毕的各种资产净溢余。年末，经批准处理后，本科目一般应无余额。

二、明细科目

本科目应按照待处理的资产项目进行明细核算，对于在资产处理过程中取得收入或发生相关费用的项目，还应设置"待处理财产价值""处理净收入"明细科目进行明细核算。

三、关联科目

本科目可关联"库存物品""固定资产""无形资产""公共基础设施""政府储备物资""文物文化资产""保障性住房""单位管理费用""以前年度盈余调整""固定资产累计折旧""无形资产累计摊销""公共基础设施累计折旧""保障性住房累计折旧""其他应收款""应缴财政款""资产处置费用"等科目。

四、账务处理

（一）账款核对时发现的库存现金短缺或溢余

1. 每日账款核对中发现现金短缺或溢余，属于现金短缺，按照实际短缺的金额，借记本科目，贷记"库存现金"科目；属于现金溢余，按照实际溢余的金额，借记"库存现金"科目，贷记本科目。

2. 如为现金短缺，属于应由责任人赔偿或向有关人员追回的，借记"其他应收款"科目，贷记本科目；属于无法查明原因的，报经批准核销时，借记"资产处置费用"科目，贷记本科目。

3. 如为现金溢余，属于应支付给有关人员或单位的，借记本科目，贷记"其他应付款"科目；属于无法查明原因的，报经批准后，借记本科目，贷记"其他收入"科目。

（二）资产清查过程中发现的存货、固定资产、无形资产、公共基础设施、政府储备物资、文物文化资产、保障性住房等各种资产盘盈、盘亏或报废、毁损

1. 盘盈的各类资产。

转入待处理资产时，按照确定的成本，借记"库存物品""固定资产""无形资产""公共基础设施""政府储备物资""文物文化资产""保障性住房"等科目，贷记本科目。

按照规定报经批准后处理时，对于盘盈的流动资产，借记本科目，贷记"单位管理费用"科目。对于盘盈的非流动资产，如属于本年度取得的，按照当年新取得相关资产进行账务处理;如属于以前年度取得的,按照前期差错处理,借记本科目,贷记"以前年度盈余调整"科目。

2.盘亏或者毁损、报废的各类资产。

转入待处理资产时,借记本科目(待处理财产价值)[盘亏、毁损、报废固定资产、无形资产、公共基础设施、保障性住房的,还应借记"固定资产累计折旧""无形资产累计摊销""公共基础设施累计折旧(摊销)""保障性住房累计折旧"科目],贷记"库存物品""固定资产""无形资产""公共基础设施""政府储备物资""文物文化资产""保障性住房""在建工程"等科目。

报经批准处理时,借记"资产处置费用"科目,贷记本科目(待处理财产价值)。

处理毁损、报废实物资产过程中取得的残值或残值变价收入、保险理赔和过失人赔偿等,借记"库存现金""银行存款""库存物品""其他应收款"等科目,贷记本科目(处理净收入);处理毁损、报废实物资产过程中发生的相关费用,借记本科目(处理净收入),贷记"库存现金""银行存款"等科目。

处理收支结清,如果处理收入大于相关费用的,按照处理收入减去相关费用后的净收入,借记本科目(处理净收入),贷记"应缴财政款"等科目;如果处理收入小于相关费用的,按照相关费用减去处理收入后的净支出,借记"资产处置费用"科目,贷记本科目(处理净收入)。

五、案例分析

【例5-50】某学校在进行固定资产盘点时,盘亏一台设备,账面价值2000元,已计提折旧1500元。报经批准后账务处理如下:

(1)根据盘点表转入待处理财产时会计分录

财务会计分录:

借:待处理财产损溢——待处理财产价值　500
　　固定资产累计折旧　1500
　　　贷:固定资产　2000

不做预算会计分录

(2)经学校领导班子研究,报经国资部门批准时会计分录

借:资产处置费用　500
　　　贷:待处理财产损溢——待处理财产价值　500

不做预算会计分录

第六章 负 债

第一节 负债概述

负债是指中小学校过去的经济业务或者事项形成的，预期会导致经济资源流出中小学校的现时义务。现时义务是指中小学校在现行条件下已承担的义务。未来发生的经济业务或者事项形成的义务不属于现时义务，不应当确认为负债。

按照负债的流动性，分为流动负债和非流动负债。流动负债是指在1年内（含1年）偿还的负债，具体包括短期借款、应交增值税、其他应交税费、应缴财政款、应付职工薪酬、应付票据、应付账款、应付利息、预收账款、其他应付款、预提费用等科目。非流动负债是指流动负债以外的负债，具体包括长期借款、长期应付款、预计负债等。

第二节 短期借款

一、科目简介

短期借款是指非义务教育阶段学校经批准向银行或其他金融机构等借入的期限在1年内（含1年）的各种借款。义务教育阶段中小学校不得举债，因此义务教育阶段中小学校一般不使用本科目。

本科目期末贷方余额，反映非义务教育阶段学校尚未偿还的短期借款本金。

二、明细科目

本科目应按照债权人和借款种类进行明细核算。

三、关联科目

本科目可关联"银行存款""应付票据"等科目。

四、账务处理

1. 借入各种短期借款时,按照实际借入的金额,财务会计借记"银行存款"科目,贷记本科目。预算会计借记"资金结存—货币资金"科目,贷记"债务预算收入"科目。

2. 银行承兑汇票到期,本校无力支付票款的,按照应付票据的账面余额,财务会计借记"应付票据"科目,贷记本科目。预算会计借记"经营支出"等科目,贷记"债务预算收入"科目。

3. 归还短期借款时,财务会计借记本科目,贷记"银行存款"科目。预算会计借记"债务还本支出"科目,贷记"资金结存—货币资金"科目。

五、案例分析

【例 6-1】A 美术高中为发展美术特色教学,经主管部门批准向交通银行借款 240000 元,借款期限 1 年,年利率为 5%,每月用学费支付利息 1000 元。账务处理如下:

(1) 收到交通银行的借款时

财务会计分录:

借:银行存款—银行存款　　　　240000
　　贷:短期借款—交通银行　　　　240000

预算会计分录:

借:资金结存—货币资金—银行存款　　240000
　　贷:债务预算收入—项目支出—交通银行　240000

(2) 每月计提利息

财务会计分录:

借:其他费用—利息费用　　　1000
　　贷:应付利息—交通银行　　　1000

不做预算会计分录

(3) 每月支付交通银行每期利息时

财务会计分录:

借：应付利息—交通银行　　1000
　　　贷：银行存款—银行存款　　1000

预算会计分录：

借：其他支出—事业收入—利息支出　　1000
　　　贷：资金结存—货币资金—银行存款　　1000

（4）到期还本和支付最后一期利息时

财务会计分录：

借：短期借款—交通银行　　240000
　　其他费用—利息费用　　1000
　　　贷：银行存款—银行存款　　241000

预算会计分录：

借：债务还本支出—交通银行　　240000
　　其他支出—事业收入—利息支出　　1000
　　　贷：资金结存—货币资金—银行存款　　241000

【例6-2】某职业高中校办工厂的交通银行承兑汇票到期，应付票据的账面余额为200000元，但该学校校办工厂现无力支付票款。账务处理如下：

财务会计分录：

借：应付票据—交通银行　　200000
　　　贷：短期借款—交通银行　　200000

预算会计分录：

借：经营支出—校办工厂　　200000
　　　贷：债务预算收入—项目支出—交通银行　　200000

第三节　应交增值税

一、科目简介

应交增值税是指中小学校按照税法规定计算应交纳的增值税。

公办中小学校、非营利性民办学校从事教育活动，不需要缴纳增值税，一般接收增值税普通发票作为报销凭证。公办中小学校从事的盈利性活动或盈利性民办学校，需要缴纳增值税等税费，作为一般纳税人或小规模纳税人，一般接收增值税专用发票作为报销凭证。

本科目期末贷方余额，反映中小学校应交未交的增值税；期末如有借方余额，反映中小学校尚未抵扣或多交的增值税。

二、明细科目

归属增值税一般纳税人的中小学校，应当在本科目下设置"应交税金""未交税金""预交税金""待抵扣进项税额""待认证进项税额""待转销项税额""简易计税""转让金融商品应交增值税""代扣代交增值税"等明细科目。

三、关联科目

本科目可关联"银行存款""零余额账户用款额度""应收票据""应收账款""在途物品""库存物品""固定资产""工程物资""在建工程""无形资产""待处理财产损溢""应付票据""应付账款""事业收入""经营收入""投资收益""业务活动费用""经营费用"等科目。

四、账务处理

中小学校购买用于增值税应税项目的资产或服务等时，财务会计按照应计入相关成本费用或资产的金额，借记"业务活动费用""在途物品""库存物品""工程物资""在建工程""固定资产""无形资产"等科目，按照当月已认证的可抵扣增值税额，借记本科目（应交税金——进项税额），按照当月未认证的可抵扣增值税额，借记本科目（待认证进项税额），按照应付或实际支付的金额，贷记"应付账款""应付票据""银行存款""零余额账户用款额度"等科目。发生退货的，如原增值税专用发票已做认证，应根据税务机关开具的红字增值税专用发票做相反的会计分录；如原增值税专用发票未做认证，应将发票退回并做相反的会计分录。按照实际支付的金额，预算会计借记"事业支出""经营支出"等科目，贷记"资金结存"等科目。

第四节 其他应交税费

一、科目简介

其他应交税费是指中小学校按照税法等规定计算应交纳的除增值税以外的各种税费,包括城市维护建设税、教育费附加、地方教育费附加、车船税、房产税、城镇土地使用税和企业所得税等。

中小学校代扣代缴的个人所得税,也通过本科目核算。

中小学校应交纳的印花税不需要预提应交税费,直接通过"业务活动费用""单位管理费用""经营费用"等科目核算,不通过本科目核算。

本科目期末贷方余额,反映中小学校应交未交的除增值税以外的税费金额;期末如有借方余额,反映中小学校多交纳的除增值税以外的税费金额。

二、明细科目

本科目应当按照应交纳的税费种类进行明细核算。

三、关联科目

本科目可关联"业务活动费用""单位管理费用""经营费用""应付职工薪酬""所得税费用""财政拨款收入""零余额账户用款额度""银行存款"等科目。

四、账务处理

1.发生城市维护建设税、教育费附加、地方教育费附加、车船税、房产税、城镇土地使用税等纳税义务的,按照税法规定计算的应缴税费金额,财务会计借记"业务活动费用""单位管理费用""经营费用"等科目,贷记本科目(应交城市维护建设税、应交教育费附加、应交地方教育费附加、应交车船税、应交房产税、应交城镇土地使用税等),不做预算会计分录。

2.按照税法规定计算应代扣代缴职工(含长期聘用人员)的个人所得税,财务会计借记"应付职工薪酬"科目,贷记本科目(应交个人所得税),不做预算会计分录。

按照税法规定计算应代扣代缴支付给职工(含长期聘用人员)以外人员劳务费的

个人所得税,财务会计借记"业务活动费用""单位管理费用"等科目,贷记本科目(应交个人所得税),不做预算会计分录。

3.发生企业所得税纳税义务的,按照税法规定计算的应交所得税额,财务会计借记"所得税费用"科目,贷记本科目(单位应交所得税),不做预算会计分录。

4.单位实际交纳上述各种税费时,财务会计借记本科目(应交城市维护建设税、应交教育费附加、应交地方教育费附加、应交车船税、应交房产税、应交城镇土地使用税、应交个人所得税、单位应交所得税等),贷记"财政拨款收入""零余额账户用款额度""银行存款"等科目;预算会计借记"事业支出""经营支出""非财政拨款结余"等科目,贷记"财政拨款预算收入""资金结存"科目。

五、案例分析

【例6-3】A高中按税法规定,用财政拨款资金缴纳2020年学校公务用车车船税1000元。账务处理如下:

(1)计提车船税

财务会计分录:

借:单位管理费用—商品和服务费用　1000
　　贷:其他应交税费—应交车船税　1000

不做预算会计分录。

(2)缴纳车船税

财务会计分录:

借:其他应交税费—应交车船税　1000
　　贷:零余额账户用款额度　1000

预算会计分录:

借:事业支出—税金及附加费用　1000
　　贷:资金结存—零余额账户用款额度　1000

【例6-4】A中学2020年2月,经按税法计算,需在工资中代扣个人所得税520元,并用银行存款垫缴本月个人所得税。账务处理如下:

(1)计提个人所得税

财务会计分录:

借:应付职工薪酬—基本工资　520
　　贷:其他应交税费—应交个人所得税　520

不做预算会计分录

（2）缴纳个人所得税

财务会计分录：

借：其他应交税费—应交个人所得税　520

　　贷：银行存款　520

预算会计分录：

借：事业支出—基本工资　520

　　贷：资金结存—货币资金　520

第五节　应缴财政款

一、科目简介

应缴财政款是指中小学校取得或应收的按照规定应当上缴财政的款项，包括应缴国库的款项和应缴财政专户的款项。

中小学校按照国家税法等有关规定应当缴纳的各种税费，通过"应交增值税""其他应交税费"科目核算，不通过本科目核算。

本科目期末贷方余额，反映中小学校应当上缴财政但尚未缴纳的款项。年终清缴后，本科目一般应无余额。

二、明细科目

本科目应当按照应缴财政款项的类别进行明细核算，可分设"应缴国库款"和"应缴财政专户款"明细科目。

三、关联科目

本科目可关联"银行存款""应收账款""待处理财产损溢"等科目。

四、账务处理

1. 中小学校取得或应收按照规定应缴财政的款项时，财务会计借记"银行存款""应收账款"等科目，贷记本科目，不做预算会计分录。

2. 中小学校处置资产取得的应上缴财政的处置净收入的账务处理，参见"待处理财产损溢"等科目。

3. 中小学校上缴应缴财政的款项时，按照实际上缴的金额，财务会计借记本科目，贷记"银行存款"科目，不做预算会计分录。

五、案例分析

【例 6-5】某幼儿园 2020 年 6 月按收费许可以现金方式收取保教费 20000 元，并通过银行转账方式上缴财政部门。账务处理如下：

（1）收取保教费

财务会计分录：

借：库存现金 20000

    贷：应缴财政款——应缴财政专户款　20000

不做预算会计分录

（2）上缴保教费

财务会计分录：

借：应缴财政款——应缴财政专户款　20000

    贷：库存现金　20000

不做预算会计分录

【例 6-6】某高中，2019 年秋季开学，应收学费 500000，以现金方式实收学费 450000 并将其存入银行，当日上缴财政专户。账务处理如下：

（1）收到学费 450000

财务会计分录：

借：库存现金 450000

    其他应收款 50000

    贷：应缴财政款——应缴财政专户——学费　500000

（2）存入银行

借：银行存款 450000

    贷：库存现金 450000

（3）上缴学费费

借：应缴财政款——应缴财政专户——学费 450000

    贷：银行存款　450000

不做预算会计分录

10 天后收到应收未收的学费 50000（现金）将其存银行后上缴财政。账务处理如下：

财务会计分录：

借：库存现金 50000

　　贷：其他应收款 50000

借：银行存款 50000

　　贷：库存现金 50000

借：应缴财政款—应缴财政专户—学费 50000

　　贷：银行存款 50000

不做预算会计分录

【例6-7】某学校报废一批笔记本电脑，原值50000元，已计提折旧40000元。账务处理如下：

财务会计分录：

借：资产处置费用 10000

　　固定资产累计折旧 40000

　　贷：固定资产 50000

不做预算会计分录

经评估公司评估，变卖收入10000元，评估费用为1000元。

财务会计分录：

借：银行存款 10000

　　贷：应缴财政款—应缴国库款 9000

　　　　银行存款 1000（评估费）

不做预算会计分录

将去除评估费后的处置费用9000元上缴财政。

财务会计分录：

借：应缴财政款—应缴国库款 9000

　　贷：银行存款 9000

不做预算会计分录

【例6-8】2020年1月1日，某学校收到电信公司铁塔占地租金5000元，对方直接将资金转入学校银行账户，学校将资金上缴国库。账务处理如下：

财务会计分录：

借：银行存款—银行存款　　5000

　　贷：应缴财政款—应缴国库款　5000

借：应缴财政款—应缴国库款　5000

　　贷：银行存款—银行存款　　5000

不做预算会计分录

【例6-9】2020年2月20日，A企业向教育局捐款100000元，对方将资金转入教育局银行账户，该教育局将捐赠资金上缴国库。账务处理如下：

财务会计分录：

借：银行存款—银行存款　　　10000

　　贷：应缴财政款—应缴国库款　　10000

借：应缴财政款—应缴国库款　　10000

　　贷：银行存款—银行存款　　10000

不做预算会计分录

第六节　应付职工薪酬

一、科目简介

应付职工薪酬是指中小学校按照有关规定应付给职工（含长期聘用人员）及为职工支付的各种薪酬，包括基本工资、国家统一规定的津贴补贴、规范津贴补贴（绩效工资）、改革性补贴、社会保险费（如职工基本养老保险费、职业年金、基本医疗保险费等）、住房公积金等。

本科目期末贷方余额，反映中小学校应付未付的职工薪酬。

二、明细科目

本科目应当根据国家有关规定按照"基本工资（含离退休费）""国家统一规定的津贴补贴""规范津贴补贴（绩效工资）""改革性补贴""社会保险费""住房公积金""其他个人收入"等进行明细核算。其中，"社会保险费""住房公积金"明细科目核算内容包括单位从职工工资中代扣代缴的社会保险费、住房公积金，以及单位为职工计算缴纳的社会保险费、住房公积金。

（一）基本工资

基本工资指职工在法定工作时间内完成工作任务或劳动定额时单位必须支付给职工的基本劳动报酬。中小学校的基本工资一般包括岗位工资和薪级工资。见习期工资（仅指见习基本工资，不包括见习人员的津贴补贴）记入本科目，离退休费也记入本科目。

(二)国家统一规定的津贴补贴

国家统一规定的津贴补贴是指国务院或国务院授权的人力资源社会保障部(原人事部)、财政部出台的津贴补贴。

中小学校国家统一规定的津贴补贴一般包括艰苦边远地区津贴、教龄津贴、班主任津贴、特级教师津贴、特教补贴等。

(三)规范津贴补贴(绩效工资)

规范津贴补贴是指根据《中央纪委、中央组织部、监察部、财政部、人事部、审计署关于规范公务员津贴补贴问题的通知》(中纪发〔2006〕17号)规定,并归地方和部门原自行发放津贴补贴和奖金项目后设立的津贴补贴。

中小学校规范津贴补贴(绩效工资)一般常见的包括职务津贴、绩效工资(基础性和奖励性)等。

(四)改革性补贴

改革性补贴是指根据推进福利待遇货币化改革的需要,通过转化原有用于职工福利待遇的资金,向职工直接发放的货币补贴。

中小学校改革性补贴一般包括乡镇补贴、取暖补贴、移动通信补贴、公务交通补贴、物业补贴、住房补贴、上下班交通补贴、精神文明奖、目标考核奖、平安建设奖等。

(五)社会保险费

社会保险费是指在社会保险基金的筹集过程当中,雇员和雇主按照规定的数额和期限向社会保险管理机构缴纳的费用,它是社会保险基金的最主要来源。也可以认为是社会保险的保险人(国家)为了承担法定的社会保险责任,而向被保险人(雇员和雇主)收缴的费用。

中小学校社会保险费一般包括职工基本养老保险费、职业年金、基本医疗保险费、生育保险、失业保险等,应明细核算个人缴纳部分和单位缴纳部分。

(六)住房公积金

住房公积金,是指国家机关、国有企业、城镇集体企业、外商投资企业、城镇私营企业及其他城镇企业、事业单位、民办非企业单位、社会团体及其在职职工缴存的长期住房储金。

中小学校的住房公积金应明细核算个人缴纳部分和单位缴纳部分。

(七)其他个人收入

以上六项所不能包括的单位支付给个人的薪酬。

三、关联科目

本科目可关联"业务活动费用""单位管理费用""在建工程""加工物品""研发支出""经营费用""财政拨款收入""零余额账户用款额度""银行存款""其他应交税费""其他应收款"等科目。

四、账务处理

（一）计算确认当期应付职工薪酬（含单位为职工计算缴纳的社会保险费、住房公积金）

1. 计提从事专业及其辅助活动人员的职工薪酬，财务会计借记"业务活动费用""单位管理费用"科目，贷记本科目，不做预算会计分录。

2. 计提应由在建工程、加工物品、自行研发无形资产负担的职工薪酬，财务会计借记"在建工程""加工物品""研发支出"等科目，贷记本科目，不做预算会计分录。

3. 计提从事专业及其辅助活动之外的经营活动人员的职工薪酬，财务会计借记"经营费用"科目，贷记本科目，不做预算会计分录。

4. 因解除与职工的劳动关系而给予的补偿，财务会计借记"单位管理费用"等科目，贷记本科目，不做预算会计分录。

（二）向职工支付工资、津贴补贴等薪酬时，按照实际支付的金额，财务会计借记本科目，贷记"财政拨款收入""零余额账户用款额度""银行存款"等科目；预算会计借记"事业支出""经营支出"等科目，贷记"财政拨款预算收入""资金结存"科目。

（三）按照税法规定代扣职工个人所得税时，财务会计借记本科目（基本工资），贷记"其他应交税费——应交个人所得税"科目，不做预算会计分录。

从应付职工薪酬中代扣为职工垫付的水电费、房租等费用时，按照实际扣除的金额，财务会计借记本科目（基本工资），贷记"其他应收款"等科目，不做预算会计分录。

从应付职工薪酬中代扣社会保险费和住房公积金，按照代扣的金额，财务会计借记本科目（基本工资），贷记本科目（社会保险费、住房公积金），不做预算会计分录。

（四）按照国家有关规定缴纳职工社会保险费和住房公积金时，按照实际支付的金额，财务会计借记本科目（社会保险费、住房公积金），贷记"财政拨款收入""零余额账户用款额度""银行存款"等科目;预算会计借记"事业支出""经营支出"等科目,贷记"财政拨款预算收入""资金结存"科目。

(五)从应付职工薪酬中支付的其他款项,财务会计借记本科目,贷记"零余额账户用款额度""银行存款"等科目;预算会计借记"事业支出""经营支出"等科目,贷记"资金结存"等科目。

五、案例分析

【例6-10】D中学计划通过财政代发2020年5月在职人员工资,工资表如下图所示。

工 资 明 细 表

单位名称:D中学　　工资类别:事业在职　　日期:2020年-05月　　(共查到12人)

序号	人员类别	姓名	应发工资								扣发工资					实发工资
			小计	岗位工资	岗位工资	试用期工资	基础性绩效工资	教龄津贴	乡镇补贴	独生子女费	小计	个人所得税	住房公积金	预扣保险及年金	医疗保险	
1	单位管理	丁一	7107	2773	2414		1470	10	440		1763.84		795.2	828.12	140.52	5343.16
2	单位管理	赵二	5443	2007	1686		1370	10	360	10	1380.4		621.9	648.72	109.78	4062.6
		小计	12550	4780	4100		2840	20	800	10	3144.24		1417.1	1476.84	250.3	9405.76
3	业务活动	张三	7338	2773	2645		1470	10	440		1835.46	15.54	818.8	855.96	145.16	5502.54
4	业务活动	李四	7942	2773	3249		1470	10	440		1979.24		884	937.44	157.8	5962.76
5	业务活动	王五	5170	2007	1413		1370	10	360	10	1311.56		593.4	613.92	104.24	3858.44
6	业务活动	贾六	3857	1797	827		1220	3		10	1033.52		449	499.8	84.72	2823.48
7	业务活动	陈七	4561	1797	1167		1220	7	360	10	1151.48		520.5	539.4	91.58	3409.52
8	业务活动	钱八	4633	1797	1249		1220	7	360		1170.88		528.5	549.24	93.14	3462.12
9	业务活动	戚九	3479	1675	444		1160		200		884.83		407.7	396.6	80.53	2594.17
10	业务活动	孙十	3479	1675	444		1160		200		884.83		407.7	396.6	80.53	2594.17
11	业务活动	薛千	3336			1976	1160		200		915.85		399.6	435.72	80.53	2420.15
12	业务活动	宋万	3336			1976	1160		200		915.85		399.6	435.72	80.53	2420.15
		小计	47131	16294	11438	3952	12610	47	2760	30	12083.5	15.54	5408.8	5660.4	999.76	35047.5
		合计	59681	21074	15538	3952	15450	67	3560	40	15227.74	15.54	6825.9	7137.24	1249.06	44453.26

账务处理如下:

(1)按递交财政代发的工资表中的应发工资部分计提工资时

财务会计分录:

借:业务活动费用—工资福利费用 47101(16294+11438+3952+12610+47+2760)

业务活动费用—对个人和家庭的补助费用 30

单位管理费用—工资福利费用 12540(4780+4100+2840+20+800)

单位管理费用—对个人和家庭的补助费用 10

贷:应付职工薪酬—基本工资 40564(21074+15538+3952)

应付职工薪酬—国家统一规定的津贴补贴 67

应付职工薪酬—规范津贴补贴 15450

应付职工薪酬—改革性补贴 3560

应付职工薪酬—其他个人收入　40

不做预算会计分录

（2）按工资表中扣发工资部分计提个人所得税、住房公积金及社会保险缴费时

财务会计分录：

借：应付职工薪酬—基本工资　15227.74

　　贷：其他应交税费—应交个人所得税　15.54

　　　　应付职工薪酬—住房公积金—代扣代缴　6825.9

　　　　应付职工薪酬—基本养老保险费—代扣代缴　7137.24

　　　　应付职工薪酬—基本医疗保险费—代扣代缴　1249.06

不做预算会计分录

（3）测算计提单位应负担的住房公积金和社会保险缴费时

经计算，D中学需缴纳单位负担的住房公积金8191.08元（其中为业务活动人员缴纳6490.56元，为单位管理人员缴纳1700.52元），需缴纳单位负担的养老保险费9516.32元（其中为业务活动人员缴纳7547.2元，为单位管理人员缴纳1969.12元），提取到应付职工薪酬科目。

财务会计分录：

借：业务活动费用—工资福利费用　14037.76（6490.56+7547.2）

　　单位管理费用—工资福利费用　3669.64（1700.52+1969.12）

　　贷：应付职工薪酬—住房公积金—单位缴纳　8191.08

　　　　应付职工薪酬—基本养老保险费—单位缴纳　9516.32

不做预算会计分录。

（4）实际发放工资

财务会计分录：

借：应付职工薪酬—基本工资　25336.26

　　应付职工薪酬—国家统一规定的津贴补贴　67

　　应付职工薪酬—规范津贴补贴　15450

　　应付职工薪酬—改革性补贴　3560

　　应付职工薪酬—其他个人收入　40

　　贷：财政拨款收入—般公共预算财政拨款　44453.26

预算会计分录：

借：事业支出—工资福利支出—基本工资　25336.26

　　事业支出—工资福利支出—津贴补贴　3627（67+3560）

　　事业支出—工资福利支出—绩效工资　15450

事业支出—基本支出—对个人和家庭补助支出—奖励金 40

贷：财政拨款预算收入—基本支出—人员经费 44453.26

（5）财政返还代扣的款项和拨付单位应付担的款项时

财务会计分录：

借：银行存款/零余额用款额度 15227.74

贷：财政拨款收入—人员经费 15227.74

借：银行存款/零余额用款额度 17707.4

贷：财政拨款收入 17707.4

预算会计分录：

借：资金结存 32935.14

贷：财政拨款预算收入—人员经费 32935.14

（6）财政返还代扣的款项和拨付单位应负担的款项后，缴纳各项税费时

缴纳代扣的个人所得税

财务会计分录：

借：其他应交税费—应交个人所得税 15.54

贷：零余额账户用款额度 15.54

预算会计分录：

借：事业支出—同级财政拨款—基本支出—工资福利支出—基本工资 15.54

贷：资金结存—零余额账户用款额度 15.54

缴纳住房公积金

财务会计分录：

借：应付职工薪酬—住房公积金—代扣代缴 6825.9

应付职工薪酬—住房公积金—单位缴纳 8191.08

贷：零余额账户用款额度 15016.98

预算会计分录：

借：事业支出—基本支出—工资福利支出—基本工资 6825.9

事业支出—基本支出—工资福利支出—住房公积金 8191.08

贷：资金结存—零余额账户用款额度 15016.98

缴纳社保部门基本养老保险及基本医疗保险等费用

财务会计分录：

借：应付职工薪酬—基本养老保险费—代扣代缴 7137.24

应付职工薪酬—基本医疗保险费—代扣代缴 1249.06

应付职工薪酬—社会保险费—基本养老保险费—单位缴纳 9516.32

贷：零余额账户用款额度 17902.62

预算会计分录：

借：事业支出—基本支出—工资福利支出—基本工资 8386.3

事业支出—基本支出—工资福利支出—基本养老保险 9516.32

贷：资金结存—零余额账户用款额度 17902.62

【例6-11】 B学校计划发放2019年精神文明奖172800元，经计算分割确定其中属于业务活动费用158400元，单位管理费用14400元。经计算，共需缴纳个人所得税100元。单位在实际发放中代扣个人所得税，将税后奖金发放到职工个人账户，再将税款上缴税务部门。账务处理如下：

（1）计提应付职工薪酬

财务会计分录：

借：业务活动费用—工资福利费用 158400

单位管理费用—工资福利费用 14400

贷：应付职工薪酬—改革性补贴 172800

不做预算会计分录

（2）代扣个人所得税后，实际支付职工奖金

财务会计分录：

借：应付职工薪酬—改革性补贴 172800

贷：零余额账户用款额度 172700

其他应交税费—应交个人所得税 100

预算会计分录：

借：事业支出—工资福利支出—奖金 172700

贷：资金结存—零余额账户用款额度 172700

（3）缴纳代扣的个人所得税

财务会计分录：

借：其他应交税费—应交个人所得税 100

贷：零余额账户用款额度 100

预算会计分录：

借：事业支出—工资福利支出—奖金 100

贷：资金结存—零余额账户用款额度 100

【例6-12】 C学校计划发放2020年5月份离退休费共计60000元，其中离休费10000元，退休费50000元。账务处理如下：

（1）计提应付职工薪酬

财务会计分录：

借：单位管理费用—对个人和家庭的补助费用 60000

  贷：应付职工薪酬—基本工资 60000

不做预算会计分录

（2）发放离退休费

财务会计分录：

借：应付职工薪酬—基本工资 60000

  贷：零余额账户用款额度 60000

预算会计分录：

借：事业支出—对个人和家庭补助支出—离休费 10000

  事业支出—对个人和家庭补助支出—退休费 50000

  贷：资金结存—零余额账户用款额度 60000

第七节　应付票据

一、科目简介

应付票据是指中小学校因购买材料、物资等而开出、承兑的商业汇票，包括银行承兑汇票和商业承兑汇票。

本科目期末贷方余额，反映中小学校开出、承兑的尚未到期的应付票据金额。

二、明细科目

本科目应按照债权人进行明细核算。

三、关联科目

本科目可关联"库存物品""固定资产""应付账款""银行存款""短期借款"等科目。

四、账务处理

（一）开出、承兑商业汇票时，财务会计借记"库存物品""固定资产"等科目，贷记本科目，不做预算会计分录。涉及增值税业务的，相关账务处理参见"应交增值税"科目。

以商业汇票抵付应付账款时，财务会计借记"应付账款"科目，贷记本科目，不做预算会计分录。

（二）支付银行承兑汇票的手续费时，财务会计借记"业务活动费用""经营费用"等科目，贷记"银行存款""零余额账户用款额度"等科目；预算会计借记"事业支出""经营支出"科目，贷记"资金结存—货币资金"科目。

（三）商业汇票到期时，应当分别以下情况处理

1. 收到银行支付到期票据的付款通知时，财务会计借记本科目，贷记"银行存款"科目；预算会计借记"事业支出""经营支出"科目，贷记"资金结存—货币资金"科目。

2. 银行承兑汇票到期，单位无力支付票款的，按照应付票据账面余额，财务会计借记本科目，贷记"短期借款"科目；预算会计借记"事业支出""经营支出"科目，贷记"债务预算收入"科目。

3. 商业承兑汇票到期，单位无力支付票款的，按照应付票据账面余额，财务会计借记本科目，贷记"应付账款"科目，不做预算会计分录。

五、案例分析

【例 6-13】2020 年 2 月 3 日，A 美术高中为完成 B 公司订制绘画项目，购置 F 公司一批经营活动用绘画材料计 56000 元，材料验收并入库。该校向 F 公司开具金额为 56000 元的银行承兑汇票，并支付银行承兑汇票手续费 1120 元。账务处理如下：

（1）收到绘画材料时

财务会计分录：

借：库存物品—绘画材料　56000
　　贷：应付票据—F 公司　56000

不做预算会计分录

（2）支付手续费时

财务会计分录：

借：经营费用—商品和服务费用　1120
　　贷：银行存款—银行存款　1120

预算会计分录：

借：经营支出—B 公司绘画项目　1120
　　贷：资金结存—货币资金—银行存款　1120

【例6-14】接上例。该银行承兑汇票到期，A美术高中收到银行支付到期票据的付款通知。账务处理如下：

财务会计分录：

借：应付票据—F公司　56000

　　贷：银行存款—银行存款　56000

预算会计分录：

借：经营支出—B公司绘画项目　56000

　　贷：资金结存—货币资金—银行存款　56000

第八节　应付账款

一、科目简介

应付账款是指学校因购买物资、接受服务、开展工程建设等而应付的偿还期限在1年以内（含1年）的款项。因义务教育阶段中小学校不得举债，因此义务教育阶段中小学校应加强预算管理，在约定期限内及时偿还应付账款，避免违规行为的发生。

本科目期末贷方余额，反映学校尚未支付的应付账款金额。

二、明细科目

本科目应当按照债权人进行明细核算。对于建设项目，还应设置"应付器材款""应付工程款"等明细科目，并按照具体项目进行明细核算。

三、关联科目

本科目可关联"库存物品""固定资产""在建工程""财政拨款收入""零余额账户用款额度""银行存款""应付票据""其他收入"等科目。

四、账务处理

1.收到所购材料、物资、设备或服务以及确认完成工程进度但尚未付款时，根据发票及账单等有关凭证，按照应付未付款项的金额，财务会计借记"库存物品""固定资产""在建工程"等科目，贷记本科目，不做预算会计分录。涉及增值税业务的，相关账务处理参见"应交增值税"科目。

2. 偿付应付账款时，按照实际支付的金额，财务会计借记本科目，贷记"财政拨款收入""零余额账户用款额度""银行存款"等科目；预算会计借记"事业支出"等科目，贷记"财政拨款预算收入""资金结存"科目。

3. 开出、承兑商业汇票抵付应付账款时，财务会计借记本科目，贷记"应付票据"科目，不做预算会计分录。

4. 无法偿付或债权人豁免偿还的应付账款，应当按照规定报经批准后进行账务处理。经批准核销时，财务会计借记本科目，贷记"其他收入"科目，不做预算会计分录。

核销的应付账款应在备查簿中保留登记。

五、案例分析

【例6-15】2020年3月3日，A中学购置B公司一批微机室用电脑共计56000元，电脑验收合格。按合同约定，A中学计划用财政拨公用经费分两期转账付款，收货验收合格后付款30000元，2020年9月30日前再支付尾款26000元。账务处理如下：

（1）2020年3月3日验收合格后

财务会计分录：

借：固定资产—通用设备　56000
　　贷：零余额账户用款额度　30000
　　　　应付账款—B公司　26000

预算会计分录：

借：事业支出—资本性支出—专用设备购置　30000
　　贷：资金结存—零余额账户用款额度　30000

（2）2020年9月30日，支付尾款26000元

财务会计分录：

借：应付账款—B公司　26000
　　贷：零余额账户用款额度　26000

预算会计分录：

借：事业支出—资本性支出—专用设备购置　26000
　　贷：资金结存—零余额账户用款额度　26000

第九节 应付利息

一、科目简介

应付利息是指非义务教育阶段学校按照合同约定应支付的借款利息,包括短期借款、分期付息到期还本的长期借款等应支付的利息。按照义务教育阶段中小学校不得举债的原则,义务教育阶段中小学校一般不使用本科目。

本科目期末贷方余额,反映非义务教育阶段学校应付未付的利息金额。

二、明细科目

本科目应当按照债权人等进行明细核算。

三、关联科目

本科目可关联"在建工程""其他费用""银行存款"等科目。

四、账务处理

1. 为建造固定资产、公共基础设施等借入的专门借款的利息,属于建设期间发生的,按期计提利息费用时,按照计算确定的金额,财务会计借记"在建工程"科目,贷记本科目,不做预算会计分录;不属于建设期间发生的,按期计提利息费用时,按照计算确定的金额,财务会计借记"其他费用"科目,贷记本科目,不做预算会计分录。

2. 对于其他借款,按期计提利息费用时,按照计算确定的金额,财务会计借记"其他费用"科目,贷记本科目,不做预算会计分录。

3. 实际支付应付利息时,按照支付的金额,财务会计借记本科目,贷记"银行存款"等科目;预算会计借记"其他支出"科目,贷记"资金结存——货币资金"科目。

五、案例分析

【例6-16】2020年1月1日,A职业中学为新建培训楼,向交通银行贷款2000000元,借款期限1年,每月支付利息10000元,2020年12月31日到期一次性偿还本金。账务处理如下：

（1）收到贷款时

财务会计分录：

借：银行存款—银行存款　2000000

　　贷：短期借款—交通银行　2000000

预算会计分录：

借：资金结存—货币资金—银行存款　2000000

　　贷：债务预算收入—项目支出—职业技术培训楼　2000000

（2）每月计提利息

财务会计分录：

借：在建工程—待摊投资—职业技术培训楼　10000

　　贷：应付利息—交通银行　10000

不做预算会计分录

（3）每月支付利息

财务会计分录：

借：应付利息—交通银行　10000

　　贷：银行存款—银行存款　10000

预算会计分录：

借：其他支出—其他资金—项目支出—利息支出—职业技术培训楼　10000

　　贷：资金结存—货币资金—银行存款　10000

（4）2020年12月31日一次性偿还本金

财务会计分录：

借：短期借款—交通银行　2000000

　　贷：银行存款—银行存款　2000000

预算会计分录：

借：债务还本支出—培训楼—交通银行　2000000

　　贷：资金结存—货币资金—银行存款　2000000

第十节　预收账款

一、科目简介

预收账款是指学校预先收取但尚未结算的款项。

本科目期末贷方余额,反映学校预收但尚未结算的款项金额。

二、明细科目

本科目应当按照债权人进行明细核算。

三、关联科目

本科目可关联"银行存款""事业收入""经营收入""其他收入"等科目。

四、账务处理

1. 收到预收款项时,按照实际预收的金额,财务会计借记"银行存款"等科目,贷记本科目;预算会计借记"资金结存—货币资金"科目,贷记"事业预算收入""经营预算收入"等科目。

2. 确认有关收入时,财务会计按照预收账款账面余额,借记本科目,按照应确认的收入金额,贷记"事业收入""经营收入"等科目,按照付款方补付或退回付款方的金额,借记或贷记"银行存款"等科目;预算会计按照付款方补付的金额,按照借记"资金结存—货币资金"科目,贷记"事业预算收入""经营预算收入"等科目,退回付款方预收款时,预算会计做相反会计分录。涉及增值税业务的,相关账务处理参见"应交增值税"科目。

3. 无法偿付或债权人豁免偿还的预收账款,应当按照规定报经批准后进行账务处理。经批准核销时,财务会计借记本科目,贷记"其他收入"科目,不做预算会计分录。

核销的预收账款应在备查簿中保留登记。

五、案例分析

【例 6-17】 2019 年 9 月 1 日,A 美术中学为 B 公司制做一批工艺品,按合同约定 A 美术中学收到 B 公司启动资金 20000 元。2019 年 10 月 15 日,该项目顺利完成,B 公司支付尾款 50000 元。账务处理如下:

(1) 收到预付款时

财务会计分录:

借:银行存款—银行存款　20000
　　贷:预收账款—B 公司　20000

预算会计分录:

借:资金结存—货币资金—银行存款　20000
　　贷:经营预算收入—B 公司工艺品项目　20000

(2) 收到尾款确认收入后

财务会计分录:

借:银行存款—银行存款　50000
　　预收账款—B 公司　20000
　　贷:经营收入—B 公司工艺品项目　70000

预算会计分录:

借:资金结存—货币资金—银行存款　50000
　　贷:经营预算收入—B 公司工艺品项目　50000

第十一节　其他应付款

一、科目简介

其他应付款是指中小学校除应交增值税、其他应交税费、应缴财政款、应付职工薪酬、应付票据、应付账款、应付利息、预收账款以外,其他各项偿还期限在 1 年内(含 1 年)的应付及暂收款项,如收取的押金、存入保证金、已经报销但尚未偿还银行的本单位公务卡欠款等。

同级政府财政部门预拨的下期预算款和没有纳入预算的暂付款项,以及采用实拨资金方式通过本校转拨给下属单位的财政拨款,也通过本科目核算。

本科目期末贷方余额,反映中小学校尚未支付的其他应付款金额。

二、明细科目

本科目应当按照其他应付款的类别设置明细科目,具体应分押金、保证金、公务卡欠款、其他等,同时还要按债权人进行明细核算。

三、关联科目

本科目可关联"银行存款""事业收入""财政拨款收入""业务活动费用""单位管理费用""零余额账户用款额度""其他收入"等科目。

四、账务处理

1. 发生其他应付及暂收款项时,财务会计借记"银行存款"等科目,贷记本科目,不做预算会计分录。支付(或退回)其他应付及暂收款项时,财务会计借记本科目,贷记"银行存款"等科目,不做预算会计分录。将暂收款项转为收入时,财务会计借记本科目,贷记"事业收入"等科目;预算会计借记"资金结存"科目,贷记"事业预算收入"等科目。

2. 收到同级政府财政部门预拨的下期预算款和没有纳入预算的暂付款项,按照实际收到的金额,财务会计借记"银行存款"等科目,贷记本科目,不做预算会计分录;待到下一预算期或批准纳入预算时,财务会计借记本科目,贷记"财政拨款收入"科目;预算会计借记"资金结存"科目,贷记"财政拨款预算收入"科目。

采用实拨资金方式通过本校转拨给下属单位的财政拨款,按照实际收到的金额,财务会计借记"银行存款"科目,贷记本科目,不做预算会计分录;向下属单位转拨财政拨款时,按照转拨的金额,财务会计借记本科目,贷记"银行存款"科目,不做预算会计分录。

3. 本校公务卡持卡人报销时,按照审核报销的金额,财务会计借记"业务活动费用""单位管理费用"等科目,贷记本科目,不做预算会计分录;偿还公务卡欠款时,财务会计借记本科目,贷记"零余额账户用款额度"等科目;预算会计借记"事业支出"等科目,贷记"资金结存"科目。

4. 涉及质保金形成其他应付款的,相关账务处理参见"固定资产"科目。

5. 无法偿付或债权人豁免偿还的其他应付款项,应当按照规定报经批准后进行账务处理。经批准核销时,财务会计借记本科目,贷记"其他收入"科目,不做预算会计分录。

核销的其他应付款应在备查簿中保留登记。

五、案例分析

【例 6-18】2020 年 3 月 1 日，C 美术中学教学楼招标过程中，按规定收到竞标单位 F 建筑公司转来竞标押金 10000 元。评标结束，F 建筑公司未中标，C 美术中学全额退还 F 建筑公司押金。账务处理如下：

（1）收到竞标押金时

财务会计分录：

借：银行存款—银行存款　10000
　　贷：其他应付款—押金—F 公司　10000

不做预算会计分录。

（2）退还竞标押金时

财务会计分录：

借：其他应付款—押金—F 公司　10000
　　贷：银行存款—银行存款　10000

不做预算会计分录。

【例 6-19】2020 年 3 月 25 日，C 小学收到预拨的 4—6 月营养餐项目运行经费 60000 元（每月 20000 元）。账务处理如下：

（1）2020 年 3 月 25 日收到预拨的经费时

财务会计分录：

借：银行存款—银行存款　60000
　　贷：其他应付款—其他—学生营养餐　60000

不做预算会计分录。

（2）2020 年 4 月至 6 月每月确认当期经费

财务会计分录：

借：其他应付款—其他—学生营养餐　20000
　　贷：财政拨款收入——般公共预算财政拨款收入　20000

预算会计分录：

借：资金结存—货币资金—银行存款　20000
　　贷：财政拨款预算收入—项目支出—学生营养餐　20000

【例 6-20】2020 年 3 月 2 日，C 小学采购人员持公务卡为学校购置办公用品 600 元，随买随用未入库，取得发票并向财务人员报销。当日，C 小学财务人员为其偿还公务卡办公用品购置欠款 600 元。账务处理如下：

(1) 2020年3月2日报销时

财务会计分录：

借：业务活动费用—商品和服务费用 600

　　贷：其他应付款—公务卡欠款—中国银行 600

不做预算会计分录。

(2) 当日还款时

财务会计分录：

借：其他应付款—公务卡欠款—中国银行 600

　　贷：零余额账户用款额度 600

预算会计分录：

借：事业支出—同级财政拨款—基本支出—商品和服务支出—办公费 600

　　贷：资金结存—零余额账户用款额度 600

【例6-21】2020年3月2日，C小学收到医保局拨付的女教师张某生育保险报销资金2000元，学校以转账形式发放给女教师张某。账务处理如下：

(1) 2020年3月2日收到生育保险报销资金时

财务会计分录：

借：银行存款　2000

　　贷：其他应付款—生育保险　2000

不做预算会计分录。

(2) 发放给张某时

财务会计分录：

借：其他应付款—生育保险　2000

　　贷：银行存款　2000

不做预算会计分录

第十二节　预提费用

一、科目简介

预提费用是指中小学校预先提取的已经发生但尚未支付的费用，如预提租金费用等。

中小学校按规定从科研项目收入中提取的项目间接费用或管理费，也通过本科目核算。

非义务教育阶段学校计提的借款利息费用，通过"应付利息""长期借款"科目核算，不通过本科目核算。

本科目期末贷方余额，反映中小学校已预提但尚未支付的各项费用。

二、明细科目

本科目应当按照预提费用的种类进行明细核算。对于提取的项目间接费用或管理费，应当在本科目下设置"项目间接费用或管理费"明细科目，并按项目进行明细核算。

三、关联科目

本科目可关联"银行存款""库存现金""业务活动费用""单位管理费用""经营费用""零余额账户用款额度"等科目。

四、账务处理

（一）项目间接费用或管理费

按规定从科研项目收入中提取项目间接费用或管理费时，按照提取的金额，财务会计借记"单位管理费用"科目，贷记本科目（项目间接费用或管理费）；预算会计借记"非财政拨款结转—项目间接费用或管理费"科目，贷记"非财政拨款结余—项目间接费用或管理费"科目。

实际使用计提的项目间接费用或管理费时，按照实际支付的金额，财务会计借本科目（项目间接费用或管理费），贷记"银行存款""库存现金"等科目；预算会计借记"事业支出"等科目，贷记"资金结存"科目。

科研项目间接费用主要包括承担科技项目任务的单位为科技项目研究提供的现有仪器设备及房屋使用费、折旧费、有关管理费用及绩效费用等。

（二）其他预提费用

按期预提租金等费用时，按照预提的金额，财务会计借记"业务活动费用""单位管理费用""经营费用"等科目，贷记本科目，不做预算会计分录。

实际支付款项时，按照支付金额，财务会计借记本科目，贷记"零余额账户用款额度""银行存款"等科目；预算会计借记"事业支出""经营支出"等科目，贷记"资金结存"科目。

五、案例分析

【例6-22】2020年3月2日，A美术中学按规定从B美术科研项目收入中提取项目间接费用30000元，作为该科研项目的管理费。账务处理如下：

财务会计分录：

借：单位管理费用—商品和服务费用　30000

　　贷：预提费用—项目间接费用或管理费　30000

预算会计分录：

借：非财政拨款结转—项目间接费用或管理费　30000

　　贷：非财政拨款结余—项目间接费用或管理费　30000

【例6-23】接上例。2020年4月5日，A美术中学按规定从提取的项目间接费用中支出10000元。账务处理如下：

财务会计分录：

借：预提费用—项目间接费用或管理费　10000

　　贷：银行存款—银行存款　10000

预算会计分录：

借：事业支出—办公费　10000

　　贷：资金结存—货币资金—银行存款　10000

【例6-24】2020年1月1日，D中学按租用E公司的办公楼作为劳动技能培训基地，每月租金10000元，每年年末一次性支付本年度租金。账务处理如下：

（1）2020年1月至11月每个月末预提当期租金费用

财务会计分录：

借：业务活动费用—商品和服务费用　10000

　　贷：预提费用—租金费用　10000

不做预算会计分录。

（2）2020年12月，转账支付1—12月份租金

财务会计分录：

借：业务活动费用—商品和服务费用　10000

　　预提费用—租金费用　110000

　　贷：零余额账户用款额度　120000

预算会计分录：

借：事业支出—租赁费　120000

　　贷：资金结存—零余额账户用款额度　120000

第十三节　长期借款

一、科目简介

长期借款是指非义务教育阶段学校经批准向银行或其他金融机构等借入的期限超过 1 年（不含 1 年）的各种借款本息。

本科目期末贷方余额，反映非义务教育阶段学校尚未偿还的长期借款本息金额。

二、明细科目

本科目应当设置"本金"和"应计利息"明细科目，并按照贷款单位和贷款种类进行明细核算。对于建设项目借款，还应按照具体项目进行明细核算。

三、关联科目

本科目可关联"银行存款""其他费用"等科目。

四、账务处理

1. 借入各项长期借款时，按照实际借入的金额，财务会计借记"银行存款"科目，贷记本科目（本金）；预算会计借记"资金结存—货币资金"科目，贷记"债务预算收入—本金"科目。

2. 为建造固定资产、公共基础设施等应支付的专门借款利息，按期计提利息时，分别以下情况处理：

属于工程项目建设期间发生的利息，计入工程成本，按照计算确定的应支付的利息金额，财务会计借记"在建工程"科目，贷记"应付利息"科目，不做预算会计分录。

属于工程项目完工交付使用后发生的利息，计入当期费用，按照计算确定的应支付的利息金额，财务会计借记"其他费用"科目，贷记"应付利息"科目，不做预算会计分录。

3. 按期计提其他长期借款的利息时，按照计算确定的应支付的利息金额，财务会计借记"其他费用"科目，贷记"应付利息"科目（分期付息、到期还本借款的利息)或本科目(应计利息)(到期一次还本付息借款的利息),不做预算会计分录。

4.到期归还长期借款本金、利息时,财务会计借记本科目(本金、应计利息),贷记"银行存款"科目;预算会计借记"其他支出"科目,贷记"资金结存"科目。

五、案例分析

【例6-25】2019年1月1日,D职业中学新建教师公寓,向建设银行贷款2000000元,贷款期限为2年,年利率6%,每年年末付息,贷款到期一次性偿还本金。该工程在2020年12月竣工。账务处理如下:

(1)2019年1月1日收到贷款时

财务会计分录:

借:银行存款　2000000
　　　贷:长期借款—本金—教师公寓—建设银行　2000000

预算会计分录:

借:资金结存—货币资金—银行存款　2000000
　　　贷:债务预算收入—项目支出—教师公寓—建设银行　2000000

(2)2019年末,计提本年度利息

经计算,每年需支付利息费用=2000000×6%=120000(元)

财务会计分录:

借:在建工程—待摊投资—教师公寓　120000
　　　贷:应付利息—建设银行　120000

不做预算会计分录。

(3)2019年末,支付本年度利息

财务会计分录:

借:应付利息—建设银行　120000
　　　贷:银行存款—银行存款　120000

预算会计分录:

借:其他支出—其他资金—项目支出—利息支出—教师公寓　120000
　　　贷:资金结存—货币资金—银行存款　120000

(4)2020年末,计提2020年度利息

财务会计分录:

借:在建工程—待摊投资—教师公寓　120000
　　　贷:应付利息—建设银行　120000

不做预算会计分录

(5) 2020年末，支付2020年度利息和偿还全部本金

财务会计分录：

借：应付利息—建设银行 120000

长期借款—本金—教师公寓—建设银行 2000000

　　贷：银行存款 2120000

预算会计分录：

借：其他支出—其他资金—项目支出—利息支出—教师公寓 120000

债务还本支出—项目支出—教师公寓—建设银行 2000000

　　贷：资金结存—货币资金—银行存款 2120000

第十四节　长期应付款

一、科目简介

长期应付款是指中小学校发生的偿还期限超过1年（不含1年）的应付款项，如以融资租赁方式取得固定资产应付的租赁费、以分期付款方式购入固定资产时发生的应付款等。

本科目期末贷方余额，反映中小学校尚未支付的长期应付款金额。

二、明细科目

本科目应当按照长期应付款的类别以及债权人进行明细核算。

三、关联科目

本科目可关联"固定资产""在建工程""财政拨款收入""零余额账户用款额度""银行存款""其他收入"等科目。

四、账务处理

1. 发生长期应付款时，财务会计借记"固定资产""在建工程"等科目，贷记本科目，不做预算会计分录。

2. 支付长期应付款时，按照实际支付的金额，财务会计借记本科目，贷记"财

政拨款收入""零余额账户用款额度""银行存款"等科目;预算会计借记"事业支出""经营支出"等科目,贷记"财政拨款预算收入""资金结存"科目。涉及增值税业务的,相关账务处理参见"应交增值税"科目。

3. 无法偿付或债权人豁免偿还的长期应付款,应当按照规定报经批准后进行账务处理。经批准核销时,财务会计借记本科目,贷记"其他收入"科目,不做预算会计分录。

核销的长期应付款应在备查簿中保留登记。

4. 涉及质保金形成长期应付款的,相关账务处理参见"固定资产"科目。

五、案例分析

【例 6-26】A 中学为开展"微课堂"录课活动购置 B 公司录课设备一套,2019 年 3 月 2 日验收合格,总价款为 160000 元,合同约定分两年付款,验收合格日和 2020 年末以财政授权支付方式各支付 50%。账务处理如下:

(1) 2019 年 3 月 2 日验收合格后

财务会计分录:

借:固定资产—专用设备　160000

　　贷:零余额账户用款额度　80000

　　　　长期应付款—B 公司　80000

预算会计分录:

借:事业支出—资本性支出—专用设备购置　80000

　　贷:资金结存—零余额账户用款额度　80000

(2) 2020 年末,支付尾款

财务会计分录:

借:长期应付款—B 公司　80000

　　贷:零余额账户用款额度　80000

预算会计分录:

借:事业支出—资本性支出—专用设备购置　80000

　　贷:资金结存—零余额账户用款额度　80000

第十五节 预计负债

一、科目简介

预计负债是指中小学校对因或有事项所产生的现时义务而确认的负债，如对未决诉讼等确认的负债。

本科目期末贷方余额，反映中小学校已确认但尚未支付的预计负债金额。

二、明细科目

本科目应当按照预计负债的项目进行明细核算。

三、关联科目

本科目可关联"业务活动费用""经营费用""其他费用""银行存款""零余额账户用款额度"等科目。

四、账务处理

1. 确认预计负债时，按照预计的金额，财务会计借记"业务活动费用""经营费用""其他费用"等科目，贷记本科目，不做预算会计分录。

2. 实际偿付预计负债时，按照偿付的金额，财务会计借记本科目，贷记"银行存款""零余额账户用款额度"等科目；预算会计借记"事业支出""经营支出""其他支出"等科目，贷记"资金结存"科目。

3. 根据确凿证据需要对已确认的预计负债账面余额进行调整的，按照调整增加的金额，财务会计借记有关科目，贷记本科目，不做预算会计分录；按照调整减少的金额，财务会计借记本科目，贷记有关科目，不做预算会计分录。

五、案例分析

【例6-27】A中学一学生在体育课意外摔伤骨折，在收到校方责任险赔付后，学生家长还提出误工费、陪护费、精神损失费等一系列赔款诉求，学校和家长未达成协议，家长提起诉讼。2020年3月2日，学校经咨询律师，学校如败诉，需支付20000

元至 40000 元之间的赔偿款。账务处理如下：

确认 A 中学预计负债金额：（20000+40000）÷2 = 30000（元）

财务会计分录：

借：业务活动费用—商品和服务费用　30000

　　贷：预计负债—体育课摔伤事件　30000

不做预算会计分录

【例 6–28】接上例。2020 年 6 月 3 日，经法院判决，学校需支付赔偿款 25000 元。账务处理如下：

财务会计分录：

借：预计负债—体育课摔伤事件　30000

　　贷：业务活动费用—商品和服务费用　5000

　　　　零余额账户用款额度　25000

预算会计分录：

借：事业支出—其他商品和服务支出　25000

　　贷：资金结存—零余额账户用款额度　25000

第十六节　受托代理负债

一、科目简介

受托代理负债是指中小学校接受委托取得受托代理资产时形成的负债。

本科目期末贷方余额，反映中小学校尚未交付或发出受托代理资产形成的受托代理负债金额。

二、账务处理

本科目的账务处理参见"受托代理资产""库存现金""银行存款"等科目。

第七章 净资产

第一节 净资产概述

中小学校开展教学、科研等公益活动必须要具有一定的"本钱",即净资产。学校的净资产是指学校的资产总额在抵偿了一切现存义务以后的差额部分。它是属于学校所有,并可以自由支配的资产。

净资产是一个总体概念,即不区分财政拨款还是非财政拨款,也不区分项目完成还是未完成,并且具有非偿还性。净资产金额取决于资产和负债的计量,即:净资产 = 资产 – 负债。净资产项目应当列入资产负债表。

净资产科目包括累计盈余、专用基金、权益法调整、本期盈余,本年盈余分配、无偿调拨净资产、以前年度盈余调整。

第二节 累计盈余

一、科目简介

在学校会计实务中,"累计盈余"科目用于核算学校历年实现的盈余扣除盈余分配后滚存的金额,以及因无偿调入调出资产产生的净资产变动额。按照规定上缴、缴回、单位间调剂结转结余资金产生的净资产变动额,以及对以前年度盈余的调整金额,也通过本科目核算。

本科目期末余额,反映单位未分配盈余(或未弥补亏损)的累计数以及截至上年末无偿调拨净资产变动的累计数。

本科目年末余额,反映单位未分配盈余(或未弥补亏损)以及无偿调拨净资产变动的累计数。

本科目无明细科目。

二、关联科目

本科目可关联"本年盈余分配""无偿调拨净资产""财政应返还额度""零余额账户用款额度""银行存款""以前年度盈余调整""专用基金"等科目。

三、账务处理

1. 年末，将"本年盈余分配"科目的余额转入累计盈余，借记或贷记"本年盈余分配"科目，贷记或借记本科目。

2. 年末，将"无偿调拨净资产"科目的余额转入累计盈余，借记或贷记"无偿调拨净资产"科目，贷记或借记本科目。

3. 按照规定上缴财政拨款结转结余、缴回非财政拨款结转资金、向其他单位调出财政拨款结转资金时，按照实际上缴、缴回、调出金额，借记本科目，贷记"财政应返还额度""零余额账户用款额度""银行存款"等科目。

按照规定从其他单位调入财政拨款结转资金时，按照实际调入金额，借记"零余额账户用款额度""银行存款"等科目，贷记本科目。

4. 将"以前年度盈余调整"科目的余额转入本科目，借记或贷记"以前年度盈余调整"科目，贷记或借记本科目。

5. 按照规定使用专用基金购置固定资产、无形资产的，按照固定资产、无形资产成本金额，借记"固定资产""无形资产"科目，贷记"银行存款"等科目；同时，按照专用基金使用金额，借记"专用基金"科目，贷记本科目。

四、案例分析

【例7-1】某中学2019年度发生与累计盈余有关经济业务如下：

（1）年末将"本年盈余分配"科目贷方余额35000元转入"累计盈余"科目。账务处理如下：

财务会计分录：

借：本年盈余分配 35000

　　贷：累计盈余 35000

不做预算会计分录

（2）年末将"无偿调拨净资产"科目贷方余额20000元转入"累计盈余"科目。账务处理如下：

财务会计分录：

借：无偿调拨净资产 20000

  贷：累计盈余 20000

不做预算会计分录

（3）年末将"以前年度盈余调整"科目借方余额 3000 元转入"累计盈余"科目。账务处理如下：

财务会计分录：

借：累计盈余 3000

  贷：以前年度盈余调整 3000

不做预算会计分录

（4）年末，使用专用基金中的职工福利基金购置饮水机 2 台共计 3000 元，用银行存款予以支付。账务处理如下：

财务会计分录：

借：固定资产—通用设备 3000

  贷：银行存款—单位银行存款 3000

同时记：

借：专用基金 3000

  贷：累计盈余 3000

预算会计分录：

借：专用结余 3000

  贷：资金结存—货币资金 3000

（5）年末，按规定，通过零余额账户额度上缴财政一般公共预算财政拨款结转资金 55000 元，该结转资金为宿舍楼项目专项资金。账务处理如下：

财务会计分录：

借：累计盈余 55000

  贷：零余额账户用款额度 55000

预算会计分录：

借：财政拨款结转—项目支出 55000

  贷：资金结存—零余额账户用款额度 55000

（6）年末，按规定，通过银行存款交回财政非财政拨款结转资金 7000 元。账务处理如下：

财务会计分录：

借：累计盈余 7000

贷：银行存款—单位银行存款 7000
　预算会计分录：
　借：非财政拨款结转—交回资金 7000
　　贷：资金结存—货币资金 7000

第三节　专用基金

一、科目简介

本科目核算事业单位按照规定提取或设置的具有专门用途的净资产。本科目期末贷方余额，反映事业单位累计提取或设置的尚未使用的专用基金。

二、明细科目

本科目应当按照专用基金的类别进行明细核算，如职工福利基金、科技成果转换基金、奖助学基金、其他专用基金等。

三、关联科目

本科目可关联科目"本年盈余分配""业务活动费用""银行存款""累计盈余"等科目。

四、账务处理

1. 年末，根据有关规定从本年度非财政拨款结余或经营结余中提取专用基金的，按照预算会计下计算的提取金额，借记"本年盈余分配"科目，贷记本科目。

2. 根据有关规定从收入中提取专用基金并计入费用的，一般按照预算会计下基于预算收入计算提取的金额，借记"业务活动费用"等科目，贷记本科目。国家另有规定的，从其规定。

3. 根据有关规定设置的其他专用基金，按照实际收到的基金金额，借记"银行存款"等科目，贷记本科目。

4. 按照规定使用提取的专用基金时，借记本科目，贷记"银行存款"等科目。

使用提取的专用基金购置固定资产、无形资产的，按照固定资产、无形资产成本金额，借记"固定资产""无形资产"科目，贷记"银行存款"等科目；同时，按照专用基金使用金额，借记本科目，贷记"累计盈余"科目。

五、案例分析

【例7-2】2019年某职业高中发生与专用基金有关的经济业务如下：

（1）年末，学校"非财政拨款结余"科目贷方余额8000元、"经营结余"科目贷方余额2000元，按40%提取职工福利基金4000元。账务处理如下：

财务会计分录：

借：本年盈余分配 4000

  贷：专用基金—职工福利基金 4000

预算会计分录：

借：非财政拨款结余分配 4000

  贷：专用结余 4000

（2）学校2019年事业收入为40000元，按5%提取本年度学生奖助学基金（校内资助）2000元。账务处理如下：

财务会计分录：

按照事业预算收入计算提取金额：

40000×5%=2000（元）

借：业务活动费用—计提专用基金 2000

  贷：专用基金—奖助学基金 2000

预算会计不作账务处理

（3）学校发放学生助学基金1800元。账务处理如下：

财务会计分录：

借：专用基金—奖助学基金 1800

  贷：银行存款—单位银行存款 1800

预算会计分录：

借：事业支出—助学金 1800

  贷：资金结存—货币资金 1800

（4）学校使用职工福利基金，转账支付健身器材3300元。账务处理如下：

财务会计分录：

借：固定资产—专用设备—体育设备 3300

  贷：银行存款—单位银行存款 3300

借：专用基金—职工福利基金 3300

贷：累计盈余 3300

预算会计分录：

借：专用结余 3300

　　贷：资金结存—货币资金 3300

第四节　权益法调整

一、科目简介

权益法调整是指非义务教育阶段学校持有的长期股权投资采用权益法核算时，按照被投资单位除净损益和利润分配以外的所有者权益变动份额，调整长期股权投资账面余额而计入净资产的金额。本科目期末余额，反映学校在被投资单位除净损益和利润分配以外的所有者权益变动中累积享有（或分担）的份额。

二、明细科目

本科目应当按照被投资单位进行明细核算。

三、关联科目

本科目可关联"长期股权投资—其他权益变动""投资收益"等科目。

四、账务处理

1. 年末，按照被投资单位除净损益和利润分配以外的所有者权益变动应享有（或应分担）的份额，借记或贷记"长期股权投资—其他权益变动"科目，贷记或借记本科目。

2. 采用权益法核算的长期股权投资，因被投资单位除净损益和利润分配以外的所有者权益变动而将应享有（或应分担）的份额计入单位净资产的，处置该项投资时，按照原计入净资产的相应部分金额，借记或贷记本科目，贷记或借记"投资收益"科目。

五、案例分析

【例 7-3】某学校持有某企业 40% 的股份。

（1）2019 年，该企业除净损益和利润分配以外的所有者权益变动金额为 100000 元。在该长期股权投资持有期间，采用权益法核算。有关账务处理如下：

财务会计分录：

借：长期股权投资——其他权益变动 40000

　　贷：权益法调整 40000

不做预算会计分录

（2）经批准，该学校在 2020 年出售处置了该项投资。有关账务处理如下：

财务会计分录：

借：权益法调整 40000

　　贷：投资收益 40000

不做预算会计分录

第五节　本期盈余

一、科目简介

本期盈余科目中小学本期各项收入、费用相抵后的余额。本科目期末如为贷方余额，反映单位自年初至当期期末累计实现的盈余；如为借方余额，反映单位自年初至当期期末累计发生的亏损。

年末结账后，本科目应无余额。

本科目无明细科目。

二、关联科目

本科目可关联各类收入科目、各类费用科目、"本年盈余分配"等科目。

三、账务处理

1.期末结转，将各类收入科目的本期发生额转入本期盈余，借记"财政拨款收入""事业收入""上级补助收入""附属单位上缴收入""经营收入""非同级财政拨款收入""投资收益""捐赠收入""利息收入""租金收入""其他收入"科目,贷记本科目;将各类费用科目本期发生额转入本期盈余,借记本科目,贷记"业务活动费用""单位管理费用""经营费用""所得税费用""资产处置费用""上缴上级费用""对附属单位补助费用""其他费用"科目。

2. 年末结转。完成上述结转后,将本科目余额转入"本年盈余分配"科目,借记或贷记本科目,贷记或借记"本年盈余分配"科目。

四、案例分析

【例7-4】2019年12月31日,某学校有关会计科目余额如下:

1. 财政拨款收入200000元,事业收入50000元,上级补助收入100000元,附属单位上缴收入20000元,经营收入3000元,其他收入8000元。

2. 业务活动费用290000元,单位管理费用30000元,经营费用30000元,资产处置费用2000元,上缴上级费用20000元。

(1) 结转本年年度收入。账务处理如下:

财务会计分录:

借: 财政拨款收入 200000

　　事业收入 50000

　　上级补助收入 100000

　　附属单位上缴收入 20000

　　经营收入 3000

　　其他收入 8000

　　　贷: 本期盈余 381000

不做预算会计分录

(2) 结转本年年度费用。账务处理如下:

财务会计分录:

借: 本期盈余 372000

　　　贷: 业务活动费用 290000

　　单位管理费用 30000

　　经营费用　30000

　　资产处置费用 2000

　　上缴上级费用 20000

不做预算会计分录

（3）并将本期盈余余额进行年末结转。账务处理如下：

财务会计分录：

借：本期盈余 9000

　　贷：本年盈余分配 9000

不做预算会计分录

第六节　本年盈余分配

一、科目简介

本科目核算单位本年度盈余分配的情况和结果。

年末结账后，本科目应无余额。

本科目无明细科目。

二、关联科目

本科目可关联"本期盈余""专用基金""累计盈余"等科目。

三、账务处理

1. 年末，将"本期盈余"科目余额转入本科目，借记或贷记"本期盈余"科目，贷记或借记本科目。（案例见【例7-4】）

2. 年末，根据有关规定从本年度非财政拨款结余或经营结余中提取专用基金的，按照预算会计下计算的提取金额，借记本科目，贷记"专用基金"科目。（案例见【例7-2】）

3. 年末，按照规定完成上述1、2处理后，将本科目余额转入累计盈余，借记或贷记本科目，贷记或借记"累计盈余"科目。

四、案例分析

【例7-5】2019年12月31日，某学校的"本年盈余分配"科目的余额为6000元。相关账务处理如下：

财务会计分录：

借：本年盈余分配 6000
    贷：累计盈余 6000
不做预算会计分录

第七节　无偿调拨净资产

一、科目简介

本科目核算单位无偿调入或调出非现金资产所引起的净资产变动金额。在学校会计实务中，"无偿调拨净资产"科目用于反映各类学校本年度截至报告期期末无偿调入的非现金资产价值扣减无偿调出的非现金资产价值后的净值。本科目仅在月度报表中列示，年度报表中不列示。在月度报表中，本科目应当根据"无偿调拨净资产"科目的期末余额填列；"无偿调拨净资产"科目期末为借方余额时，以号填列。

年末结账后，本科目应无余额。

本科目无明细科目。

二、关联科目

本科目可关联"库存物品""长期股权投资""固定资产""无形资产""公共基础设施""政府储备物资""文物文化资产""保障性住房"，"零余额账户用款额度""银行存款""累计盈余"等科目。

三、账务处理

1. 按照规定取得无偿调入的存货、长期股权投资、固定资产、无形资产、公共基础设施、政府储备物资、文物文化资产、保障性住房等，按照确定的成本，借记"库存物品""长期股权投资""固定资产""无形资产""公共基础设施""政府储备物资""文物文化资产""保障性住房"等科目，按照调入过程中发生的归属于调入方的相关费用，贷记"零余额账户用款额度""银行存款"等科目，按照其差额，贷记本科目。

2. 按照规定经批准无偿调出存货、长期股权投资、固定资产、无形资产、公共基础设施、政府储备物资、文物文化资产、保障性住房等，按照调出资产的账面余额或账面价值，借记本科目，按照固定资产累计折旧、无形资产累计摊销、公共基础设施累计折旧或摊销、保障性住房累计折旧的金额，借记"固定资产累计折旧""无形资产累计摊销""公共基础设施累计折旧（摊销）""保障性住房累计折旧"科目，按照调出资产的账面余额，贷记"库存物品""长期股权投资""固定资产""无形资产""公共基础设施""政府储备物资""文物文化资产""保障性住房"等科目；同时，按照调出过程中发生的归属于调出方的相关费用，借记"资产处置费用"科目，贷记"零余额账户用款额度""银行存款"等科目。

3. 年末，将本科目余额转入累计盈余，借记或贷记本科目，贷记或借记"累计盈余"科目。

四、案例分析

【例7-6】2019年3月2日，A高中按照规定取得无偿调入新计算机一批，调出方的账面价值为150000元，发生运输费3000元，学校以银行存款支付，账务处理如下：

财务会计分录：

借：固定资产—计算机设备 153000

　　贷：无偿调拨净资产 150000

　　　　银行存款—单位银行存款 3000

预算会计分录：

借：其他支出—其他费用支出 3000

　　贷：资金结存—货币资金 3000

【例7-7】2019年11月1日，A高中经批准将一批空调无偿调出，原值72000元，已计提折旧36000元。支付相关的费用1000元，以银行存款支付。账务处理如下：

财务会计分录：

借：无偿调拨净资产　36000

　　固定资产累计折旧—通用设备　36000

　　　　贷：固定资产—通用设备　72000

借：资产处置费用　1000

　　贷：银行存款—银行存款　1000

预算会计分录：

借：其他支出—其他资金支出　1000

　　贷：资金结存—货币资金 1000

【例7-8】年末，A高中"无偿调拨净资产"科目贷方余额114000元，转入"累计盈余"科目。账务处理如下：

财务会计分录：

借：无偿调拨净资产 114000
　　贷：累计盈余　　114000

不做预算会计分录

第八节　以前年度盈余调整

一、科目简介

以前年度盈余调整是指中小学校本年度发生的调整以前年度盈余的事项，包括本年度发生的重要前期差错更正涉及调整以前年度盈余的事项。

本科目结转后应无余额。

本科目无明细科目。

二、关联科目

本科目可关联：各项收入类科目、费用类科目、"待处理财产损溢""累计盈余等科目"。

三、账务处理

1. 调整增加以前年度收入时，按照调整增加的金额，借记有关科目，贷记本科目。调整减少的，做相反会计分录。

2. 调整增加以前年度费用时，按照调整增加的金额，借记本科目，贷记有关科目。调整减少的，做相反会计分录。

3. 盘盈的各种非流动资产，报经批准后处理时，借记"待处理财产损溢"科目，贷记本科目。

4. 经上述调整后，应将本科目的余额转入累计盈余，借记或贷记"累计盈余"科目，贷记或借记本科目。

四、案例分析

【例 7-9】2020 年 1 月 5 日，某学校财务人员核对账目时发现，有一笔 1500 元保教费收入，因财政拨款单备注内容缺失未能及时进账，经与财政核对后予以确认。

财务会计分录：

借：银行存款—银行存款 1500
　　贷：以前年度盈余调整 1500

预算会计分录：

借：资金结存—货币资金 1500
　　贷：非财政拨款结转 1500

【例 7-10】2020 年 4 月 6 日，审计部门审计时发现，某学校在 2019 年度超标准支出劳务费 500 元，责令学校收回此款项。4 月 8 日，学校将多发放的劳务费收回，并做如下账务处理：

财务会计分录：

借：银行存款—银行存款　500
　　贷：以前年度盈余调整　　500

预算会计分录：

借：资金结存—货币资金　500
　　贷：财政拨款结转　　500

【例 7-11】2020 年 2 月，某学校在盘点固定资产时，盘盈照相机 1 台，购入时间为 2019 年 12 月，原值 2200 元。账务处理如下：

财务会计分录：

借：固定资产—通用设备　2200
　　贷：待处理财产损溢　　2200
借：待处理财产损溢　2200
　　贷：以前年度盈余调整　2200

不做预算会计分录

【例 7-12】2020 年 3 月 15 日，审计部门审计时发现某学校 2019 年 11 月购入一台打印机，价值 1440 元，学校财务记入业务活动费用，漏记固定资产，责令学校财务部门进行调账。账务处理如下：

财务会计分录：

借：固定资产—通用设备　　1200
　　贷：以前年度盈余调整　　　1200

借：以前年度盈余调整　40
　　业务活动费用—固定资产折旧费 60
　　　　贷：固定资产累计折旧—通用设备 100
不做预算会计分录

第八章 收 入

第一节 收入概述

在中小学校会计实务中,收入是指中小学校开展业务及其他活动依法取得的非偿还性资金。中小学校是公益性社会组织,在向社会提供服务时有一定的收入作为保障,收入的来源可以是财政补助资金,也可以是各类学校的业务收费,还可以是社会捐赠等其他渠道的资金。一般来说,各类学校依法取得的各项资金若不需要在未来偿还,则可确认为收入。

中小学校的收入按来源可以分为财政拨款收入、事业收入、上级补助收入、附属单位上缴收入、经营收入、非同级财政拨款收入、投资收益、捐赠收入、利息收入、租金收入、其他收入等。

第二节 财政拨款收入

一、科目简介

本科目核算中小学校从同级政府财政部门取得的各类财政拨款。同级政府财政部门预拨的下期预算款和没有纳入预算的暂付款项,以及采用实拨资金方式通过本单位转拨给下属单位的财政拨款,通过"其他应付款"科目核算,不通过本科目核算。期末结转后,本科目应无余额。

二、明细科目

本科目应按照一般公共预算财政拨款、政府性基金预算财政拨款等拨款种类进行明细核算。

三、关联科目

本科目可关联"零余额账户用款额度""银行存款""固定资产""库存物品""业务活动费用""单位管理费用""应付职工薪酬""财政应返还额度""以前年度盈余调整""本期盈余"等科目。

四、账务处理

1. 财政直接支付方式下，根据收到的"财政直接支付入账通知书"及相关原始凭证，按照通知书中的直接支付入账金额，借记"库存物品""固定资产""业务活动费用""单位管理费用""应付职工薪酬"等科目，贷记本科目。

年末，根据本年度财政直接支付预算指标数与当年财政直接支付实际支付数的差额，借记"财政应返还额度—财政直接支付"科目，贷记本科目。

2. 财政授权支付方式下，根据收到的"财政授权支付额度到账通知书"，按照通知书中的授权支付额度，借记"零余额账户用款额度"科目，贷记本科目。

年末，本年度财政授权支付预算指标数大于零余额账户用款额度下达数的，根据未下达的用款额度，借记"财政应返还额度—财政授权支付"科目，贷记本科目。

3. 其他方式下收到财政拨款收入时，按照实际收到的金额，借记"银行存款"等科目，贷记本科目。

4. 因差错更正或购货退回等发生国库直接支付款项退回的，属于以前年度支付的款项，按照退回金额，借记"财政应返还额度—财政直接支付"科目，贷记"以前年度盈余调整""库存物品"等科目；属于本年度支付的款项，按照退回金额，借记本科目，贷记"业务活动费用""库存物品"等科目。

5. 期末，将本科目本期发生额转入本期盈余，借记本科目，贷记"本期盈余"科目。

五、案例分析

【例8-1】某学校收到财政部门委托其代理银行转来的财政授权支付入账通知书，金额20000元。账务处理如下：

财务会计分录：

借：零余额账户用款额度　　20000

　　贷：财政拨款收入——一般公共预算财政拨款　　20000

预算会计分录：

借：资金结存—零余额账户用款额度　20000

　　贷：财政拨款预算收入　20000

【例8-2】某学校月末结账，财政拨款收入贷方余额为250000元。账务处理如下：

财务会计分录：

借：财政拨款收入　250000

　　贷：本期盈余　250000

不做预算会计分录

第三节　事业收入

一、科目简介

本科目核算中小学校开展专业业务活动及其辅助活动实现的收入，主要包括行政事业性收费（如纳入行政事业性收费的学费、住宿费、考试报名费、考试费、学前保教费等）、科研收入以及与教育教学活动直接相关的对外服务性收费（如未纳入行政事业性收费的非学历培训费等）等，不包括从同级政府财政部门取得的各类财政拨款。期末结转后，本科目应无余额。

二、明细科目

本科目应按照事业收入的类别、来源等进行明细核算。对于因开展科研及其辅助活动从非同级政府财政部门取得的经费拨款，应当在本科目下单设"非同级财政拨款"明细科目进行核算。

三、关联科目

本科目可关联"库存现金""银行存款""应收账款""应缴财政款""预收账款""本期盈余"等科目。

四、账务处理

（一）采用财政专户返还方式管理的事业收入

1. 实现应上缴财政专户的事业收入时，按照实际收到或应收的金额，借记"银行存款""应收账款"等科目，贷记"应缴财政款"科目。

2. 向财政专户上缴款项时，按照实际上缴的款项金额，借记"应缴财政款"科目，贷记"银行存款"等科目。

3. 收到从财政专户返还的事业收入时按照实际收到的返还金额，借记"银行存款"等科目，贷记本科目。

（二）采用预收款方式确认的事业收入

1. 实际收到预收款项时，按照收到的款项金额，借记"银行存款"等科目，贷记"预收账款"科目。

2. 以合同完成进度确认事业收入时，按照基于合同完成进度计算的金额，借记"预收账款"科目，贷记本科目。

（三）采用应收款方式确认的事业收入

1. 根据合同完成进度计算本期应收的款项，借记"应收账款"科目，贷记本科目。

2. 实际收到款项时，借记"银行存款"等科目，贷记"应收账款"科目。

（四）其他方式下确认的事业收入，按照实际收到的金额，借记"银行存款""库存现金"等科目，贷记本科目。

（五）期末，将本科目本期发生额转入本期盈余，借记本科目，贷记"本期盈余"科目。

五、案例分析

【例8-3】2020年6月，某幼儿园收取保教费时，家长通过微信、支付宝扫描二维码缴费直接上缴财政专户共计5000元。账务处理如下：

财务会计分录：

借：应缴财政款—应缴财政专户款　5000

贷：应缴财政款—应缴财政专户款　5000

不做预算会计分录

收到财政专户拨回时会计分录：

财务会计分录：

借：银行存款　5000
　　贷：事业收入　5000
预算会计分录：
借：资金结存——货币资金　5000
　　贷：事业预算收入　5000

第四节　上级补助收入

一、科目简介

本科目核算中小学校从主管部门和上级单位取得的非财政拨款收入。期末结转后，本科目应无余额。

二、明细科目

本科目应按照发放补助单位、补助项目等进行明细核算。

三、关联科目

本科目可关联"银行存款""其他应收款""本期盈余"等科目。

四、账务处理

1. 确认上级补助收入时，按照应收或实际收到的金额，借记"其他应收款""银行存款"等科目，贷记本科目。

实际收到应收的上级补助款时，按照实际收到的金额，借记"银行存款"等科目，贷记"其他应收款"科目。

2. 期末，将本科目本期发生额转入本期盈余，借记本科目，贷记"本期盈余"科目。

五、案例分析

【例8-4】某学校收到主管部门拨来的某教育基金会补助款20000元，账务处理如下：

财务会计分录：

借：银行存款　20000

　　贷：上级补助收入—主管部门　20000

预算会计分录：

借：资金结存—货币资金　20000

　　贷：上级补助预算收入　20000

第五节　附属单位上缴收入

一、科目简介

本科目核算中小学校取得的附属独立核算单位按照有关规定上缴的收入。所谓附属单位是指各类学校内部设立的，实行独立核算的下级单位，与上级单位存在一定的体制关系。附属单位缴款是各类学校收到的附属单位上缴的款项，各类学校事业单位与附属单位之间的往来款项，不通过附属单位缴款核算，各类学校对外投资获得的投资收益也不通过附属单位缴款核算。期末结转后，本科目应无余额。

二、明细科目

本科目应按照附属单位、缴款项目等进行明细核算。

三、关联科目

本科目可关联"银行存款""其他应收款""本期盈余"等科目。

四、账务处理

1.确认附属单位上缴收入时，按照应收或收到的金额，借记"其他应收款""银行存款"等科目，贷记本科目。

实际收到应收附属单位上缴款时，按照实际收到的金额，借记"银行存款"等科目，贷记"其他应收款"科目。

2.期末将本科目本期发生额转入本期盈余，借记本科目，贷记"本期盈余"科目。

五、案例分析

【例 8-5】 某职业学校下属的培训机构为独立核算的附属单位。按学校与培训机构签订的收入分配办法规定,2019 年底培训机构应缴收入 10000 元,学校已收到培训机构上缴的款项。账务处理如下:

财务会计分录:

借:银行存款　　10000
　　贷:附属单位上缴收入　　10000

预算会计分录:

借:资金结存—货币资金　　10000
　　贷:附属单位上缴预算收入　　10000

第六节　经营收入

一、科目简介

本科目核算各类学校在专业业务活动及其辅助活动之外开展非独立核算经营活动取得的收入。经营收入是一种有偿收入,以提供各项服务或商品为前提,是各类学校在经营活动中通过收费等方式取得的收入。期末结转后,本科目应无余额。(义务教育阶段中小学校不得从事经营活动)

二、明细科目

本科目应按照经营活动类别、项目和收入来源等进行明细核算。

三、关联科目

本科目可关联"银行存款""应收账款""应收票据""本期盈余"等科目。

四、账务处理

1. 实现经营收入时,按照确定的收入金额,借记"银行存款""应收账款""应收票据"等科目,贷记本科目。

2.期末,将本科目本期发生额转入本期盈余,借记本科目,贷记"本期盈余"科目。

五、案例分析

【例8-6】某职业学校的服装专业对外提供加工服务,收到加工费1000元,此款项已存入银行。账务处理如下:

财务会计分录:

借:银行存款　　1000

　　贷:经营收入—服装加工　　1000

预算会计分录:

借:资金结存—货币资金　　1000

　　贷:经营预算收入—服装加工　　100

第七节　非同级财政拨款收入

一、科目简介

本科目核算中小学校从非同级政府财政部门取得的经费拨款,包括从同级政府其他部门取得的横向转拨财政款、从上级或下级政府财政部门取得的经费拨款等。各类学校因开展科研及其辅助活动从非同级政府财政部门取得的经费拨款,应通过"事业收入—非同级财政拨款"科目核算,不通过本科目核算。期末结转后,本科目应无余额。

二、明细科目

本科目应按照本级横向转拨财政款和非本级财政拨款进行明细核算,并按照收入来源进行明细核算。

三、关联科目

本科目可关联"银行存款""其他应收款""本期盈余"等科目。

四、账务处理

1. 确认非同级财政拨款收入时,按照应收或实际收到的金额,借记"其他应收款""银行存款"等科目,贷记本科目。

2. 期末,将本科目本期发生额转入本期盈余,借记本科目,贷记"本期盈余"科目。

五、案例分析

【例8-7】某学校收到市文明办拨来的文明城创建补助资金8000元。账务处理如下:

财务会计分录:

借:银行存款　　8000

　　贷:非同级财政拨款　　8000

预算会计分录:

借:资金结存—货币资金　　8000

　　贷:非同级财政拨款预算收入　　8000

第八节　投资收益

一、科目简介

本科目核算各类学校股权投资和债券投资所实现的收益或发生的损失。期末结转后,本科目应无余额。(义务教育阶段中小学校不得对外投资)

二、明细科目

本科目应按照投资的种类等进行明细核算。

三、关联科目

本科目可关联"银行存款""应收利息""长期债券投资""应收股利""长期股权投资""本期盈余"等科目。

四、账务处理

1. 收到短期投资持有期间的利息，按照实际收到的金额，借记"银行存款"科目，贷记"投资收益"科目。

2. 出售或到期收回短期债券本息，按照实际收到的金额，借记"银行存款"科目，按照出售或收回短期投资的成本，贷记"短期投资"科目，按照其差额，贷记或借记本科目。

3. 持有的分期付息、一次还本的长期债券投资，按期确认利息收入时，按照计算确定的应收未收利息，借记"应收利息"科目，贷记本科目；持有的到期一次还本付息的债券书投资，按期确认利息收入时，按照计算确定的应收未收利息，借记"长期债券投资—应计利息"科目，贷记本科目。

4. 出售长期债券投资或到期收回长期债券投资本息，按照实际收到的金额，借记"银行存款"等科目，按照债券初始投资成本和已计未收利息金额，贷记"长期债券投资—成本、应计利息"科目（到期一次还本付息债券）或"长期债券投资""应收利息"科目（分期付息债券），按照其差额，贷记或借记本科目。

5. 采用成本法核算的长期股权投资持有期间，被投资单位宣告分派现金股利或利润时，按照宣告分派的现金股利或利润中属于单位应享有的份额，借记"应收股利"科目，贷记本科目。

采用权益法核算的长期股权投资持有期间，按照应享有或应分担的被投资单位实现的净损益的份额，借记或贷记"长期股权投资—损益调整"科目，贷记或借记本科目；被投资单位发生净亏损，但以后年度又实现净利润的，学校在其收益分享额弥补未确认的亏损分担额等后，恢复确认投资收益，借记"长期股权投资—损益调整"科目，贷记本科目。

6. 按照规定处置长期股权投资时有关投资收益的账务处理，参见"长期股权投资"科目。

7. 期末，将本科目本期发生额转入本期盈余，借记或贷记本科目，贷记或借记"本期盈余"科目。

第九节 捐赠收入

一、科目简介

本科目核算中小学校接受其他单位或者个人捐赠取得的收入。期末结转后,本科目应无余额。

二、明细科目

本科目应按照捐赠资产的用途和捐赠单位等进行明细核算。

三、关联科目

本科目可关联"库存现金""银行存款""库存物品""固定资产""其他费用""本期盈余"等科目。

四、账务处理

1. 接受捐赠的货币资金,按照实际收到的金额,借记"库存现金""银行存款"等科目,贷记本科目。

2. 接受捐赠的存货、固定资产等非现金资产,按照确定的成本,借记"库存物品""固定资产"等科目,按照发生的相关税费、运输费等,贷记"银行存款"等科目,按照其差额,贷记本科目。

3. 接受捐赠的资产按照名义金额入账的,按照名义金额,借记"库存物品""固定资产"等科目,贷记本科目,同时,按照发生的相关税费、运输费等,借记"其他费用"科目,贷记"银行存款"等科目。

4. 期末,将本科目本期发生额转入本期盈余,借记本科目,贷记"本期盈余"科目。

五、案例分析

【例8-8】2020年3月1日,某企业向该市教育局捐款100000元,教育局向该企业开具了捐款票据。

1.若此次捐款有指定用途（如用于中小学购买防疫用品防控新冠肺炎），应在捐赠协议中写明指定用途，该笔捐款不用上缴财政，可直接使用。

财务会计分录：

借：银行存款—银行存款　　100000
　　贷：捐赠收入　　　　100000

预算会计分录：

借：资金结存—货币资金　　100000
　　贷：捐赠预算收入　　100000

2.若此次捐款无指定用途，该笔捐款需要上缴财政，不可直接使用。

财务会计分录：

借：银行存款—银行存款　　100000
　　贷：应缴财政款—应缴财政专户款　100000

不做预算会计分录

上缴财政时，

财务会计分录：

借：应缴财政款—应缴财政专户款　100000
　　贷：银行存款—银行存款　　　100000

不做预算会计分录

财政非税中心返回时

财务会计分录：

借：银行存款—银行存款　　100000
　　贷：捐赠收入　100000

预算会计分录：

借：资金结存—货币资金　　100000
　　贷：其他预算收入—捐赠预算收入　　100000

【例8-9】某学校月末结账时，"捐赠收入"科目的贷方余额为50000元。账务处理如下：

财务会计分录：

借：捐赠收入　　50000
　　贷：本期盈余　　50000

不做预算会计分录

第十节 利息收入

一、科目简介

本科目核算中小学校取得的银行存款利息收入。期末结转后，本科目应无余额。

二、明细科目

本科目应按照不同开户银行设置明细科目进行明细核算。

三、关联科目

本科目可关联"银行存款""本期盈余"等科目。

四、账务处理

1. 取得银行存款利息时，按照实际收到的金额，借记"银行存款"科目，贷记本科目。

2. 期末，将本科目本期发生额转入本期盈余，借记本科目，贷记"本期盈余"科目。

五、案例分析

【例 8-10】2020 年 4 月 2 日，某学校收到银行利息 500 元，并上缴财政。账务处理如下：

财务会计分录：

借：银行存款　　　　500
　　贷：应缴财政款—应缴国库款　500
借：应缴财政款—应缴国库款　500
　　贷：银行存款　　　　500

不做预算会计分录

2020 年 4 月 15 日，该校收到财政拨回的银行利息收入 500 元。账务处理如下：

财务会计分录：

借：银行存款　　500
　　贷：利息收入　　500
预算会计分录：
借：资金结存—货币资金　　500
　　贷：其他预算收入—利息收入　　500

第十一节　租金收入

一、科目简介

本科目核算各类学校经批准利用国有资产出租取得并按照规定纳入本学校预算管理的租金收入。期末结转后，本科目应无余额。

二、明细科目

本科目应按照出租国有资产类别和收入来源等进行明细核算。

三、关联科目

本科目可关联"银行存款""应收账款""预收账款""本期盈余"等科目。

四、账务处理

1.国有资产出租收入，应当在租赁期内各个期间按照直线法予以确认。

学校办公用房不允许对外出租出借，其他用房或资产的出租收入，应先缴入财政局国库，根据学校预算，待财政局批准拨回学校时。借记"银行存款"等科目，贷记本科目。

2.期末，将本科目本期发生额转入"本期盈余"，借记本科目，贷记"本期盈余"科目。

五、案例分析

【例8-11】某学校经批准出租闲置的一间沿街辅助用房给某企业，2020年1月6日收到租金10000元，并上缴财政。账务处理如下：

财务会计分录:

借:银行存款　　　10000
　　贷:应缴财政款—应缴国库款　10000

借:应缴财政款—应缴国库款　10000
　　贷:银行存款　　　10000

不做预算会计分录

2020年1月15日,该校收到财政返还租金收入10000元。账务处理如下:

财务会计分录:

借:银行存款　10000
　　贷:租金收入　10000

预算会计分录:

借:资金结存—货币资金　10000
　　贷:其他预算收入—租金收入　10000

第十二节　其他收入

一、科目简介

本科目核算中小学校取得的除财政拨款收入、事业收入、上级补助收入、附属单位上缴收入、经营收入、非同级财政拨款收入、投资收益、捐赠收入、利息收入、租金收入以外的各项收入,包括现金盘盈收入、按照规定纳入学校预算管理的科技成果转化收入、无法偿付的应付及预收款项、置换换出资产评估增值等。期末结转后,本科目应无余额。

二、明细科目

本科目应按照其他收入的类别、来源等进行明细核算。

三、关联科目

本科目可关联"库存现金""银行存款""应收账款""预收账款""其他应付款""长期应付款""待处理财产损溢""本期盈余"等科目。

四、账务处理

（一）现金盘盈收入

每日现金账款核对中发现的现金溢余，属于无法查明原因的部分，报经批准后，借记"待处理财产损溢"科目，贷记本科目。

（二）科技成果转化收入

学校科技成果转化所取得的收入，按照规定留归本学校的，按照所取得收入扣除相关费用之后的净收益，借记"银行存款"等科目，贷记本科目。

（三）无法偿付的应付及预收款项

无法偿付或债权人豁免偿还的应付账款、预收账款、其他应付款及长期应付款，借记"应付账款""预收账款""其他应付款""长期应付款"等科目，贷记本科目。

（四）置换换出资产评估增值

资产置换过程中，换出资产评估增值的，按照评估价值高于资产账面价值或账面余额的金额，借记有关科目，贷记本科目。具体账务处理参见"库存物品"等科目。

以未入账的无形资产取得的长期股权投资，按照评估价值加相关税费作为投资成本，借记"长期股权投资"科目，按照发生的相关税费，贷记"银行存款""其他应交税费"等科目，按其差额，贷记本科目。

（五）

期末，将本科目本期发生额转入本期盈余，借记本科目，贷记"本期盈余"科目。

五、案例分析

【例 8-12】某学校在进行现金账核对时，盘盈现金 200 元，无法查明原因，报经批准后，账务处理如下：

盘盈现金时

财务会计分录：

借：库存现金　200

　　贷：待处理财产损溢　　200

预算会计分录：

借：资金结存—货币资金　200

　　贷：其他预算收入　200

经领导批准，处置时：

财务会计分录：

借：待处理财产损溢　200
　　　贷：其他收入　200

不做预算会计分录

【例8-13】某学校月末结账时,"其他收入"科目贷方余额10000元。账务处理如下：

财务会计分录：

借：其他收入　10000
　　　贷：本期盈余　10000

不做预算会计分录

第九章 费 用

第一节 费用概述

费用是指报告期内导致中小学校净资产减少的、含有服务潜力或者经济利益的经济资源的流出。

费用的确认应当同时满足以下条件：

1. 与费用相关的含有服务潜力或者经济利益的经济资源很可能流出中小学校；

2. 含有服务潜力或者经济利益的经济资源流出会导致中小学校资产减少或者负债增加；

3. 流出金额能够可靠的计量。

符合费用定义和费用确认条件的项目，应当列入收入费用表。

第二节 业务活动费用

一、科目简介

业务活动费用是指中小学为实现其职能目标，依法履职或开展教育教学活动及其辅助活动所发生的各项费用。期末结转后，本科目应无余额。

二、明细科目

中小学校应当按照项目、服务或者业务类别、支付对象等进行明细核算。

为了满足成本核算需要，参照财政部《关于修订印发〈政府部门财务报告编制操作指南（试行）〉的通知》（财库〔2019〕57号）中关于会计报表的要求，中小学校"业务活动费用"还应当按照"工资福利费用""商品和服务费用""对个人和家庭的补助费用""对企业补助费用""固定资产折旧费""无形资产摊销费""计提专用基金""其他业务活动费用"等成本项目设置明细科目,归集能够直接计入业务活动或采用一定方法计算后计入业务活动的费用。

其中,"商品和服务费用"还应当按照"支付给本部门内部单位""支付给本部门以外的同级政府单位""支付给本部门以外的非同级政府单位""支付给其他单位"等支付对象进行明细核算,其中"支付给本部门内部单位""支付给本部门以外的同级政府单位""支付给本部门以外的非同级政府单位"应当按照具体的单位进行明细核算。

三、关联科目

本科目可关联"库存现金""银行存款""零余额账户用款额度""应付职工薪酬""固定资产累计折旧""无形资产累计摊销""财政拨款收入""应付账款""其他应付款""其他应收款""专用基金"等科目。

四、账务处理

1. 为履职或开展业务活动人员计提的薪酬,按照计算确定的金额,借记本科目,贷记"应付职工薪酬"科目。

2. 为履职或开展业务活动发生的外部人员劳务费,按照计算确定的金额,借记本科目,按照代扣代缴个人所得税的金额,贷记"其他应交税费—应交个人所得税"科目,按照扣税后应付或实际支付的金额,贷记"其他应付款""财政拨款收入""零余额账户用款额度""银行存款"等科目。

3. 为履职或开展业务活动领用库存物品,以及动用发出相关政府储备物资,按照领用库存物品或发出相关政府储备物资的账面余额,借记本科目,贷记"库存物品""政府储备物资"科目。

4. 为履职或开展业务活动所使用的固定资产、无形资产以及为所控制的公共基础设施、保障性住房计提的折旧、摊销,按照计提金额,借记本科目,贷记"固定资产累计折旧""无形资产累计摊销""公共基础设施累计折旧(摊销)""保障性住房累计折旧"科目。

5. 为履职或开展业务活动发生的城市维护建设税、教育费附加、地方教育费附加、车船税、房产税、城镇土地使用税等,按照计算确定应交纳的金额,借记本科目,贷记"其他应交税费"等科目。

6. 为履职或开展业务活动发生其他各项费用时，按照费用确认金额，借记本科目，贷记"财政拨款收入""零余额账户用款额度""银行存款""应付账款""其他应付款""其他应收款"等科目。

7. 按照规定从收入中提取专用基金并计入费用的，一般按照预算会计下基于预算收入计算提取的金额，借记本科目，贷记"专用基金"科目。国家另有规定的，从其规定。

8. 发生当年购货退回等业务，对于已计入本年业务活动费用的，按照收回或应收的金额，借记"财政拨款收入""零余额账户用款额度""银行存款""其他应收款"等科目，贷记本科目。

9. 期末，将本科目本期发生额转入本期盈余，借记"本期盈余"科目，贷记本科目。

五、案例分析

【例9-1】某小学计划发放任课教师2019年平安建设奖100000元，共需缴纳个人所得税200元。单位在实际发放中代扣个人所得税，将税后奖金发放到职工个人账户，再将税款上缴税务部门。

1. 计提应付职工薪酬，账务处理如下：

财务会计分录：

借：业务活动费用—工资福利费用　　100000
　　贷：应付职工薪酬—改革性补贴　　100000

不做预算会计分录

2. 实际支付工资并代扣个人所得税，账务处理如下：

财务会计分录：

借：应付职工薪酬—改革性补贴　　100000
　　贷：零余额账户用款额度　　99800
　　　　其他应交税费—应缴个人所得税　　200

预算会计分录：

借：事业支出—工资福利支出—奖金　　99800
　　贷：资金结存—零余额账户用款额度　　99800

3. 学校代缴个人所得税，账务处理如下：

财务会计分录：

借：其他应交税费—应缴个人所得税　　200
　　贷：零余额账户用款额度　　200

预算会计分录：

借：事业支出—工资福利支出—奖金　　200
　　贷：资金结存—零余额账户用款额度　　　　　　　　200

【例9-2】因工作需要，某小学为教师办公室购置复印机一台，价格3600元，使用财政授权支付的方式一次性支付全部价款。账务处理如下：

财务会计分录：

借：固定资产—通用设备　　　　3600
　　贷：零余额账户用款额度　　　3600

预算会计分录：

借：事业支出—资本性支出—专用设备购置　3600
　　贷：资金结存—零余额账户用款额度　　　　　　　　3600

该设备折旧年限6年，当月起计提折旧。账务处理如下：

财务会计分录：

借：业务活动费用—固定资产折旧费　　　50
　　贷：固定资产累计折旧—通用设备　　　50

不做预算会计分录

【例9-3】2020年3月25日，某幼儿园按规定从事业收入中计提校内资助基金800元。账务处理如下：

财务会计分录：

借：业务活动费用—计提专用基金　　　800
　　贷：专用基金—校内资助　　　　　　800

不做预算会计分录

【例9-4】2020年4月30日，某小学的"业务活动费用"科目借方余额为42000元。其中"工资福利费用"26000元，商品和服务费用11000元，固定资产折旧费5000元。期末结转，账务处理如下：

财务会计分录：

借：本期盈余　　　　　　42000
　　贷：业务活动费用—工资福利费用　　26000
　　　　业务活动费用—商品和服务费用　11000
　　　　业务活动费用—固定资产折旧费　5000

第三节 单位管理费用

一、科目简介

单位管理费用是指中小学校本级行政及后勤管理部门开展管理活动发生的各项费用,包括行政及后勤管理部门发生的人员经费、公用经费、资产折旧(摊销)等费用,以及由单位统一负担的离退休人员经费、工会经费、诉讼费、中介费等。期末结转后,本科目应无余额。

二、明细科目

中小学校应当按照项目、服务或者业务类别、支付对象等进行明细核算。

为了满足成本核算需要,参照财政部《关于修订印发〈政府部门财务报告编制操作指南(试行)〉的通知》(财库〔2019〕57号)中关于会计报表的要求,中小学校"单位管理费用"还应当按照"工资福利费用""商品和服务费用""对个人和家庭的补助费用""对企业补助费用""固定资产折旧费""无形资产摊销费""其他单位管理费用"等成本项目设置明细科目,归集能够直接计入业务活动或采用一定方法计算后计入单位管理活动的费用。

其中,"商品和服务费用"还应当按照"支付给本部门内部单位""支付给本部门以外的同级政府单位""支付给本部门以外的非同级政府单位""支付给其他单位"等支付象进行明细核算,其中"支付给本部门内部单位""支付给本部门以外的同级政府单位""支付给本部门以外的非同级政府单位"应当按照具体的单位进行明细核算。

三、关联科目

本科目可关联"库存现金""银行存款""零余额账户用款额度""应付职工薪酬""固定资产累计折旧""无形资产累计摊销""财政拨款收入""应付账款""其他应付款""其他应收款"等科目。

四、账务处理

1. 为管理活动人员计提的薪酬,按照计算确定的金额,借记本科目,贷记"应付职工薪酬"科目。

2. 为开展管理活动发生的外部人员劳务费,按照计算确定的费用金额,借记本科目,按照代扣代缴个人所得税的金额,贷记"其他应交税费——应交个人所得税"科目,按照扣税后应付或实际支付的金额,贷记"其他应付款""财政拨款收入""零余额账户用款额度""银行存款"等科目。

3. 开展管理活动内部领用库存物品,按照领用物品实际成本,借记本科目,贷记"库存物品"科目。

4. 为管理活动所使用固定资产、无形资产计提的折旧、摊销,按照应提折旧、摊销额,借记本科目,贷记"固定资产累计折旧""无形资产累计摊销"科目。

5. 为开展管理活动发生城市维护建设税、教育费附加、地方教育费附加、车船税、房产税、城镇土地使用税等,按照计算确定应交纳的金额,借记本科目,贷记"其他应交税费"等科目。

6. 为开展管理活动发生的其他各项费用,按照费用确认金额,借记本科目,贷记"财政拨款收入""零余额账户用款额度""银行存款""其他应付款""其他应收款"等科目。

7. 发生当年购货退回等业务,对于已计入本年单位管理费用的,按照收回或应收的金额,借记"财政拨款收入""零余额账户用款额度""银行存款""其他应收款"等科目,贷记本科目。

8. 期末,将本科目本期发生额转入本期盈余,借记"本期盈余"科目,贷记本科目。

五、难点解析

根据《政府会计准则制度解释第1号》(财会〔2019〕13号)第六条,关于"业务活动费用"和"单位管理费用"科目的核算范围的解释,中小学校应当按照《政府会计制度》的规定,结合本学校实际,确定本学校业务活动费用和单位管理费用划分的具体会计政策。如何划分"业务活动费用"和"单位管理费用"是中小学校财务核算的重点,也是难点。

按照《政府会计制度》规定,"业务活动费用"科目核算单位为实现其职能目标、依法履职或开展专业业务活动及其辅助活动所发生的各项费用。核算内容包括:(1)为履职或开展业务活动人员计提的薪酬;(2)为履职或开展业务活动发生的外部人员劳务费;(3)为履职或开展业务活动领用库存物品;(4)为履职或开展业务活动所使用的固定资产、无形资产;(5)为履职或开展业务活动发生其他各项费用;(6)按照规定从收入中提取专用基金并计入费用。"单位管理费用"科目核算事业单位本级行政及后勤管理部门开展管理活动发生的各项费用，包括单位行政及后勤管理部门发生的人员经费、公用经费、资产折旧（摊销）等费用，以及由单位统一负担的离退休人员经费、工会经费、诉讼费、中介费等。

按照上述规定，行政单位不使用"单位管理费用"科目，其为实现其职能目标、依法履职发生的各项费用均计入"业务活动费用"科目。中小学校应当同时使用"业务活动费用"和"单位管理费用"科目，其业务部门开展教育教学活动及其辅助活动发生的各项费用计入"业务活动费用"科目，其本级行政及后勤管理部门发生的各项费用以及由单位统一负担的费用计入"单位管理费用"科目。

可以明确计量的费用根据"业务活动费用"和"单位管理费用"科目的核算范围直接划分，如学校后勤管理部门人员工资、离退休人员工资、用于教育教学活动的多媒体设备的固定资产折旧费，为开展教育教学活动及其辅助活动领用的库存物品等。

无法明确计量的费用应该结合本学校实际进行测算，按照一定比例进行分割。如水费、电费、取暖费、网络通信费、兼职任课的行政管理人员工资、供全校师生共同使用的饮水锅炉固定资产折旧费等。

中小学校应结合本学校实际，在年初对不同的费用进行科学合理测算，确定该费用的分割比例。全年中发生该业务所产生的费用均按照测算的比例进行分割。

对于电费的分割，应该分别对各部门或房间的用电器进行统计，依据用电器功率、月均使用时长进行测算。

表 9-1　　　　　××××学校电费费用分割测算明细表

费用	部门	用电设备名称	数量	总功率（千瓦）	月均用电时长（小时）	月均耗电量（千瓦时）	所占比例
业务活动费用	教室	多媒体设备					
		日光灯					
		空调					
		……					
	教师办公室	台式电脑					
		饮水机					
		日光灯					
		空调					
		……					
	实验室	……					
	……	……					
	小计		—	—	—	—	

续表

费用	部门	用电设备名称	数量	总功率（千瓦）	月均用电时长（小时）	月均耗电量（千瓦时）	所占比例
单位管理费用	校长办公室	电脑					
		日光灯					
		空调					
		……					
	总务处						
	警卫室	……					
	……						
	小计		—	—	—	—	
合计			—				

对于取暖费的分割，如果是电取暖的方式，可以参照电费分割来进行测算；如果是由供热公司集中供暖，则应该将各部门或房间的取暖面积做为主要测算依据。

对于网络通信费的分割，应该将各部门或房间的联网终端设备数量及使用时长作为主要测算依据。

对于兼职任课的行政管理人员工资，应该依据其不同岗位的工作量测算进行分割。

对于公用的固定资产折旧费，应该依据不同部门或人员的使用量测算进行分割。

六、案例分析

【**例 9-5**】某中学 2020 年 3 月 12 日购买办公用品，打印纸 10 箱 1600 元，计算器 20 个 500 元，档案盒 500 个 2000 元，共计 4100 元。使用财政授权支付的方式支付货款。账务处理如下：

表 9-2　　　　　　　　　　**库存物品入库单**

单位：××××中学　　　　　　　　　　　　　　　　入库日期：2020 年 3 月 12 日

序号	物品名称	单位	单价	数量	金额	备注
1	打印纸 A4	包	20.00	80	1600.00	
2	计算器	个	25.00	20	500.00	
3	档案盒	个	4.00	500	2000.00	

续表

序号	物品名称	单位	单价	数量	金额	备注
4						
5						
	合计		——	——	4100.00	
		经手：		库管：		复核：

注：为了便于领用，库存物品入库应使用最小计量单位，如打印纸入库时计量单位应使用"包"。

财务会计分录：

借：库存物品—办公用品　　　4100

　　贷：零余额账户用款额度　　　4100

预算会计分录：

借：事业支出—办公费　4100

　　贷：资金结存—零余额账户用款额度　　　4100

3月25日任课教师A领用打印纸2包，任课教师B领用打印纸1包，教师C领用打印纸2包，校长领用打印纸1包；七年级办公室领用计算器1个，总务处领用档案盒20个，政教处领用档案盒30个。账务处理如下：

表9-3　　　　　　　　　　库存物品出库单

单位：××××中学　　　　　　　　　　　　　　　　入库日期：2020年3月20日

序号	物品名称	单位	单价	数量	金额	费用类别	领用人签字
1	打印纸A4	包	20.00	2	40.00	业务活动费用	
2	打印纸A4	包	20.00	1	20.00	业务活动费用	
3	打印纸A4	包	20.00	2	40.00	业务活动费用	
4	打印纸A4	包	20.00	1	20.00	单位管理费用	
5	计算器	个	25.00	1	25.00	业务活动费用	
6	档案盒	个	4.00	20	80.00	单位管理费用	
7	档案盒	个	4.00	30	120.00	单位管理费用	
8							
	合计		——	——	345.00		
	其中：业务活动费用			——	125.00		
	其中：单位管理费用			——	220.00		
	经手：		库管：			复核：	

财务会计分录：

借：业务活动费用—商品和服务费用　　125

　　　单位管理费用—商品和服务费用　　220

　　贷：库存物品—办公用品　　345

不做预算会计分录

【例9-6】某小学2020年4月2日预交电费10000元，通过财政授权的方式支付。账务处理如下

财务会计分录：

借：预付账款—预付电费　　10000

　　贷：零余额账户用款额度　　10000

预算会计分录：

借：事业支出—电费　　10000

　　贷：资金结存—零余额账户用款额度　　10000

4月30日，该小学收到供电公司用电清单，本月实际消耗电量价值6000元。该学校年初已经通过测算确定电费中业务活动费用占90%，单位管理费用占10%。账务处理如下：

财务会计分录：

借：业务活动费用—商品和服务费用　　5400

　　　单位管理费用—商品和服务费用　　600

　　贷：预付账款—预付电费　　6000

不做预算会计分录

第四节　经营费用

一、科目简介

经营费用是指非义务教育阶段中小学校在专业业务活动及其辅助活动之外开展非独立核算经营活动发生的各项费用。期末结转后，本科目应无余额。

二、明细科目

中小学校应当按照经营活动类别、项目、支付对象等进行明细核算。

为了满足成本核算需要，参照财政部《关于修订印发〈政府部门财务报告编制操作指南（试行）〉的通知》（财库〔2019〕57号）中关于会计报表的要求，中小学校"经营费用"还应当按照"工资福利费用""商品和服务费用""对个人和家庭的补助费用""对企业补助费用""固定资产折旧费""无形资产摊销费""其他经营费用"等成本项目设置明细科目，归集能够直接计入单位经营活动或采用一定方法计算后计入单位经营活动的费用。

"商品和服务费用"还应当按照"支付给本部门内部单位""支付给本部门以外的同级政府单位""支付给本部门以外的非同级政府单位""支付给其他单位"等支付对象进行明细核算，其中"支付给本部门内部单位""支付给本部门以外的同级政府单位""支付给本部门以外的非同级政府单位"应当按照具体的单位进行明细核算。

三、关联科目

本科目可关联"库存现金""银行存款""零余额账户用款额度""库存物品""应付职工薪酬""其他应交税费""其他应付款""其他应收款""固定资产""无形资产""固定资产累计折旧""无形资产累计摊销"等科目。

四、账务处理

1. 为经营活动人员计提的薪酬，按照计算确定的金额，借记本科目，贷记"应付职工薪酬"科目。

2. 开展经营活动领用或发出库存物品，按照物品实际成本，借记本科目，贷记"库存物品"科目。

3. 为经营活动所使用固定资产、无形资产计提的折旧、摊销，按照应提折旧、摊销额，借记本科目，贷记"固定资产累计折旧""无形资产累计摊销"科目。

4. 开展经营活动发生城市维护建设税、教育费附加、地方教育费附加、车船税、房产税、城镇土地使用税等，按照计算确定应交纳的金额，借记本科目，贷记"其他应交税费"等科目。

5. 发生与经营活动相关的其他各项费用时，按照费用确认金额，借记本科目，贷记"银行存款""其他应付款""其他应收款"等科目。涉及增值税业务的，相关账务处理参见"应交增值税"科目。

6. 发生当年购货退回等业务，对于已计入本年经营费用的，按照收回或应收的金额，借记"银行存款""其他应收款"等科目，贷记本科目。

7. 期末，将本科目本期发生额转入本期盈余，借记"本期盈余"科目，贷记本科目。

五、案例分析

【例 9-7】 某高中校内自营文化用品商店（非独立核算，下同），2020 年 3 月工作人员应发工资共计 12000 元，其中代扣个人应缴社会保险费 900 元、个人应缴基本医疗保险费 60 元、个人住房公积金 1200 元、个人所得税 20 元。本月单位负担基本养老保险费 1050 元、医疗保险费 50 元、个人住房公积金 1200 元。以上款项均使用银行存款支付。账务处理如下：

（1）计提应付职工薪酬

财务会计分录：

借：经营费用—工资福利费用　　　　　　　　　　14300
　　贷：应付职工薪酬—基本工资　　　　　　　　12000
　　　　应付职工薪酬—社会保险费—基本养老保险费—单位缴纳　1050
　　　　应付职工薪酬—社会保险费—基本医疗保险费—单位缴纳　50
　　　　应付职工薪酬—住房公积金—单位缴纳　　1200

不做预算会计分录

（2）实际支付工资并代扣各种税费

财务会计分录：

借：应付职工薪酬—基本工资　　　　　　　　　　12000
　　贷：银行存款　　　　　　　　　　　　　　　　9820
　　　　应付职工薪酬—社会保险费—基本养老保险费—代扣代缴　900
　　　　应付职工薪酬—社会保险费—基本医疗保险费—代扣代缴　60
　　　　应付职工薪酬—住房公积金—代扣代缴　　1200
　　　　其他应交税费—应缴个人所得税　　　　　　20

预算会计分录：

借：经营支出—工资福利支出—基本工资　　　　　9820
　　贷：资金结存—货币资金　　　　　　　　　　9820

（3）缴纳各种税费

财务会计分录：

借：应付职工薪酬—社会保险费—基本养老保险费—单位缴纳　1050
　　应付职工薪酬—社会保险费—基本医疗保险费—单位缴纳　50
　　应付职工薪酬—住房公积金—单位缴纳　　　　1200
　　应付职工薪酬—社会保险费—基本养老保险费—代扣代缴　900
　　应付职工薪酬—社会保险费—基本医疗保险费—代扣代缴　60

  应付职工薪酬—住房公积金—代扣代缴   1200
  其他应交税费—应缴个人所得税   20
   贷：银行存款   4480

预算会计分录：

  借：经营支出—工资福利支出—基本工资   2180
    经营支出—工资福利支出—基本养老保险缴费   1050
    经营支出—工资福利支出—基本医疗保险缴费   50
    经营支出—工资福利支出—住房公积金   1200
   贷：资金结存—货币资金   4480

【例 9-8】 接上例，该商店 2020 年 4 月 3 日从学校库房领用拖把等自用卫生工具价值 120 元。账务处理如下：

财务会计分录：

  借：经营费用—商品和服务费用   120
   贷：库存物品—卫生工具   120

不做预算会计分录

【例 9-9】 接上例，2020 年 6 月 8 日，学校为该商店购买空调一台 2160 元，使用银行存款支付。账务处理如下：

财务会计分录：

  借：固定资产—通用设备   2160
   贷：银行存款—银行存款   2160

预算会计分录：

  借：经营支出—资本性支出—办公设备购置   2160
   贷：资金结存—货币资金   2160

根据规定，空调计提折旧年限 6 年，当月起计提折旧。账务处理如下：

  借：经营费用—固定资产折旧费   30
   贷：固定资产累计折旧—通用设备   30

第五节 资产处置费用

一、科目简介

资产处置费用是指中小学校经批准处置资产时发生的费用，包括转销的被处置资产价值，以及在处置过程中发生的相关费用或者处置收入小于相关费用形成的净支出。资产处置的形式按照规定包括无偿调拨、出售、出让、转让、置换、对外捐赠、报废、毁损以及货币性资产损失核销等。

中小学校在资产清查中查明的资产盘亏、毁损以及资产报废等，应当先通过"待处理财产损溢"科目进行核算，再将处理资产价值和处理净支出计入本科目。

二、明细科目

中小学校应当按照处置资产的类别、资产处置的形式等进行明细核算。

三、关联科目

本科目可关联"库存现金""银行存款""零余额账户用款额度""库存物品""固定资产""无形资产""文物文化资产""其他应收款""在建工程""固定资产累计折旧""无形资产累计摊销""应缴财政款""待处理财产损溢"等科目。

四、账务处理

（一）不通过"待处理财产损溢"科目核算的资产处置

1. 按照规定报经批准处置资产时，按照处置资产的账面价值，借记本科目（处置固定资产、无形资产，还应借记"固定资产累计折旧""无形资产累计摊销"科目），按照处置资产的账面余额，贷记"库存物品""固定资产""无形资产""文物文化资产""其他应收款""在建工程"等科目。

2. 处置资产过程中仅发生相关费用的，按照实际发生金额，借记本科目，贷记"银行存款""库存现金"等科目。

3. 处置资产过程中取得收入的，按照取得的价款，借记"库存现金""银行存款"等科目，按照处置资产过程中发生的相关费用，贷记"银行存款""库存现金"等科目，按照其差额，借记本科目或贷记"应缴财政款"等科目。

（二）通过"待处理财产损溢"科目核算的资产处置

1. 中小学校账款核对中发现的现金短缺，属于无法查明原因的，报经批准核销时，借记本科目，贷记"待处理财产损溢"科目。

2. 中小学校资产清查过程中盘亏或者毁损、报废的存货、固定资产、无形资产、文物文化资产等，报经批准处理时，按照处理资产价值，借记本科目，贷记"待处理财产损溢—待处理财产价值"科目。处理收支结清时，处理过程中所取得收入小于所发生相关费用的，按照相关费用减去处理收入后的净支出，借记本科目，贷记"待处理财产损溢—处理净收入"科目。

（三）期末，将本科目本期发生额转入本期盈余，借记"本期盈余"科目，贷记本科目

期末结转后，本科目应无余额。

五、案例分析

【例9-10】某小学2020年3月2日处置笔记本电脑一台原值6000元，已经计提折旧5000元。经评估公司评估，处置收入2000元，评估费用500元，学校将支付评估费后的处置费用1500元上缴财政。账务处理如下：

（1）核销被处置固定资产

财务会计分录：

借：资产处置费用—固定资产　　　　1000
　　固定资产累计折旧—通用设备　　5000
　贷：固定资产—通用设备　　　　　　6000

不做预算会计分录

（2）处置资产取得收入，支付评估费

财务会计分录：

借：银行存款—银行存款　　　　　　2000
　贷：银行存款—银行存款　　　　　　500
　　　应缴财政款—应缴国库款　　　1500

不做预算会计分录

（3）将支付评估费后的处置费用上缴财政

财务会计分录：

借：应缴财政款—应缴国库款　　　　1500
　贷：银行存款—银行存款 1500

不做预算会计分录

【例 9-11】某小学 2020 年 4 月 6 日报废摄像机一台，原值 3000 元，已计提折旧 3000 元。经评估机构评估，变卖复印机取得收入 100 元，支付评估费用 500 元，其中 100 元使用处置资产过程中取得的收入支付，400 元使用财政授权支付的方式支付。

账务处理如下：

（1）核销被处置资产

财务会计分录：

借：固定资产累计折旧—通用设备　　　　　3000
　　贷：固定资产—通用设备　　　　　　　　3000

不做预算会计分录

（2）处置资产取得收入，支付评估费

财务会计分录：

借：银行存款—银行存款　　　　　　100
　　资产处置费用—固定资产　　　　400
　　贷：银行存款—银行存款　　　　　　　100
　　　　零余额账户用款额度　　　　　　　400

预算会计分录：

借：其他支出—同级财政拨款—商品和服务支出—咨询费　　400
　　贷：资金结存—零余额账户用款额度　　　　　　　　　　400

不做预算会计分录

【例 9-12】某中学 2020 年 3 月 9 日报废复印机 1 台，原值 5000 元，已计提折旧 4600 元，经评估机构评估，处置摄像机取得收入 300 元，支付评估费用 700 元，其中 300 元使用处置资产过程中取得的收入支付，400 元使用财政授权支付的方式支付。

账务处理如下：

（1）核销被处置资产

财务会计分录：

借：资产处置费用—固定资产　　　　　400
　　固定资产累计折旧—通用设备　　　4600
　　贷：固定资产—通用设备　　　　　　　5000

不做预算会计分录

（2）处置资产取得收入，支付评估费

财务会计分录：

借：银行存款—银行存款　　　　　　300

资产处置费用—固定资产　　　　　　400
　　　　贷：银行存款　　　　　　　　　　　　300
　　　　　　零余额账户用款额度　　　　　　400
　预算会计分录：
　借：其他支出—商品和服务支出　　　　400
　　　　贷：资金结存—零余额账户用款额度　　400
　不做预算会计分录

【例9-13】某初中2020年4月30日在库存现金盘点时发现现金盘亏300元，无法查明原因，经批准予以核销。账务处理如下：
（1）库存现金盘点
　财务会计分录：
　借：待处理财产损溢—待处理财产价值　　300
　　　　贷：库存现金—库存现金　　　　　　300
　预算会计分录：
　借：其他支出—其他资金支出—现金盘亏　300
　　　　贷：资金结存—货币资金　　　　　　300
（2）盘亏核销
　财务会计分录：
　借：资产处置费用—库存现金　　　　　300
　　　　贷：待处理财产损溢—待处理财产价值　300
　不做预算会计分录

第六节　上缴上级费用

一、科目简介

上缴上级费用是指中小学校按照财政部门和主管部门的规定上缴上级单位款项发生的费用。期末结转后，本科目应无余额。

二、明细科目

中小学校应当按照收缴款项单位、缴款项目等进行明细核算。

三、关联科目

本科目可关联"银行存款""其他应付款""本期盈余"等科目。

四、账务处理

1. 中小学校发生上缴上级支出的，按照实际上缴的金额或者按照规定计算出应当上缴上级单位的金额，借记本科目，贷记"银行存款""其他应付款"等科目。

2. 期末，将本科目本期发生额转入本期盈余，借记"本期盈余"科目，贷记本科目。

第七节 对附属单位补助费用

一、科目简介

对附属单位补助费用是指非义务教育阶段中小学校用财政拨款收入之外的收入对附属单位补助发生的费用。期末结转后，本科目应无余额。

二、明细科目

中小学校应应当按照接受补助单位、补助项目等进行明细核算。

三、关联科目

本科目可关联"银行存款""其他应付款""本期盈余"等科目。

四、账务处理

1. 中小学校发生对附属单位补助支出的，按照实际补助的金额或者按照规定计算出应当对附属单位补助的金额，借记本科目，贷记"银行存款""其他应付款"等科目。

2. 期末，将本科目本期发生额转入本期盈余，借记"本期盈余"科目，贷记本科目。

五、案例分析

【例9-14】 某职业学校使用事业收入资金,向附属幼儿园拨付10000元用于日常办公支出,使用银行存款拨付。账务处理如下:

财务会计分录:
借:对附属单位补助费用—幼儿园　　　　10000
　　贷:银行存款　　　　　　　　　10000
预算会计分录:
借:对附属单位补助支出—幼儿园　　　　10000
　　贷:资金结存—货币资金　　　　10000

第八节　所得税费用

一、科目简介

所得税费用是指有企业所得税缴纳义务的中小学校按规定缴纳企业所得税所形成的费用。年末结转后,本科目应无余额。

二、明细科目

本科目不需要设置明细科目。

三、关联科目

本科目可关联"其他应交税费""本期盈余"等科目。

四、账务处理

1. 发生企业所得税纳税义务的,按照税法规定计算的应交税金数额,借记本科目,贷记"其他应交税费—单位应交所得税"科目。

实际缴纳时,按照缴纳金额,借记"其他应交税费—单位应交所得税"科目,贷记"银行存款"科目。

2. 年末,将本科目本年发生额转入本期盈余,借记"本期盈余"科目,贷记本科目。

五、案例分析

【例9-15】2019年5月，某成人学校非独立核算校办工厂，按照税法规定计算当月应缴所得税为10000元。账务处理如下：

财务会计分录：

借：所得税费用　　　　　　　　　　　　10000
　　贷：其他应交税费—单位应交所得税　　　　10000

不做预算会计分录

【例9-16】接上例，2020年3月，该学校实际缴纳上年应缴所得税90000元。账务处理如下：

财务会计分录：

借：其他应交税费—单位应交所得税　　　　90000
　　贷：银行存款　　　　　　　　　　　　90000

预算会计分录：

借：非财政拨款结余—累计结余　　　　　　90000
　　贷：资金结存—货币资金　　　　　　　　90000

第九节　其他费用

一、科目简介

其他费用是指中小学校发生的除业务活动费用、单位管理费用、经营费用、资产处置费用、上缴上级费用、附属单位补助费用、所得税费用以外的各项费用，包括利息费用、坏账损失、罚没支出、现金资产捐赠支出以及相关税费、运输费等。期末结转后，本科目应无余额。

二、明细科目

中小学校应当按照其他费用的类别等进行明细核算。如果中小学校发生的利息费用较多的，可以单独设置"5701利息费用"科目。

三、关联科目

本科目可关联"库存现金""银行存款""零余额账户用款额度""应付利息""长期借款""其他应付款""财政拨款收入"等科目。

四、账务处理

（一）利息费用

按期计算确认借款利息费用时，按照计算确定的金额，借记"在建工程"科目或本科目，贷记"应付利息""长期借款—应计利息"科目。

（二）坏账损失

年末，中小学校按照规定对收回后不需上缴财政的应收账款和其他应收款计提坏账准备时，按照计提金额，借记本科目，贷记"坏账准备"科目；冲减多提的坏账准备时，按照冲减金额，借记"坏账准备"科目，贷记本科目。

（三）罚没支出

中小学校发生罚没支出的，按照实际缴纳或应当缴纳的金额，借记本科目，贷记"银行存款""库存现金""其他应付款"等科目。

（四）现金资产捐赠

中小学校对外捐赠现金资产的，按照实际捐赠的金额，借记本科目，贷记"银行存款""库存现金"等科目。

（五）其他相关费用

中小学校接受捐赠（或无偿调入）以名义金额计量的存货、固定资产、无形资产，以及成本无法可靠取得的公共基础设施、文物文化资产等发生的相关税费、运输费等，按照实际支付的金额，借记本科目，贷记"财政拨款收入""零余额账户用款额度""银行存款""库存现金"等科目。

中小学校发生的与受托代理资产相关的税费、运输费、保管费等，按照实际支付或应付的金额，借记本科目，贷记"零余额账户用款额度""银行存款""库存现金""其他应付款"等科目。

（六）期末，将本科目本期发生额转入本期盈余，借记"本期盈余"科目，贷记本科目。

五、案例分析

【例9-17】2020年3月，某高中因学校建设向中国银行借入三年期贷款，经计算每月需要负担借款利息 12000 元。账务处理如下：

财务会计分录：

借：其他费用—利息费用　　　　　　12000
　　贷：长期借款—应计利息　　　　　　12000

不做预算会计分录

【例 9-18】某高中因未按时缴纳个人所得税，发生滞纳金 500 元，使用银行存款支付。账务处理如下：

财务会计分录：

借：其他费用—罚没支出　　　　　500
　　贷：银行存款　　　　　500

预算会计分录：

借：其他支出—罚没支出　　　　　500
　　贷：资金结存—货币资金　　　　　　500

【例 9-19】某小学接受社会捐赠课桌一批，运输费 700 元由学校承担，使用银行存款支付。账务处理如下：

财务会计分录：

借：其他费用—接受捐赠费用　　　　　　700
　　贷：银行存款—银行存款　　　　　　700

预算会计分录：

借：其他支出—接受捐赠税费支出　　　　700
　　贷：资金结存—货币资金　　　　　　700

第十章 预算收入

第一节 预算收入概述

预算收入是指中小学校在预算年度内依法取得的并纳入预算管理的现金流入。预算收入一般在实际收到时予以确认，以实际收到的金额计量。

中小学校的收入按来源可以分为财政拨款预算收入、事业预算收入、上级补助预算收入、附属单位上缴预算收入、经营预算收入、债务预算收入、非同级财政拨款预算收入、投资预算收益、其他预算收入等。

第二节 财政拨款预算收入

一、科目简介

本科目核算中小学校从同级政府财政部门取得的各类财政预算拨款，包括主管部门和财政部门拨给学校的预算资金。年末结转后，本科目应无余额。

二、明细科目

本科目应设置"基本支出"和"项目支出"两个明细科目，并按照《政府收支分类科目》中"支出功能分类科目"的项级科目进行明细核算；同时，在"基本支出"明细科目下按照"人员经费"和"日常公用经费"进行明细核算，在"项目支出"明细科目下按照具体项目进行明细核算。

有一般公共预算财政拨款、政府性基金预算财政拨款等两种或两种以上财政拨款的学校，还应按照财政拨款的种类进行明细核算。

三、关联科目

本科目可关联"资金结存""事业支出""事业预算收入""财政拨款结转""非财政拨款结转"等科目。

四、账务处理

1. 财政直接支付方式下,学校根据收到的"财政直接支付入账通知书"及相关原始凭证,按照通知书中的直接支付金额,借记"事业支出"等科目,贷记本科目。

年末,根据本年度财政直接支付预算指标数与当年财政直接支付实际支出数的差额,借记"资金结存—财政应返还额度"科目,贷记本科目。

2. 财政授权支付方式下,单位根据收到的"财政授权支付额度到账通知书",按照通知书中的授权支付额度借记"资金结存—零余额账户用款额度"科目,贷记本科目。

年末,单位本年度财政授权支付预算指标数大于零余额账户用款额度下达数的,按照两者差额,借记"资金结存—财政应返还额度"科目,贷记本科目。

3. 其他方式下,单位按照本期预算收到财政拨款预算收入时,按照实际收到的金额,借记"资金结存—货币资金"科目,贷记本科目。

单位收到下期预算的财政预拨款,应当在下个预算期,按照预收的金额,借记"资金结存—货币资金"科目,贷记本科目。

4. 因差错更正、购货退回等发生国库直接支付款项退回的,属于本年度支付的款项,按照退回金额,借记本科目,贷记"事业支出"等科目。

5. 年末,将本科目本年发生额转入财政拨款结转,借记本科目,贷记"财政拨款结转—本年收支结转"科目。

五、案例分析

【例10-1】 2020年2月1日,某学校收到财政授权支付额度到账通知书,内容为第一季度公用经费100000元。账务处理如下:

财务会计分录:
  借:零余额账户用款额度 100000
    贷:财政拨款收入 100000
预算会计分录:
  借:资金结存—零余额账户用款额度 100000

贷：财政拨款预算收入　　100000

【例10-2】2020年3月1日，某学校收到财政直接支付入账通知书，内容为学校在职教师工资80000元。账务处理如下：

财务会计分录：

借：应付职工薪酬　　80000

　　贷：财政拨款收入　　80000

预算会计分录：

借：事业支出—工资福利支出　　80000

　　贷：财政拨款预算收入　　80000

第三节　事业预算收入

一、科目简介

本科目核算中小学校开展专业业务活动及其辅助活动取得的现金流入。中小学校因开展科研及其辅助活动从非同级政府财政部门取得的经费拨款，也通过本科目核算。年末结转后，本科目应无余额。

二、明细科目

本科目应按照事业预算收入类别、项目、来源、《政府收支分类科目》中"支出功能分类科目"项级科目等进行明细核算。对于因开展科研及其辅助活动从非同级政府财政部门取得的经费拨款，应在本科目下单设"非同级财政拨款"明细科目进行明细核算；事业预算收入中如有专项资金收入，还应按照具体项目进行明细核算。

三、关联科目

本科目可关联"资金结存""非财政拨款结转""其他结余"等科目。

四、账务处理

1.采用财政专户返还方式管理的事业预算收入，收到从财政专户返还的事业预算收入时，按照实际收到的返还金额，借记"资金结存—货币资金"科目，贷记本科目。

2. 收到其他事业预算收入时，按照实际收到的款项金额，借记"资金结存—货币资金"科目，贷记本科目。

3. 年末，将本科目本年发生额中的专项资金收入转入非财政拨款结转，借记本科目下各专项资金收入明细科目，贷记"非财政拨款结转—本年收支结转"科目；将本科目本年发生额中的非专项资金收入转入其他结余，借记本科目下各非专项资金收入明细科目，贷记"其他结余"科目。

五、案例分析

【例10-3】2020年3月，某高中收取学费时，学生家长使用微信、支付宝扫描二维码缴费到学校银行账户，共计100000元。并及时上缴财政专户。账务处理如下：

财务会计分录：

借：银行存款　　100000
　　贷：应缴财政款—应缴财政专户款　100000
借：应缴财政款—应缴财政专户款　100000
　　贷：银行存款　　　　　100000

不做预算会计分录

两周后，经财政批准，根据学校资金支出计划，财政将专户资金100000拨付学校。账务处理如下：

财务会计分录：

借：银行存款　　100000
　　贷：事业收入　　100000

预算会计分录：

借：资金结存—货币资金　　100000
　　贷：事业预算收入　　100000

第四节　上级补助预算收入

一、科目简介

本科目核算中小学校从主管部门和上级单位取得的非财政补助现金流入。年末结转后，本科目应无余额。

二、明细科目

本科目应按照发放补助单位、补助项目、《政府收支分类科目》中"支出功能分类科目"的项级科目等进行明细核算。上级补助预算收入中如有专项资金收入，还应按照具体项目进行明细核算。

三、关联科目

本科目可关联"资金结存""非财政补助结转""其他结余"等科目。

四、账务处理

1. 收到上级补助预算收入时，按照实际收到的金额，借记"资金结存—货币资金"科目，贷记本科目。

2. 年末，将本科目本年发生额中的专项资金收入转入非财政拨款结转，借记本科目下各专项资金收入明细科目，贷记"非财政拨款结转—本年收支结转"科目；将本科目本年发生额中的非专项资金收入转入其他结余，借记本科目下各非专项资金收入明细科目，贷记"其他结余"科目。

五、案例分析

【例10-4】某学校年终结转上级补助收入科目，其中非专项资金贷方余额20000元。账务处理如下：

预算会计分录：
借：上级补助预算收入　　20000
　　贷：其他结余　　　　　20000

第五节　附属单位上缴预算收入

一、科目简介

本科目核算中小学校取得附属独立核算单位根据有关规定上缴的现金流入。年末结转后，本科目应无余额。

二、明细科目

本科目应按照附属单位、缴款项目、《政府收支分类科目》中"支出功能分类科目"的项级科目等进行明细核算。附属单位上缴预算收入中如有专项资金收入，还应按照具体项目进行明细核算。

三、关联科目

本科目可关联"资金结存""非财政补助结转""其他结余"等科目。

四、账务处理

1. 收到附属单位缴来款项时，按照实际收到的金额，借记"资金结存—货币资金"科目，贷记本科目。

2. 年末，将本科目本年发生额中的专项资金收入转入非财政拨款结转，借记本科目下各专项资金收入明细科目，贷记"非财政拨款结转—本年收支结转"科目；将本科目本年发生额中的非专项资金收入转入其他结余，借记本科目下各非专项资金收入明细科目，贷记"其他结余"科目。

五、案例分析

【例10-5】某学校年终结账时，附属单位上缴预算收入科目的贷方余额为10000元，均为非专项资金收入。账务处理如下：

预算会计分录：

借：附属单位上缴预算收入　10000
　　贷：其他结余　10000

第六节　经营预算收入

一、科目简介

本科目核算非义务阶段中小学校在专业业务活动及其辅助活动之外开展非独立核

算经营活动取得的现金流入。年末结转后，本科目应无余额。

二、明细科目

本科目应按照经营活动类别、项目、《政府收支分类科目》中"支出功能分类科目"的项级科目等进行明细核算。

三、关联科目

本科目可关联"资金结存""经营结余"等科目。

四、账务处理

1. 收到经营预算收入时，按照实际收到的金额，借记"资金结存—货币资金"科目，贷记本科目。

2. 年末，将本科目本年发生额转入经营结余，借记本科目，贷记"经营结余"科目。

第七节　债务预算收入

一、科目简介

本科目核算非义务阶段中小学校按照规定从银行和其他金融机构等借入的、纳入部门预算管理的、不以财政资金作为偿还来源的债务本金。年末结转后，本科目应无余额。

二、明细科目

本科目应按照贷款单位、贷款种类、《政府收支分类科目》中"支出功能分类科目"的项级科目等进行明细核算。债务预算收入中如有专项资金收入，还应按照具体项目进行明细核算。

三、关联科目

本科目可关联"资金结存""债务还本支出""非财政拨款结转""其他结余"等科目。

四、账务处理

1. 借入各项短期或长期借款时，按照实际借入的金额，借记"资金结存—货币资金"科目，贷记本科目。

2. 年末，将本科目本年发生额中的专项资金收入转入非财政拨款结转，借记本科目下各专项资金收入明细科目，贷记"非财政拨款结转—本年收支结转"科目；将本科目本年发生额中的非专项资金收入转入其他结余，借记本科目下各非专项资金收入明细科目，贷记"其他结余"科目。

第八节 非同级财政拨款预算收入

一、科目简介

本科目核算各类学校从非同级政府财政部门取得的财政拨款，包括本级横向转拨财政款和非本级财政拨款。对于因开展科研及其辅助活动从非同级政府财政部门取得的经费拨款，应当通过"事业预算收入—非同级财政拨款"科目进行核算，不通过本科目核算。年末结转后，本科目应无余额。

二、明细科目

本科目应按照非同级财政拨款预算收入的类别、来源、《政府收支分类科目》中"支出功能分类科目"的项级科目等进行明细核算。非同级财政拨款预算收入中如有专项资金收入，还应按照具体项目进行明细核算。

三、关联科目

本科目可关联"资金结存""非财政拨款结转""其他结余"等科目。

四、账务处理

1. 取得非同级财政拨款预算收入时,按照实际收到的金额,借记"资金结存—货币资金"科目,贷记本科目。

2. 年末,将本科目本年发生额中的专项资金收入转入非财政拨款结转,借记本科目下各专项资金收入明细科目,贷记"非财政拨款结转—本年收支结转"科目;将本科目本年发生额中的非专项资金收入转入其他结余,借记本科目下各非专项资金收入明细科目,贷记"其他结余"科目。

五、案例分析

【例10-6】某学校年终结账时,非同级财政拨款预算收入贷方余额8000元,均为非专项资金。账务处理如下:

预算会计分录:

借:非同级财政拨款预算收入　　8000

　　贷:其他结余　　　　　　　　8000

第九节　投资预算收益

一、科目简介

本科目核算非义务教育阶段中小学校取得的按照规定纳入部门预算管理的属于投资收益性质的现金流入,包括股权投资收益、出售或收回债券投资所取得的收益和债券投资利息收入。年末结转后,本科目应无余额。

二、明细科目

本科目应当按照《政府收支分类科目》中"支出功能分类科目"的项级科目等进行明细核算。

三、关联科目

本科目可关联"资金结存""投资支出""其他结余"等科目。

四、账务处理

1. 出售或到期收回本年度取得的短期、长期债券,按照实际取得的价款或实际收到的本息金额,借记"资金结存—货币资金"科目,按照取得债券时"投资支出"科目的发生额,贷记"投资支出"科目,按照其差额,贷记或借记本科目。

出售或到期收回以前年度取得的短期、长期债券,按照实际取得的价款或实际收到的本息金额,借记"资金结存—货币资金"科目,按照取得债券时"投资支出"科目的发生额,贷记"其他结余"科目,按照其差额,贷记或借记本科目。

出售、转让以货币资金取得的长期股权投资的,其账务处理参照出售或到期收回债券投资。

2. 持有的短期投资以及分期付息、一次还本的长期债券投资收到利息时,按照实际收到的金额,借记"资金结存—货币资金"科目,贷记本科目。

3. 持有长期股权投资取得被投资单位分派的现金股利或利润时,按照实际收到的金额,借记"资金结存—货币资金"科目,贷记本科目。

4. 出售、转让以非货币性资产取得的长期股权投资时,按照实际取得的价款扣减支付的相关费用和应缴财政款后的余额(按照规定纳入单位预算管理的),借记"资金结存—货币资金"科目,贷记本科目。

5. 年末,将本科目本年发生额转入其他结余,借记或贷记本科目,贷记或借记"其他结余"科目。

第十节 其他预算收入

一、科目简介

本科目核算各类学校除财政拨款预算收入、事业预算收和、上级补助预算收入、附属单位上缴预算收入、经营预算收入、债务预算收入、非同级财政拨款预算收入、投资预算收益之外的纳入部门预算管理的现金流入,包括捐赠预算收入、利息预算收入租金预算收入、现金盘盈收入等。年末结转后,本科目应无余额。

二、明细科目

本科目应按照其他收入类别、《政府收支分类科目》中"支出功能分类科目"的项级科目等进行明细核算。其他预算收入中如有专项资金收入，还应按照具体项目进行明细核算。

各类学校发生的捐赠预算收入、利息预算收入、租金预算收入金额较大或业务较多的，可单独设置"6603 捐赠预算收入""6604 利息预算收入""6605 租金预算收入"等科目。

三、关联科目

本科目可关联"资金结存""其他支出""非财政拨款结转""其他结余"等科目。

四、账务处理

1. 接受捐赠现金资产收到银行存款利息、收到资产承租人支付的租金时，按照实际收到的金额，借记"资金结存—货币资金"科目，贷记本科目。

2. 每日现金账款核对中如发现现金溢余，按照溢余的现金金额，借记"资金结存—货币资金"科目，贷记本科目。经核实，属于应支付给有关个人和单位的部分，按照实际支付的金额，借记本科目，贷记"资金结存—货币资金"科目。

3. 收到其他预算收入时，按照收到的金额，借记"资金结存—货币资金"科目，贷记本科目。

4. 年末，将本科目本年发生额中的专项资金收入转入非财政拨款结转，借记本科目下各专项资金收入明细科目，贷记"非财政拨款结转—本年收支结转"科目；将本科目本年发生额中的非专项资金收入转入其他结余，借记本科目下各非专项资金收入明细科目，贷记"其他结余"科目。

第十一章 预算支出

第一节 预算支出概述

预算支出是指中小学校在预算年度内依法发生并纳入预算管理的现金流出。预算支出一般在实际支付时予以确认,以实际支付的金额计量。

第二节 事业支出

一、科目简介

事业支出是指中小学校开展专业业务活动及其辅助活动实际发生的各项现金流出。年末结转后,本科目应无余额。

二、明细科目

根据《政府会计制度——行政事业单位会计科目和报表》及财政部《关于中小学校执行〈政府会计制度——行政事业单位会计科目和报表〉的补充规定》中小学校应当分别按照"同级财政拨款""事业收入""非同级财政拨款"和"其他资金","基本支出"和"项目支出"等进行明细核算,并按照《政府收支分类科目》中"支出功能分类科目"的项级科目进行明细核算;"基本支出"和"项目支出"明细科目下应当按照《政府收支分类科目》中"部门预算支出经济分类科目"的款级科目进行明细核算,同时在"项目支出"明细科目下按照具体项目进行明细核算。

有一般公共预算财政拨款、政府性基金预算财政拨款等两种或两种以上财政拨款的事业单位,还应当在"同级财政拨款"明细科目下按财政拨款的种类进行明细核算。

对于预付款项,可通过在本科目下设置"待处理"明细科目进行明细核算,待确认具体支出项目后再转入本科目下相关明细科目。年末结账前,应将本科目"待处理"明细科目余额全部转入本科目下相关明细科目。

三、难点解析

(一)中小学校事业支出明细科目设置

在中小学校会计实务中,事业支出是用得最多的一个预算支出科目,事业支出明细科目设置是年终决算的前提和基础,也是预算会计核算的重点和难点。

中小学校事业支出明细科目主要参照以下两个文件来进行设置:

文件1:财政部关于印发《政府会计制度—行政事业单位会计科目和报表》的通知(财会〔2017〕25号)

文件2:财政部关于印发中小学校执行《政府会计制度——行政事业单位会计科目和报表》的补充规定和衔接规定的通知(财会〔2018〕20号)

表 11–1　　　　　　　　　　事业支出科目设置

一级科目	事业支出							
二级科目	同级财政拨款		事业收入		非同级财政拨款		其他资金	
三级科目	基本支出	项目支出	基本支出	项目支出	基本支出	项目支出	基本支出	项目支出

《政府会计制度》规定,还要按照《政府收支分类科目》中"支出功能分类科目"的项级科目(表11–2)进行明细核算;"基本支出"和"项目支出"明细科目下应当按照《政府收支分类科目》中"部门预算支出经济分类科目"的款级科目(表11–3)进行明细核算,同时在"项目支出"明细科目下按照具体项目进行明细核算。

有一般公共预算财政拨款、政府性基金预算财政拨款等两种或两种以上财政拨款的事业单位,还应当在"财政拨款支出"明细科目下按照财政拨款的种类进行明细核算。

表 11–2　　　　一般公共预算支出功能分类科目(教育支出)

科目代码			科目名称	说明
类	款	项		
205	02		**普通教育**	**反映各类普通教育支出。**
205	02	01	学前教育	反映各部门举办的学前教育支出。

续表

科目代码			科目名称	说明
类	款	项		
205	02	02	小学教育	反映各部门举办的小学教育支出。政府各部门对社会中介组织等举办的小学的资助，如各类捐赠、补贴等，也在本科目中反映。
205	02	03	初中教育	反映各部门举办的初中教育支出。政府各部门对社会中介组织等举办的初中教育的资助，如捐赠、补贴等，也在本科目中反映。
205	02	04	高中教育	反映各部门举办的高级中学教育支出。政府各部门对社会中介组织等举办的高级中学的资助，如捐赠、补贴等，也在本科目中反映。
205	02	05	高等教育	反映经国家批准设立的中央和省、自治区、直辖市各部门所属的全日制普通高等院校（包括研究生）的支出。政府各部门对社会中介组织等举办的各类高等院校的资助，如捐赠、补贴等，也在本科目中反映。
205	02	06	化解农村义务教育债务支出	反映化解农村义务教育债务支出。
205	02	07	化解普通高中债务支出	反映化解公办普通高中债务支出。
205	02	99	其他普通教育支出	反映除上述项目以外其他用于普通教育方面的支出。
205	03		**职业教育**	**反映各部门举办的各类职业教育支出。**
205	03	01	初等职业教育	反映各部门举办的初等职业教育支出。
205	03	02	中等职业教育	反映各部门（不含人力资源社会保障部门）举办的中等职业学校支出。
205	03	03	技校教育	反映人力资源社会保障部门举办的技工学校支出。
205	03	05	高等职业教育	反映经国家批准设立的高等职业大学、专科职业教育等方面的支出。
205	03	99	其他职业教育支出	反映除上述项目以外其他用于职业教育方面的支出。
205	04		**成人教育**	**反映各部门举办函授、夜大、自学考试等成人教育的支出。**
205	04	01	成人初等教育	反映各部门举办各类成人初等教育的支出。
205	04	02	成人中等教育	反映各部门举办各类成人中等教育的支出。
205	04	03	成人高等教育	反映各部门举办函授、夜大、高等教育自学考试等方面的支出。
205	04	04	成人广播电视教育	反映各部门举办成人广播电视教育的支出。

续表

科目代码			科目名称	说明
类	款	项		
205	04	99	其他成人教育支出	反映除上述项目以外其他用于成人教育方面的支出。
205	05		**广播电视教育**	**反映广播电视教育支出。**
205	05	01	广播电视学校	反映各部门举办广播电视学校的支出。
205	05	02	教育电视台	反映教育电视台的支出。
205	05	99	其他广播电视教育支出	反映除上述项目以外其他用于广播电视教育方面的支出。
205	06		**留学教育**	**反映经国家批准，由教育部门统一归口管理的出国、来华留学生支出。**
205	06	01	出国留学教育	反映资助出国留学生以及为出国留学生举办的专门学校的支出。
205	06	02	来华留学教育	反映资助来华留学生支出。
205	06	99	其他留学教育支出	反映除上述项目以外其他用于留学教育方面的支出。
205	07		**特殊教育**	**反映各部门举办的盲童学校、聋哑学校、智力落后儿童学校、其他生理缺陷儿童学校和工读学校支出。**
205	07	01	特殊学校教育	反映各部门举办盲童学校、聋哑学校、智力落后儿童学校、其他生理缺陷儿童学校的支出。
205	07	02	工读学校教育	反映各部门举办工读学校的支出。
205	07	99	其他特殊教育支出	反映除上述项目以外其他用于特殊教育方面的支出。
205	08		**进修及培训**	**反映教师进修及干部培训等方面的支出。**
205	08	01	教师进修	反映教师进修、师资培训支出。
205	08	02	干部教育	反映各级党校、行政学院、社会主义学院、国家会计学院的支出。包括机构运转、招聘师资、举办各类培训班的支出等。
205	08	03	培训支出	反映各部门安排的用于培训的支出。教育部门的师资培训，党校、行政学院等专业干部教育机构的支出，以及退役士兵、转业士官的培训支出，不在本科目反映。
205	08	04	退役士兵能力提升	反映退役士兵技能培训支出，以及转业士官待分配期间培训支出。
205	08	99	其他进修及培训	反映除上述项目以外其他用于进修及培训方面的支出。
205	09		**教育费附加安排的支出**	**反映用教育费附加安排的支出。**

续表

科目代码			科目名称	说明
类	款	项		
205	09	01	农村中小学校舍建设	反映教育费附加安排用于农村中小学校舍新建、改建、修缮和维护的支出。
205	09	02	农村中小学教学设施	反映教育费附加安排用于改善农村中小学教学设施和办学条件的支出。
205	09	03	城市中小学校舍建设	反映教育费附加安排用于城市中小学校舍新建、改建、修缮和维护的支出。
205	09	04	城市中小学教学设施	反映教育费附加安排用于改善城市中小学教学设施和办学条件的支出。
205	09	05	中等职业学校教学设施	反映教育费附加安排用于中等职业学校教学设施的支出。
205	09	99	其他教育费附加安排的支出	反映除上述项目以外的教育费附加支出。
205	99		**其他教育支出**	**反映除上述项目以外其他用于教育方面的支出。**
205	99	99	其他教育支出	反映除上述项目以外其他用于教育方面的支出。

表 11–3　　　　　　　　　2019 部门预算支出经济分类科目

科目代码		科目名称	说明
类	款		
301		**工资福利支出**	**反映单位开支的在职职工和编外长期聘用人员的各类劳动报酬，以及为上述人员缴纳的各项社会保险费等。**
301	1	基本工资	反映按规定发放的基本工资，包括公务员的职务工资、级别工资；机关工人的岗位工资、技术等级工资；事业单位工作人员的岗位工资、薪级工资；各类学校毕业生试用期（见习期）工资、新参加工作工人学徒期、熟练期工资；军队（含武警）军官、文职干部的职务（专业技术等级）工资、军衔（级别）工资和军龄工资；军队士官的军衔等级工资和军龄工资等。
301	2	津贴补贴	反映按规定发放的津贴、补贴，包括机关工作人员工作性津贴、生活性补贴、地区附加津贴、岗位津贴，机关事业单位艰苦边远地区津贴，事业单位工作人员特殊岗位津贴补贴，机关事业单位提租补贴、购房补贴、采暖补贴、物业服务补贴等。
301	3	奖金	反映按规定发放的奖金，包括机关工作人员年终一次性奖金等。

续表

科目代码		科目名称	说明
类	款		
301	6	伙食补助费	反映单位发给职工的伙食补助费，因公负伤等住院治疗、住疗养院期间的伙食补助费，军队（含武警）人员的伙食费等。
301	7	绩效工资	反映事业单位工作人员的绩效工资。
301	8	基本养老保险缴费	反映单位为职工缴纳的基本养老保险费。由单位代扣的工作人员基本养老保险缴费，不在此科目反映。
301	9	职业年金缴费	反映单位为职工实际缴纳的职业年金（含职业年金补记支出）。由单位代扣的工作人员职业年金缴费，不在此科目反映。
301	10	基本医疗保险缴费	反映单位为职工缴纳的基本医疗保险费。
301	12	其他社会保障缴费	反映单位为职工缴纳的失业、工伤、生育等社会保险费，残疾人就业保障金，军队（含武警）为军人缴纳的退役养老、医疗等社会保险费。生育保险和职工基本医疗保险合并实施的地区，相关缴费不在此科目反映。
301	13	住房公积金	反映单位按规定为职工缴纳的住房公积金。
301	14	医疗费	反映未参加医疗保险单位的医疗经费和单位按规定为职工支出的其他医疗费用。
301	99	其他工资福利支出	反映上述科目未包括的工资福利支出，如各种加班工资、病假两个月以上期间的人员工资，职工探亲旅费，困难职工生活补助，编制外长期聘用人员（不包括劳务派遣人员）劳务报酬及社保缴费，公务员及参照公务员法管理的事业单位工作人员转入企业工作并按规定参加企业职工基本养老保险后给予的一次性补贴等。
302		商品和服务支出	**反映单位购买商品和服务的支出，不包括用于购置固定资产、战略性和应急性物资储备等资本性支出。**
302	1	办公费	反映单位购买日常办公用品、书报杂志等支出。
302	2	印刷费	反映单位的印刷费支出。
302	3	咨询费	反映单位咨询方面的支出。
302	4	手续费	反映单位的各类手续费支出。
302	5	水费	反映单位的水费、污水处理费等支出。

续表

科目代码		科目名称	说明
类	款		
302	6	电费	反映单位的电费支出。
302	7	邮电费	反映单位开支的信函、包裹、货物等物品的邮寄费及电话费、电报费、传真费、网络通信费等。
302	8	取暖费	反映单位取暖用燃料费、热力费、炉具购置费、锅炉临时工的工资、节煤奖以及由单位支付的未实行职工住房采暖补贴改革的在职职工和离退休人员宿舍取暖费。
302	9	物业管理费	反映单位开支的办公用房以及未实行职工住宅物业服务改革的在职职工和离退休人员宿舍等的物业管理费，包括综合治理、绿化、卫生等方面的支出。
302	11	差旅费	反映单位工作人员国（境）内出差发生的城市间交通费、住宿费、伙食补助费和市内交通费。
302	12	因公出国（境）费用	反映单位公务出国（境）的国际旅费、国外城市间交通费、住宿费、伙食费、培训费、公杂费等支出。
302	13	维修（护）费	反映单位日常开支的固定资产（不包括车船等交通工具）修理和维护费用，网络信息系统运行与维护费用，以及按规定提取的修购基金。
302	14	租赁费	反映租赁办公用房、宿舍、专用通讯网以及其他设备等方面的费用。
302	15	会议费	反映单位在会议期间按规定开支的住宿费、伙食费、会议场地租金、交通费、文件印刷费、医药费等。
302	16	培训费	反映除因公出国（境）培训费以外的，在培训期间发生的师资费、住宿费、伙食费、培训场地费、培训资料费、交通费等各类培训费用。教师培训费按照学校年度公用经费预算总额的5%安排。
302	17	公务接待费	反映单位按规定开支的各类公务接待（含外宾接待）费用。
302	18	专用材料费	反映单位购买日常专用材料的支出。具体包括药品及医疗耗材，农用材料，兽医用品，实验室用品，专用服装，消耗性体育用品，专用工具和仪器，艺术部门专用材料和用品，广播电视台发射台发射机的电力、材料等方面的支出。
302	26	劳务费	反映支付给外单位和个人的劳务费用，如临时聘用人员、钟点工工资，稿费、翻译费、评审费等。

续表

科目代码		科目名称	说明
类	款		
302	27	委托业务费	反映因委托外单位办理业务而支付的委托业务费。
302	28	工会经费	反映单位按规定提取或安排的工会经费。
302	29	福利费	反映单位按规定提取的职工福利费。
302	31	公务用车运行维护费	反映单位按规定保留的公务用车燃料费、维修费、过桥过路费、保险费、安全奖励费用等支出。
302	39	其他交通费用	反映单位除公务用车运行维护费以外的其他交通费用。如公务交通补贴，租车费用、出租车费用、飞机、船舶等的燃料费、维修费、保险费等。
302	40	税金及附加费用	反映单位提供劳务或销售产品应负担的税金及附加费用，包括消费税、城市维护建设税、资源税和教育费附加等。
302	99	其他商品和服务支出	反映上述科目未包括的日常公用支出。如诉讼费、国内组织的会员费、来访费、广告宣传费以及离休人员特需费、离退休人员公用经费等。
303		对个人和家庭的补助	反映政府用于对个人和家庭的补助支出。
303	1	离休费	反映机关事业单位和军队移交政府安置的离休人员的离休费、护理费以及提租补贴、购房补贴、采暖补贴、物业服务补贴等补贴。
303	2	退休费	反映机关事业单位和军队移交政府安置的退休人员的退休费以及提租补贴、购房补贴、采暖补贴、物业服务补贴等补贴。
303	3	退职（役）费	反映机关事业单位退职人员的生活补贴，一次性支付给职工或军官、军队无军籍退职职工、运动员的退职补助，一次性支付给军官、文职干部、士官、义务兵的退役费，按月支付给自主择业的军队转业干部的退役金。
303	4	抚恤金	反映按规定开支的烈士遗属、牺牲病故人员遗属的一次性和定期抚恤金，伤残人员的抚恤金，离退休人员等其他人员的各项抚恤金，以及按规定开支的机关事业单位职工和离退休人员丧葬费。
303	5	生活补助	反映按规定开支的优抚对象定期定量生活补助费，退役军人生活补助费，机关事业单位职工遗属生活补助，长期赡养人员补助费，由于国家实行退耕还林禁牧舍饲政策补偿给农牧民的现金、粮食支出，对农村党员、复员军人以及村干部的补助支出，人犯的伙食费、药费等。

续表

科目代码		科目名称	说 明
类	款		
303	7	医疗费补助	反映机关事业单位和军队移交政府安置的离退休人员的医疗费，学生医疗费，优抚对象医疗补助，按国家规定资助居民参加城乡居民医疗保险（包括尚未整合的新型农村合作医疗、城镇居民基本医疗保险）的支出，对城乡贫困家庭的医疗救助支出。
303	8	助学金	反映学校学生助学金、奖学金、学生贷款、出国留学（实习）人员生活费，青少年业余体校学员伙食补助费和生活费补贴，按照协议由我方负担或享受我方奖学金的来华留学生、进修生生活费等。
303	9	奖励金	反映对个体私营经济的奖励、计划生育目标责任奖励、独生子女父母奖励等。
303	99	其他对个人和家庭的补助	反映未包括在上述科目的对个人和家庭的补助支出，如婴幼儿补贴、离退人员及随行家属路费、符合条件的退役回乡义务兵一次性建房补助、符合安置条件的城镇退役士兵自谋职业的一次性经济补助费、保障性住房租金补贴等。
310		资本性支出	**反映各单位安排的资本性支出。切块由发展改革部门安排的基本建设支出不在此科目反映。**
310	1	房屋建筑物购建	反映用于购买、自行建造办公用房、仓库、职工生活用房、教学科研用房、学生宿舍、食堂等建筑物（含附属设施，如电梯、通信线路、水气管道等）的支出。
310	2	办公设备购置	反映用于购置并按财务会计制度规定纳入固定资产核算范围的办公家具和办公设备的支出，以及按规定提取的修购基金。
310	3	专用设备购置	反映用于购置具有专门用途、并按财务会计制度规定纳入固定资产核算范围的各类专用设备的支出。如通信设备、发电设备、交通监控设备、卫星转发器、气象设备、进出口监管设备等，以及按规定提取的修购基金。
310	6	大型修缮	反映按财务会计制度规定允许资本化的各类设备、建筑物、公共基础设施等大型修缮的支出。
310	7	信息网络及软件购置更新	反映用于信息网络和软件方面的支出。如服务器购置、软件购置、开发、应用支出等，如果购置的相关硬件、软件等不符合财务会计制度规定的固定资产确认标准的，不在此科目反映。
310	21	文物和陈列品购置	反映文物和陈列品购置支出。
310	22	无形资产购置	反映著作权、商标权、专利权、土地使用权等无形资产购置支出。软件购置、开发、应用支出不在此科目反映。
310	99	其他资本性支出	反映上述科目中未包括的资本性支出。

中小学校执行《政府会计制度——行政事业单位会计科目和报表》的补充规定中，关于"部门预算支出经济分类科目"针对中小学校业务特点进行了细化。

在中小学校会计实务中，为了与预决算的"事业支出"末级会计科目保持一致，建议按照【表11-4】设置。

表11-4　部门预算支出经济分类科目与"事业支出"末级科目对照表

部门预算支出经济分类科目			中小学校"事业支出"末级科目
类	款	科目名称	科目名称
301		**工资福利支出**	**工资福利支出**
301	01	基本工资	基本工资
301	02	津贴补贴	津贴补贴
301	03	奖金	奖金
301	06	伙食补助费	伙食补助费
301	07	绩效工资	绩效工资
301	08	基本养老保险缴费	基本养老保险缴费
301	09	职业年金缴费	职业年金缴费
301	10	基本医疗保险缴费	基本医疗保险缴费
301	12	其他社会保障缴费	其他社会保障缴费
301	13	住房公积金	住房公积金
301	14	医疗费	医疗费
301	99	其他工资福利支出	其他工资福利支出—外聘教职工工资
			其他工资福利支出—外聘教职工社会保障缴费
			其他工资福利支出—其他工资福利支出
302		**商品和服务支出**	**商品和服务支出**
302	01	办公费	办公费
302	02	印刷费	印刷费
302	03	咨询费	咨询费
302	04	手续费	手续费
302	05	水费	水费
302	06	电费	电费
302	07	邮电费	邮电费

续表

部门预算支出经济分类科目			中小学校"事业支出"末级科目
类	款	科目名称	科目名称
302	08	取暖费	取暖费
302	09	物业管理费	物业管理费—学校安保费
			物业管理费—校园保洁费
			物业管理费—校园绿化费
			物业管理费—其他物业管理费
302	11	差旅费	差旅费—市内差旅费
			差旅费—国内差旅费
302	12	因公出国（境）费	因公出国（境）费—教师出国（境）培训费
			因公出国（境）费—学生出国（境）活动费
			因公出国（境）费—其他教职工出国（境）培训费
			因公出国（境）费—教职工出国（境）考察费
302	13	维修（护）费	维修（护）费—仪器设备维修（护）费
			维修（护）费—信息系统维修（护）费
			维修（护）费—房屋建筑物维修（护）费
			维修（护）费—其他维修（护）费
302	14	租赁费	租赁费
302	15	会议费	会议费
302	16	培训费	培训费—教师培训费
			培训费—其他培训费
302	17	公务接待费	公务接待费
302	18	专用材料费	专用材料费—实验耗材费
			专用材料费—体育耗材费
			专用材料费—其他材料费
302	26	劳务费	劳务费
302	27	委托业务费	委托业务费
302	28	工会经费	工会经费
302	29	福利费	福利费

续表

部门预算支出经济分类科目			中小学校"事业支出"末级科目
类	款	科目名称	科目名称
302	31	公务用车运行和维护费	公务用车运行和维护费—校车运行维护费
			公务用车运行和维护费
302	39	其他交通费用	其他交通费用
302	40	税金及附加费用	税金及附加费用—税费和附加费
302	99	其他商品和服务支出	其他商品和服务支出—学生活动费
			其他商品和服务支出—教师工会和党团活动
			其他商品和服务支出—学校财产和责任保险
			其他商品和服务支出—财务及审计费
			其他商品和服务支出—诉讼费
			其他商品和服务支出—其他商品和服务支出
303		对个人和家庭的补助	对个人和家庭补助支出
303	01	离休费	离休费
303	02	退休费	退休费
303	03	退职费	退职费
303	04	抚恤金	抚恤金
303	05	生活补助	生活补助
303	07	医疗费补助	医疗费补助—学生医疗费
			医疗费补助—教职工医疗费
303	08	助学金	助学金—助学金
			助学金—奖学金
			助学金—书本费
			助学金—伙食补贴
			助学金—学生校外践习津贴
303	09	奖励金	奖励金
303	99	其他对个人和家庭的补助	其他对个人和家庭补助支出
310		资本性支出	资本性支出
310	01	房屋建筑物购建	房屋建筑物购建

续表

部门预算支出经济分类科目			中小学校"事业支出"末级科目
类	款	科目名称	科目名称
310	02	办公设备购置	办公设备购置
310	03	专用设备购置	专用设备购置
310	06	大型维修	大型维修—仪器设备大型维修
310	06	大型维修	大型维修—房屋建筑物大型维修
310	07	信息网络及软件购置更新	信息网络及软件购置更新
310	21	文物和陈列品购置	文物和陈列品购置
310	22	无形资产购置	无形资产购置
310	99	其他资本性支出	其他资本性支出—图书购置
310	99	其他资本性支出	其他资本性支出—其他资本性支出

（二）工资性支出和劳务报酬的区别

在中小学校会计实务中，财务人员经常遇到这样的疑问，向临时工支付的工资，如学校雇佣的学生宿舍保洁小时工，是属于"工资"还是"劳务报酬"，是使用"工资福利支出"科目核算还是使用"商品和服务支出"科目核算，是列表还是凭发票入账？

工资性支出和劳务报酬的区别：

1. 从适用法律角度来看，工资性支出是指按《劳动法》第十六条规定用人单位和劳动者签订劳动合同后支付的工资报酬；而劳务报酬一般是根据《合同法》的有关承揽合同、技术合同、居间合同等规定签订合同而取得的报酬。

2. 签订劳动合同的员工，享有《劳动法》的权利义务，和用工单位存在着雇佣被雇佣的关系，用人单位除了支付工资报酬之外，还应履行缴纳社会保险的义务；劳务报酬则不存在这种关系，其劳动具有独立性、自由性，其行为受《合同法》的调整。

3. 从管理方式上看，支付工资的员工都记载在中小学校的职工名册中，并且日常都进行考勤或签到，而支付劳务报酬的人员一般则不这样管理。如学校雇用的保洁员不属于《劳动法》所规定的关系，一般单位禁止员工兼职，而保洁员则可以同时为几家客户服务，对各客户按时收费。

4. 从财务核算角度来看，工资报酬的支付一般通过"工资福利支出"科目核算；劳务报酬一般通过"商品和服务支出"科目核算。

5. 从税务管理角度看，工资报酬的支付应用工资表按实列支，并按规定代扣代缴工资薪金类个人所得税；纳税人支付劳务报酬则需要取得相应的劳务发票，并按规定代扣代缴劳务报酬类个人所得税。

两种支出的计税方式不同，依据《中华人民共和国个人所得税法》（2018版）第六条规定："居民个人的综合所得，以每一纳税年度的收入额减除费用六万元以及专项扣除、专项附加扣除和依法确定的其他扣除后的余额，为应纳税所得额。非居民个人的工资、薪金所得，以每月收入额减除费用五千元后的余额为应纳税所得额；劳务报酬所得、稿酬所得、特许权使用费所得，以每次收入额为应纳税所得额。劳务报酬所得、稿酬所得、特许权使用费所得以收入减除百分之二十的费用后的余额为收入额。稿酬所得的收入额减按百分之七十计算。"

根据《劳务报酬个人所得税实施细则》第二十一条规定："劳务报酬所得，属于一次性收入的，以取得该项收入为一次；属于同一项目连续性收入的，以一个月内取得的收入为一次。"

这是工资性支出与劳务报酬主要区分口径。既然如此，所谓临时工"工资"，如学校雇佣的保洁小时工，其实属于劳务报酬，应当提供相应的劳务发票，使用"商品和服务支出"科目进行核算，并按照"劳务报酬所得"缴纳个人所得税。

四、关联科目

本科目可关联"财政拨款预算收入""资金结存"等科目。

五、账务处理

（一）支付单位职工（经营部门职工除外）薪酬

向单位职工个人支付薪酬时，按照实际支付的数额，借记本科目，贷记"财政拨款预算收入""资金结存"科目。

按照规定代扣代缴个人所得税以及代扣代缴或为职工缴纳职工社会保险费、住房公积金等时，按照实际缴纳的金额，借记本科目，贷记"财政拨款预算收入""资金结存"科目。

（二）为专业业务活动及其辅助活动支付外部人员劳务费

按照实际支付给外部人员个人的金额，借记本科目，贷记"财政拨款预算收入""资金结存"科目。

按照规定代扣代缴个人所得税时，按照实际缴纳的金额，借记本科目，贷记"财政拨款预算收入""资金结存"科目。

3.开展专业业务活动及其辅助活动过程中为购买存货、固定资产、无形资产等以及在建工程支付相关款项时，按照实际支付的金额，借记本科目，贷记"财政拨款预算收入""资金结存"科目。

4. 开展专业业务活动及其辅助活动过程中发生预付账款时，按照实际支付的金额，借记本科目，贷记"财政拨款预算收入""资金结存"科目。

对于暂付款项，在支付款项时可不做预算会计处理，待结算或报销时，按照结算或报销的金额，借记本科目，贷记"资金结存"科目。

5. 开展专业业务活动及其辅助活动过程中缴纳的相关税费以及发生的其他各项支出，按照实际支付的金额，借记本科目，贷记"财政拨款预算收入""资金结存"科目。

6. 开展专业业务活动及其辅助活动过程中因购货退回等发生款项退回，或者发生差错更正的，属于当年支出收回的，按照收回或更正金额，借记"财政拨款预算收入""资金结存"科目，贷记本科目。

7. 年末，将本科目本年发生额中的财政拨款支出转入财政拨款结转，借记"财政拨款结转—本年收支结转"科目，贷记本科目下各财政拨款支出明细科目；将本科目本年发生额中的非财政专项资金支出转入非财政拨款结转，借记"非财政拨款结转—本年收支结转"科目，贷记本科目下各非财政专项资金支出明细科目；将本科目本年发生额中的其他资金支出（非财政非专项资金支出）转入其他结余，借记"其他结余"科目，贷记本科目下其他资金支出明细科目。

六、案例分析

【例11-1】 某学校计划发放2019年精神文明奖172800元，经计算分割确定其中属于业务活动费用158400元，单位管理费用14400元。经计算，共需缴纳个人所得税100元。单位在实际发放中代扣个人所得税，将税后奖金发放到职工个人账户，再将税款上缴税务部门。账务处理如下：

（1）计提应付职工薪酬

财务会计分录：

借：业务活动费用—工资福利费用 158400
　　单位管理费用—工资福利费用 14400
　　　贷：应付职工薪酬—改革性补贴 172800

不做预算会计分录。

（2）代扣个人所得税后，实际支付职工奖金

财务会计分录：

借：应付职工薪酬—改革性补贴 172800

贷：零余额账户用款额度　　172700
　　　　其他应交税费—应交个人所得税　100

预算会计分录：

　　借：事业支出—工资福利支出—奖金　172700
　　　　贷：资金结存—零余额账户用款额度　172700

（3）缴纳代扣的个人所得税（缴款单）

财务会计分录：

　　借：其他应交税费—应交个人所得税　100
　　　　贷：零余额账户用款额度　100

预算会计分录：

　　借：事业支出—工资福利支出—奖金　100
　　　　贷：资金结存—零余额账户用款额度　100

【例11-2】某小学向保安公司聘用保安人员，2020年6月支付第二季度保安服务费8430元，使用财政授权支付的方式付款。账务处理如下：

（1）每月计提保安服务费

财务会计分录：

　　借：单位管理费用—商品和服务费用　2810
　　　　贷：其他应付款—保安公司　2810

不做预算会计分录

（2）实际支付

财务会计分录：

　　借：其他应付款—保安公司　　8430
　　　　贷：零余额账户用款额度　　　8430

预算会计分录：

　　借：事业出支—物业管理费—学校安保费　8430
　　　　贷：资金结存—零余额账户用款额度　　8430

【例11-3】某小学2020年8月，组织5名任课教师参加业务培训，使用公务卡支付培训费用10000元，临近公务卡还款日，由于尚未收到培训机构邮寄的发票，学校依据消费小票先行偿还公务卡欠款，待票据完整具备报销条件时再进行业务报销，该培训费使用学校日常公用经费支出。账务处理如下：

（1）先行偿还公务卡欠款

财务会计分录：

　　借：其他应收款—公务卡欠款　10000

贷：零余额账户用款额度　　　10000

不做预算会计分录

（2）票据齐全手续完备时报销

财务会计分录：

借：业务活动费用—商品和服务费用　　　10000

　　贷：其他应收款—公务卡欠款　　　10000

预算会计分录：

借：事业支出—教师培训费　　　10000

　　贷：资金结存—零余额账户用款额度　　　10000

【例11-4】2020年4月，某寄宿初中通过银行卡发放贫困寄宿生生活补助12500元，使用财政专项资金支付。账务处理如下：

财务会计分录：

借：业务活动费用—对个人和家庭的补助费用　　　12500

　　贷：零余额账户用款额度　　　12500

预算会计分录：

借：事业支出—对个人和家庭的补助支出—助学金　　　12500

　　贷：资金结存—零余额账户用款额度　　　12500

第三节　经营支出

一、科目简介

经营支出是指非义务教育阶段中小学校在专业业务活动及其辅助活动之外开展非独立核算经营活动实际发生的各项现金流出。年末结转后，本科目应无余额。

二、明细科目

在中小学会计实务中，经营支出应当按照经营活动类别、项目、《政府收支分类科目》中"支出功能分类科目"的项级科目和"部门预算支出经济分类科目"的款级科目等进行明细核算。

对于预付款项，可通过在本科目下设置"待处理"明细科目进行明细核算，待确认具体支出项目后再转入本科目下相关明细科目。年末结账前，应将本科目"待处理"明细科目余额全部转入本科目下相关明细科目。

三、关联科目

本科目可关联"资金结存""经营结余"等科目。

四、账务处理

（一）支付经营部门职工薪酬

向职工个人支付薪酬时，按照实际的金额，借记本科目，贷记"资金结存"科目。

按照规定代扣代缴个人所得税以及代扣代缴或为职工缴纳职工社会保险费、住房公积金时，按照实际缴纳的金额，借记本科目，贷记"资金结存"科目。

（二）为经营活动支付外部人员劳务费

按照实际支付给外部人员个人的金额，借记本科目，贷记"资金结存"科目。

按照规定代扣代缴个人所得税时，按照实际缴纳的金额，借记本科目，贷记"资金结存"科目。

（三） 开展经营活动过程中为购买存货、固定资产、无形资产等以及在建工程支付相关款项时，按照实际支付的金额，借记本科目，贷记"资金结存"科目。

（四） 开展经营活动过程中发生预付账款时，按照实际支付的金额，借记本科目，贷记"资金结存"科目。

对于暂付款项，在支付款项时可不做预算会计处理，待结算或报销时，按照结算或报销的金额，借记本科目，贷记"资金结存"科目。

（五） 因开展经营活动缴纳的相关税费以及发生的其他各项支出，按照实际支付的金额，借记本科目，贷记"资金结存"科目。

（六） 开展经营活动中因购货退回等发生款项退回，或者发生差错更正的，属于当年支出收回的，按照收回或更正金额，借记"资金结存"科目，贷记本科目。

（七） 年末，将本科目本年发生额转入经营结余，借记"经营结余"科目，贷记本科目。

第四节　上缴上级支出

一、科目简介

在中小学校会计实务中,上缴上级支出是指中小学校按照财政部门和主管部门的规定上缴上级单位款项发生的现金流出。年末结转后,本科目应无余额。

二、明细科目

在中小学会计实务中,上缴上级支出应当按照收缴款项单位、缴款项目、《政府收支分类科目》中"支出功能分类科目"的项级科目和"部门预算支出经济分类科目"的款级科目等进行明细核算。

三、关联科目

本科目可关联"资金结存""其他结余"等科目。

四、账务处理

1.按照规定将款项上缴上级单位的,按照实际上缴的金额,借记本科目,贷记"资金结存"科目。

2.年末,将本科目本年发生额转入其他结余,借记"其他结余"科目,贷记本科目。

第五节　对附属单位补助支出

一、科目简介

在中小学校会计实务中,对附属单位补助支出是指非义务教育阶段中小学校用财政拨款预算收入之外的收入对附属单位补助发生的现金流出。年末结转后,本科目应无余额。

二、明细科目

在中小学会计实务中，对附属单位补助支出应当按照接受补助单位、补助项目、《政府收支分类科目》中"支出功能分类科目"的项级科目和"部门预算支出经济分类科目"的款级科目等进行明细核算。

三、关联科目

本科目可关联"资金结存""其他结余"等科目。

四、账务处理

1. 发生对附属单位补助支出的，按照实际补助的金额，借记本科目，贷记"资金结存"科目。

2. 年末，将本科目本年发生额转入其他结余，借记"其他结余"科目，贷记本科目。

五、案例分析

【例11-5】某职业学校使用事业收入资金，向附属幼儿园拨付10000元用于日常办公支出，使用银行存款拨付。账务处理如下：

财务会计分录：

借：对附属单位补助费用—幼儿园　　　10000
　　贷：银行存款　　　　　10000

预算会计分录：

借：对附属单位补助支出—幼儿园　　　10000
　　贷：资金结存—货币资金　　10000

第六节 投资支出

一、科目简介

在中小学校会计实务中,投资支出是指非义务教育阶段中小学校以货币资金对外投资发生的现金流出。

二、明细科目

在中小学会计实务中,投资支出应当按照投资类型、投资对象、《政府收支分类科目》中"支出功能分类科目"的项级科目和"部门预算支出经济分类科目"的款级科目等进行明细核算。年末结转后,本科目应无余额。

三、关联科目

本科目可关联"资金结存""其他结余""投资预算收益"等科目。

四、账务处理

1. 以货币资金对外投资时,按照投资金额和所支付的相关税费金额的合计数,借记本科目,贷记"资金结存"科目。

2. 出售、对外转让或到期收回本年度以货币资金取得的对外投资的,如果按规定将投资收益纳入单位预算,按照实际收到的金额,借记"资金结存"科目,按照取得投资时"投资支出"科目的发生额,贷记本科目,按照其差额,贷记或借记"投资预算收益"科目;如果按规定将投资收益上缴财政的,按照取得投资时"投资支出"科目的发生额,借记"资金结存"科目,贷记本科目。

出售、对外转让或到期收回以前年度以货币资金取得的对外投资的,如果按规定将投资收益纳入单位预算,按照实际收到的金额,借记"资金结存"科目,按照取得投资时"投资支出"科目的发生额,贷记"其他结余"科目,按照其差额,贷记或借记"投资预算收益"科目;如果按规定将投资收益上缴财政的,按照取得投资时"投资支出"科目的发生额,借记"资金结存"科目,贷记"其他结余"科目。

3. 年末,将本科目本年发生额转入其他结余,借记"其他结余"科目,贷记本科目。

五、案例分析

【例 11-6】2020 年 3 月 5 日，某艺术职业中学报经主管部门批准，使用银行存款购买价值 30000 元的有价债券，准备 1 年之内出售。账务处理：

财务会计分录：

借：短期投资—债券　　　　30000
　　贷：银行存款—银行存款　　　　30000

预算会计分录：

借：投资支出—债券　　　　30000
　　贷：资金结存—货币资金　　　　30000

第七节　债务还本支出

一、科目简介

在中小学校会计实务中，债务还本支出是指非义务教育阶段中小学校偿还自身承担的纳入预算管理的从金融机构举借的债务本金的现金流出。年末结转后，本科目应无余额。

二、明细科目

在中小学会计实务中，债务还本支出应当按照贷款单位、贷款种类、《政府收支分类科目》中"支出功能分类科目"的项级科目和"部门预算支出经济分类科目"的款级科目等进行明细核算。

三、关联科目

本科目可关联"资金结存""其他结余"等科目。

四、账务处理

1. 偿还各项短期或长期借款时，按照偿还的借款本金，借记本科目，贷记"资金结存"科目。

2. 年末，将本科目本年发生额转入其他结余，借记"其他结余"科目，贷记本科目。

第八节 其他支出

一、科目简介

在中小学校会计实务中，其他支出是指中小学校除事业支出、经营支出、上缴上级支出、对附属单位补助支出、投资支出、债务还本支出以外的各项现金流出，包括利息支出、对外捐赠现金支出、现金盘亏损失、接受捐赠（调入）和对外捐赠（调出）非现金资产发生的税费支出、资产置换过程中发生的相关税费支出、罚没支出等。年末结转后，本科目应无余额。

二、明细科目

在中小学会计实务中，其他支出目应当按照其他支出的类别，"财政拨款支出""非财政专项资金支出"和"其他资金支出"，《政府收支分类科目》中"支出功能分类科目"的项级科目和"部门预算支出经济分类科目"的款级科目等进行明细核算。其他支出中如有专项资金支出，还应按照具体项目进行明细核算。

有一般公共预算财政拨款、政府性基金预算财政拨款等两种或两种以上财政拨款的事业单位，还应当在"财政拨款支出"明细科目下按照财政拨款的种类进行明细核算。

发生利息支出、捐赠支出等其他支出金额较大或业务较多的，可单独设置"利息支出""捐赠支出"等科目。

三、关联科目

本科目可关联"资金结存""其他结余"等科目。

四、账务处理

支付银行借款利息、对外捐赠现金资产、每日现金账款核对中如发现现金短缺时，按照实际支付金额，借记本科目，贷记"资金结存"科目。

第十二章　预算结余

第一节　预算结余概述

预算结余是指中小学校预算年度内预算收入扣除预算支出后的资金余额，以及历年滚存的资金余额。包括资金结存、财政拨款结转、财政拨款结余、非财政拨款结转、非财政拨款结余、专用结余、经营结余、其他结余和非财政拨款结余分配等科目。

预算结余包括结余资金和结转资金。结转资金是指当年预算已执行但未完成，或者因故未执行，下一年度需要按照原用途继续使用的资金；结余资金是指当年预算工作目标已完成或者因故终止后，当年剩余的资金。

按资金性质和用途，结余和结转资金分为财政拨款结转、财政拨款结余、非财政拨款结转、非财政拨款结余、经营结余、其他结余。

第二节　资金结存

一、科目简介

本科目核算中小学校纳入部门预算管理的资金的流入、流出、调整和滚存等情况。本科目年末借方余额，反映单位预算资金的累计滚存情况。

二、明细科目

本科目应当设置下列明细科目：
1."零余额账户用款额度"：本明细科目核算实行国库集中支付的单位根据财政

部门批复的用款计划收到和支付的零余额账户用款额度。

年末结账后，本明细科目应无余额。

2."货币资金"：本明细科目核算单位以库存现金、银行存款、其他货币资金形态存在的资金。

本明细科目年末借方余额，反映单位尚未使用的货币资金。

3."财政应返还额度"：本明细科目核算实行国库集中支付的单位可以使用的以前年度财政直接支付资金额度和财政应返还的财政授权支付资金额度。本明细科目下可设置"财政直接支付""财政授权支付"两个明细科目进行明细核算。

本明细科目年末借方余额，反映单位应收财政返还的资金额度。

三、关联科目

本科目可关联预算收入类、预算支出类、预算结余类等明细科目。

四、账务处理

资金结存的主要账务处理如下：

1.财政授权支付方式下，单位根据代理银行转来的财政授权支付额度到账通知书，按照通知书中的授权支付额度，借记本科目（零余额账户用款额度），贷记"财政拨款预算收入"科目。

以国库集中支付以外的其他支付方式取得预算收入时，按照实际收到的金额，借记本科目（货币资金），贷记"财政拨款预算收入"、"事业预算收入""经营预算收入"等科目。

2.财政授权支付方式下，发生相关支出时，按照实际支付的金额，借记"行政支出""事业支出"等科目，贷记本科目（零余额账户用款额度）。

从零余额账户提取现金时，借记本科目（货币资金），贷记本科目（零余额账户用款额度）。退回现金时，做相反会计分录。

使用以前年度财政直接支付额度发生支出时，按照实际支付金额，借记"行政支出""事业支出"等科目，贷记本科目（财政应返还额度）。

国库集中支付以外的其他支付方式下，发生相关支出时，按照实际支付的金额，借记"事业支出""经营支出"等科目，贷记本科目（货币资金）。

3.按照规定上缴财政拨款结转结余资金或注销财政拨款结转结余资金额度的，按照实际上缴资金数额或注销的资金额度数额，借记"财政拨款结转—归集上缴"或"财政拨款结余—归集上缴"科目，贷记本科目（财政应返还额度、零余额账户用款额度、货币资金)。

按规定向原资金拨入单位缴回非财政拨款结转资金的,按照实际缴回资金数额,借记"非财政拨款结转—缴回资金"科目,贷记本科目(货币资金)。

收到从其他单位调入的财政拨款结转资金的,按照实际调入资金数额,借记本科目(财政应返还额度、零余额账户用款额度、货币资金),贷记"财政拨款结转—归集调入"科目。

4. 按照规定使用专用基金时,按照实际支付金额,借记"专用结余"科目(从非财政拨款结余中提取的专用基金)或"事业支出"等科目(从预算收入中计提的专用基金),贷记本科目(货币资金)。

5. 因购货退回、发生差错更正等退回国库直接支付、授权支付款项,或者收回货币资金的,属于本年度支付的,借记"财政拨款预算收入"科目或本科目(零余额账户用款额度、货币资金),贷记相关支出科目;属于以前年度支付的,借记本科目(财政应返还额度、零余额账户用款额度、货币资金),贷记"财政拨款结转""财政拨款结余""非财政拨款结转""非财政拨款结余"科目。

6. 有企业所得税缴纳义务的事业单位缴纳所得税时,按照实际缴纳金额,借记"非财政拨款结余—累计结余"科目,贷记本科目(货币资金)。

7. 年末,根据本年度财政直接支付预算指标数与当年财政直接支付实际支出数的差额,借记本科目(财政应返还额度),贷记"财政拨款预算收入"科目。

8. 年末,单位依据代理银行提供的对账单作注销额度的相关账务处理,借记本科目(财政应返还额度),贷记本科目(零余额账户用款额度);本年度财政授权支付预算指标数大于零余额账户用款额度下达数的,根据未下达的用款额度,借记本科目(财政应返还额度),贷记"财政拨款预算收入"科目。

下年初,单位依据代理银行提供的额度恢复到账通知书作恢复额度的相关账务处理,借记本科目(零余额账户用款额度),贷记本科目(财政应返还额度)。单位收到财政部门批复的上年末未下达零余额账户用款额度的,借记本科目(零余额账户用款额度),贷记本科目(财政应返还额度)。

五、案例分析

【例12-1】2020年5月8日,某中学购买校长办公室用卫生工具一套价值200元,并转账付款,账务处理如下:

财务会计分录:

借:单位管理费用—商品和服务费用 200
　　贷:零余额账户用款额度 200

预算会计分录：

借：事业支出—办公费 200

　　贷：资金结存—零余额账户用款额度 200

【例 12-2】2019 年底，某学校年终将拨款结余资金（零余额账户用款额度）1000元按照规定上缴财政。

财务会计分录：

借：累计盈余 1000

　　贷：零余额账户用款额度 1000

预算会计分录：

借：财政拨款结余—归集上缴 1000

　　贷：资金结存—零余额账户用款额度 1000

【例 12-3】2020 年 5 月 9 日，某职业中学利用非财政拨款结余中提取的专用基金购置了价值为 10000 元的健身器材一套，账务处理如下：

财务会计分录：

借：固定资产—专用设备 10000

　　贷：银行存款 10000

借：专用基金 10000

　　贷：累计盈余 10000

预算会计分录：

借：专用结余 10000

　　贷：资金结存—货币资金 10000

【例 12-4】2020 年 4 月 20 日，因技术参数不符合规定，某小学将用银行存款购买的实验材料退回，收到银行存款 500 元，账务处理如下：

财务会计分录：

借：银行存款 500

　　贷：库存物品 500

预算会计分录：

借：资金结存—货币资金 500

　　贷：事业支出—实验耗材费 500

第三节　财政拨款结转

一、科目简介

本科目核算单位取得的同级财政拨款结转资金的调整、结转和滚存情况。本科目年末贷方余额，反映单位滚存的财政拨款结转资金数额。财政拨款基本支出结转主要用于增设机构、增编增人等产生的人员和公用经费支出，各中小学校不得自行调整结转资金用途，确需调整结转资金用途的，须报经同级财政部门批准。

二、明细科目

本科目应当设置下列明细科目：

（一）与会计差错更正、以前年度支出收回相关的明细科目

"年初余额调整"：本明细科目核算因发生会计差错更正、以前年度支出收回等原因，需要调整财政拨款结转的金额。

年末结账后，本明细科目应无余额。

（二）与财政拨款调拨业务相关的明细科目

1."归集调入"：本明细科目核算按照规定从其他单位调入财政拨款结转资金时，实际调增的额度数额或调入的资金数额。

年末结账后，本明细科目应无余额。

2."归集调出"：本明细科目核算按照规定向其他单位调出财政拨款结转资金时，实际调减的额度数额或调出的资金数额。

年末结账后，本明细科目应无余额。

3."归集上缴"：本明细科目核算按照规定上缴财政拨款结转资金时，实际核销的额度数额或上缴的资金数额。

年末结账后，本明细科目应无余额。

4."单位内部调剂"：本明细科目核算经财政部门批准对财政拨款结余资金改变用途，调整用于本单位其他未完成项目等的调整金额。

年末结账后，本明细科目应无余额。

（三）与年末财政拨款结转业务相关的明细科目

1."本年收支结转"：本明细科目核算单位本年度财政拨款收支相抵后的余额。

年末结账后，本明细科目应无余额。

2."累计结转"：本明细科目核算单位滚存的财政拨款结转资金。

本明细科目年末贷方余额，反映单位财政拨款滚存的结转资金数额。

本科目还应当设置"基本支出结转""项目支出结转"两个明细科目，并在"基本支出结转"明细科目下按照"人员经费""日常公用经费"进行明细核算，在"项目支出结转"明细科目下按照具体项目进行明细核算；同时，本科目还应按照《政府收支分类科目》中"支出功能分类科目"的相关科目进行明细核算。

有一般公共预算财政拨款、政府性基金预算财政拨款等两种或两种以上财政拨款的，还应当在本科目下按照财政拨款的种类进行明细核算。

三、关联科目

本科目可关联预算收入类、预算支出类的明细科目及预算结余类中的资金结存、财政拨款结余等科目。

四、账务处理

财政拨款结转的主要账务处理如下：

（一）与会计差错更正、以前年度支出收回相关的账务处理

1. 因发生会计差错更正退回以前年度国库直接支付、授权支付款项或财政性货币资金，或者因发生会计差错更正增加以前年度国库直接支付、授权支付支出或财政性货币资金支出，属于以前年度财政拨款结转资金的，借记或贷记"资金结存——财政应返还额度、零余额账户用款额度、货币资金"科目，贷记或借记本科目（年初余额调整）。

2. 因购货退回、预付款项收回等发生以前年度支出又收回国库直接支付、授权支付款项或收回财政性货币资金，属于以前年度财政拨款结转资金的，借记"资金结存——财政应返还额度、零余额账户用款额度、货币资金"科目，贷记本科目（年初余额调整）。

（二）与财政拨款结转结余资金调整业务相关的账务处理

1. 按照规定从其他单位调入财政拨款结转资金的，按照实际调增的额度数额或调入的资金数额，借记"资金结存——财政应返还额度、零余额账户用款额度、货币资金"科目，贷记本科目（归集调入）。

2. 按照规定向其他单位调出财政拨款结转资金的，按照实际调减的额度数额或调出的资金数额，借记本科目（归集调出），贷记"资金结存——财政应返还额度、零余

额账户用款额度、货币资金"科目。

3. 按照规定上缴财政拨款结转资金或注销财政拨款结转资金额度的，按照实际上缴资金数额或注销的资金额度数额，借记本科目（归集上缴），贷记"资金结存—财政应返还额度、零余额账户用款额度、货币资金"科目。

4. 经财政部门批准对财政拨款结余资金改变用途，调整用于本单位基本支出或其他未完成项目支出的，按照批准调剂的金额，借记"财政拨款结余—单位内部调剂"科目，贷记本科目（单位内部调剂）。

（三）与年末财政拨款结转和结余业务相关的账务处理

1. 年末，将财政拨款预算收入本年发生额转入本科目，借记"财政拨款预算收入"科目，贷记本科目（本年收支结转）；将各项支出中财政拨款支出本年发生额转入本科目，借记本科目（本年收支结转），贷记各项支出（财政拨款支出）科目。

2. 年末冲销有关明细科目余额。将本科目（本年收支结转、年初余额调整、归集调入、归集调出、归集上缴、单位内部调剂）余额转入本科目（累计结转）。结转后，本科目除"累计结转"明细科目外，其他明细科目应无余额。

3. 年末完成上述结转后，应当对财政拨款结转各明细项目执行情况进行分析，按照有关规定将符合财政拨款结余性质的项目余额转入财政拨款结余，借记本科目（累计结转），贷记"财政拨款结余—结转转入"科目。

五、案例分析

【例12-5】 2019年12月31日，某高中本年日常公用经费财政直接支付额度剩余30000元，按照财政部门的规定上缴财政。账务处理如下：

财务会计分录：

借：累计盈余 30000

  贷：财政应返还额度—财政直接支付 30000

预算会计分录：

借：财政拨款结转—归集上缴—基本支出 30000

  贷：资金结存—财政应返还额度—财政直接支付 30000

【例12-6】 2019年12月31日，某中学进行年末收支结转，全年财政拨款预算收入700000元（基本支出—人员经费500000元、公用经费200000元）。全年事业支出—财政拨款预算支出650000元（基本支出—人员经费—基本工资300000元、津贴补贴200000元、商品和服务支出—办公费100000元、电费50000元），账务处理如下：

预算会计分录：

（1）预算收入结转

借：财政拨款预算收入—基本支出—人员经费 500000

　　　财政拨款预算收入—基本支出—日常公用经费 200000

　　贷：财政拨款结转—本年收支结转—基本支出—人员经费 500000

财政拨款结转—本年收支结转—基本支出—日常公用经费 200000

（2）预算支出结转

借：财政拨款结转—本年收支结转—基本支出—人员经费 500000

　　　财政拨款结转—本年收支结转—基本支出—日常公用经费 150 000

　　贷：事业支出—财政拨款支出—基本支出—工资福利支出—基本工资 300000

　　　　事业支出—财政拨款支出—基本支出—工资福利支出—津贴补贴 200000

　　　　事业支出—财政拨款支出—基本支出—商品和服务支出—办公费 100000

　　　　事业支出—财政拨款支出—基本支出—商品和服务支出—电费 50000

（3）转入累计结转

借：财政拨款结转—本年收支结转—基本支出—日常公用经费 50000

　　贷：财政拨款结转—累计结转—基本支出—日常公用经费 50000

不做财务会计分录

第四节　财政拨款结余

一、科目简介

本科目核算单位取得的同级财政拨款项目支出结余资金的调整、结转和滚存情况。本科目年末贷方余额，反映单位滚存的财政拨款结余资金数额。

财政拨款结余资金，须按财政拨款结余资金管理办法规定使用，中小学校不得使用财政拨款及其结余进行对外投资，不得从事股票、期货、基金、企业债券等投资，国家另有规定的除外。改变其用途，调整用于中小学校基本支出或其他未完成项目支出的，须经同级财政部门批准。

二、明细科目

本科目应当设置下列明细科目：

（一）与会计差错更正、以前年度支出收回相关的明细科目

"年初余额调整"：本明细科目核算因发生会计差错更正、以前年度支出收回等原因，需要调整财政拨款结余的金额。

年末结账后，本明细科目应无余额。

（二）与财政拨款结余资金调整业务相关的明细科目

1."归集上缴"：本明细科目核算按照规定上缴财政拨款结余资金时，实际核销的额度数额或上缴的资金数额。

年末结账后，本明细科目应无余额。

2."单位内部调剂"：本明细科目核算经财政部门批准对财政拨款结余资金改变用途，调整用于本单位其他未完成项目等的调整金额。

年末结账后，本明细科目应无余额。

（三）与年末财政拨款结余业务相关的明细科目

1."结转转入"：本明细科目核算单位按照规定转入财政拨款结余的财政拨款结转资金。

年末结账后，本明细科目应无余额。

2."累计结余"：本明细科目核算单位滚存的财政拨款结余资金。

本明细科目年末贷方余额，反映单位财政拨款滚存的结余资金数额。本科目还应当按照具体项目、《政府收支分类科目》中"支出功能分类科目"的相关科目等进行明细核算。

有一般公共预算财政拨款、政府性基金预算财政拨款等两种或两种以上财政拨款的，还应当在本科目下按照财政拨款的种类进行明细核算。

三、关联科目

本科目可关联资金结存及财政拨款结转等科目。

四、账务处理

财政拨款结余的主要账务处理如下：

（一）与会计差错更正、以前年度支出收回相关的账务处理

1.因发生会计差错更正退回以前年度国库直接支付、授权支付款项或财政性货币资金，或者因发生会计差错更正增加以前年度国库直接支付、授权支付支出或财政性货币资金支出，属于以前年度财政拨款结余资金的，借记或贷记"资金结存—财政应返还额度、零余额账户用款额度、货币资金"科目，贷记或借记本科目（年初余额调

整）。

2. 因购货退回、预付款项收回等发生以前年度支出又收回国库直接支付、授权支付款项或收回财政性货币资金，属于以前年度财政拨款结余资金的，借记"资金结存—财政应返还额度、零余额账户用款额度、货币资金"科目，贷记本科目（年初余额调整）。

（二）与财政拨款结余资金调整业务相关的账务处理

1. 经财政部门批准对财政拨款结余资金改变用途，调整用于本单位基本支出或其他未完成项目支出的，按照批准调剂的金额，借记本科目（单位内部调剂），贷记"财政拨款结转—单位内部调剂"科目。

2. 按照规定上缴财政拨款结余资金或注销财政拨款结余资金额度的，按照实际上缴资金数额或注销的资金额度数额，借记本科目（归集上缴），贷记"资金结存—财政应返还额度、零余额账户用款额度、货币资金"科目。

（三）与年末财政拨款结转和结余业务相关的账务处理

1. 年末，对财政拨款结转各明细项目执行情况进行分析，按照有关规定将符合财政拨款结余性质的项目余额转入财政拨款结余，借记"财政拨款结转—累计结转"科目，贷记本科目（结转转入）。

2. 年末冲销有关明细科目余额。将本科目（年初余额调整、归集上缴、单位内部调剂、结转转入）余额转入本科目（累计结余）。结转后，本科目除"累计结余"明细科目外，其他明细科目应无余额。

五、案例分析

【例12-7】2019年12月31日，某职中本年度实验室项目，已完工验收合格并交付使用，结转资金20000元，经同级财政部门批准，将该资金转为结余资金。账务处理如下：

预算会计分录：

借：财政拨款结转—累计结转—项目支出—实验室 20000
　　贷：财政拨款结余—结转转入—项目支出—实验室 20 000

不做财务会计分录

【例12-8】接上例，2019年12月31日，该校将结余资金20000元上缴同级财政部门。账务处理如下：

财务会计分录：

借：累计盈余　20000
　　贷：零余额账户用款额度　20000

预算会计分录：

借：财政拨款结余—结转转入—项目支出—实验室　　20000
　　　贷：财政拨款结余—归集上缴—项目支出—实验室　　20000
借：财政拨款结余—归集上缴—项目支出—实验室　　20000
　　　贷：资金结存—零余额账户用款额度　　20000

第五节　非财政拨款结转

一、科目简介

本科目核算中小学校除财政拨款收支、经营收支以外各非同级财政拨款专项资金的调整、结转和滚存情况。本科目年末贷方余额，反映单位滚存的非同级财政拨款专项结转资金数额。

二、明细科目

本科目应当设置下列明细科目：

1."年初余额调整"：本明细科目核算因发生会计差错更正、以前年度支出收回等原因，需要调整非财政拨款结转的资金。

年末结账后，本明细科目应无余额。

2."缴回资金"：本明细科目核算按照规定缴回非财政拨款结转资金时，实际缴回的资金数额。

年末结账后，本明细科目应无余额。

3."项目间接费用或管理费"：本明细科目核算单位取得的科研项目预算收入中，按照规定计提项目间接费用或管理费的数额。

年末结账后，本明细科目应无余额。

4."本年收支结转"：本明细科目核算单位本年度非同级财政拨款专项收支相抵后的余额。

年末结账后，本明细科目应无余额。

5."累计结转"：本明细科目核算单位滚存的非同级财政拨款专项结转资金。

本明细科目年末贷方余额，反映单位非同级财政拨款滚存的专项结转资金数额。

本科目还应当按照具体项目、《政府收支分类科目》中"支出功能分类科目"的相关科目等进行明细核算。

三、关联科目

本科目可关联预算收入类、预算支出类明细科目及非财政拨款结余、资金结存等科目。

四、账务处理

非财政拨款结转的主要账务处理如下：

1. 按照规定从科研项目预算收入中提取项目管理费或间接费时，按照提取金额，借记本科目（项目间接费用或管理费），贷记"非财政拨款结余—项目间接费用或管理费"科目。

2. 因会计差错更正收到或支出非同级财政拨款货币资金，属于非财政拨款结转资金的，按照收到或支出的金额，借记或贷记"资金结存—货币资金"科目，贷记或借记本科目（年初余额调整）。

因收回以前年度支出等收到非同级财政拨款货币资金，属于非财政拨款结转资金的，按照收到的金额，借记"资金结存—货币资金"科目，贷记本科目（年初余额调整）。

3. 按照规定缴回非财政拨款结转资金的，按照实际缴回资金数额，借记本科目（缴回资金），贷记"资金结存—货币资金"科目。

4. 年末，将事业预算收入、上级补助预算收入、附属单位上缴预算收入、非同级财政拨款预算收入、债务预算收入、其他预算收入本年发生额中的专项资金收入转入本科目，借记"事业预算收入""上级补助预算收入""附属单位上缴预算收入""非同级财政拨款预算收入""债务预算收入""其他预算收入"科目下各专项资金收入明细科目，贷记本科目（本年收支结转）；将行政支出、事业支出、其他支出本年发生额中的非财政拨款专项资金支出转入本科目，借记本科目（本年收支结转），贷记"行政支出""事业支出""其他支出"科目下各非财政拨款专项资金支出明细科目。

5. 年末冲销有关明细科目余额。将本科目（年初余额调整、项目间接费用或管理费、缴回资金、本年收支结转）余额转入本科目（累计结转）。结转后，本科目除"累计结转"明细科目外，其他明细科目应无余额。

6. 年末完成上述结转后，应当对非财政拨款专项结转资金各项目情况进行分析，将留归本单位使用的非财政拨款专项（项目已完成）剩余资金转入非财政拨款结余，借记本科目（累计结转），贷记"非财政拨款结余—结转转入"科目。

五、案例分析

【例 12-9】 2019 年 12 月 31 日，某职业中学培训费收入科目结转资金 10000 元，按财政规定上缴，账务处理如下：

财务会计分录：

借：累计盈余 10000

　　贷：银行存款 10000

预算会计分录：

借：非财政拨款结转——缴回资金 10000

　　贷：资金结存——货币资金 10000

【例 12-10】 2019 年 12 月 31 日，某职业中学事业预算收入中用于宿舍楼维修改造的专项收入 250000 元，本年度支出 180000 元，年终收支结转 70000 元。账务处理如下：

预算会计分录：

借：事业预算收入——宿舍楼维修改造 250000

　　贷：非财政拨款结转——本年收支结转 250000

借：非财政拨款结转——本年收支结转 180000

　　贷：事业支出——非财政专项资金支出——项目支出——宿舍楼维修改造 180000

并将本年收支结转余额转入累计结转科目：

借：非财政拨款结转——本年收支结转 70 000

　　贷：非财政拨款结转——累计结转 70000

不做财务会计分录

第六节　非财政拨款结余

一、科目简介

本科目核算单位历年滚存的非限定用途的非同级财政拨款结余资金，主要为非财政拨款结余扣除结余分配后滚存的金额。本科目年末贷方余额，反映单位非同级财政拨款结余资金的累计滚存数额。

二、明细科目

本科目应当设置下列明细科目：

1."年初余额调整"：本明细科目核算因发生会计差错更正、以前年度支出收回等原因，需要调整非财政拨款结余的资金。

年末结账后，本明细科目应无余额。

2."项目间接费用或管理费"：本明细科目核算单位取得的科研项目预算收入中，按照规定计提的项目间接费用或管理费数额。

年末结账后，本明细科目应无余额。

3."结转转入"：本明细科目核算按照规定留归单位使用，由单位统筹调配，纳入单位非财政拨款结余的非同级财政拨款专项剩余资金。

年末结账后，本明细科目应无余额。

4."累计结余"：本明细科目核算单位历年滚存的非同级财政拨款、非专项结余资金。

本明细科目年末贷方余额，反映单位非同级财政拨款滚存的非专项结余资金数额。

本科目还应当按照《政府收支分类科目》中"支出功能分类科目"的相关科目进行明细核算。

三、关联科目

本科目可关联资金结存、非财政拨款结转、其他结余、非财政拨款结余分配等科目。

四、账务处理

非财政拨款结余的主要账务处理如下：

1. 按照规定从科研项目预算收入中提取项目管理费或间接费时，借记"非财政拨款结转—项目间接费用或管理费"科目，贷记本科目（项目间接费用或管理费）。

2. 有企业所得税缴纳义务的事业单位实际缴纳企业所得税时，按照缴纳金额，借记本科目（累计结余），贷记"资金结存—货币资金"科目。

3. 因会计差错更正收到或支出非同级财政拨款货币资金，属于非财政拨款结余资金的，按照收到或支出的金额，借记或贷记"资金结存—货币资金"科目，贷记或借记本科目（年初余额调整）。

因收回以前年度支出等收到非同级财政拨款货币资金，属于非财政拨款结余资金的，按照收到的金额，借记"资金结存—货币资金"科目，贷记本科目（年初余额调整）。

4. 年末，将留归本单位使用的非财政拨款专项（项目已完成）剩余资金转入本科目，借记"非财政拨款结转—累计结转"科目，贷记本科目（结转转入）。

5. 年末冲销有关明细科目余额。将本科目（年初余额调整、项目间接费用或管理费、结转转入）余额结转入本科目（累计结余）。结转后，本科目除"累计结余"明细科目外，其他明细科目应无余额。

6. 年末，事业单位将"非财政拨款结余分配"科目余额转入非财政拨款结余。"非财政拨款结余分配"科目为借方余额的，借记本科目（累计结余），贷记"非财政拨款结余分配"科目；"非财政拨款结余分配"科目为贷方余额的，借记"非财政拨款结余分配"科目，贷记本科目（累计结余）。

年末，行政单位将"其他结余"科目余额转入非财政拨款结余。"其他结余"科目为借方余额的，借记本科目（累计结余），贷记"其他结余"科目；"其他结余"科目为贷方余额的，借记"其他结余"科目，贷记本科目（累计结余）。

五、案例分析

【例12-11】经批准，某学校按照规定从科研项目预算收入中提取项目管理费20000元，账务处理如下：

财务会计分录：

借：单位管理费用 20000

　　贷：预提费用—项目管理费或管理费 20000

预算会计分录：

借：非财政拨款结转—项目管理费或管理费 20000

　　贷：非财政拨款结余—项目管理费或管理费 20000

【例12-12】2019年末，某学校"非财政拨款结余"科目的明细科目情况如下："年初余额调整"贷方1000元，"项目间接费用或管理费"借方20000元。该学校在进行冲抵时，账务处理如下：

预算会计分录：

借：非财政拨款结余—年初余额调整 1000

　　贷：非财政拨款结余—累计结余 1000

借：非财政拨款结余—累计结余 20000

　　贷：非财政拨款结余—项目间接费用或管理费 20000

第七节 专用结余

一、科目简介

本科目核算事业单位按照规定从非财政拨款结余中提取的具有专门用途的资金的变动和滚存情况。本科目年末贷方余额,反映事业单位从非同级财政拨款结余中提取的专用基金的累计滚存数额。

专用结余的管理应当遵循先提后用、收支平衡、专款专用的原则,支出不得超出结余规模。

二、明细科目

本科目应当按照专用结余的类别进行明细核算。

三、关联科目

本科目可关联非财政拨款结余分配、资金结存等科目。

四、账务处理

专用结余的主要账务处理如下:

1. 根据有关规定从本年度非财政拨款结余或经营结余中提取基金的,按照提取金额,借记"非财政拨款结余分配"科目,贷记本科目。

2. 根据规定使用从非财政拨款结余或经营结余中提取的专用基金时,按照使用金额,借记本科目,贷记"资金结存—货币资金"科目。

五、案例分析

见专用基金科目。

第八节　经营结余

一、科目简介

本科目核算事业单位本年度经营活动收支相抵后余额弥补以前年度经营亏损后的余额。年末结账后，本科目一般无余额；如为借方余额，反映事业单位累计发生的经营亏损。

经营结余反映了各学校开展经营活动的结果，可以通过如下公式进行计算：

经营结余＝经营收入－（经营支出＋经营业务负担的销售税金）。

二、明细科目

本科目可以按照经营活动类别进行明细核算。

三、关联科目

本科目可关联经营预算收入、经营支出、非财政拨款结余分配等科目。

四、账务处理

经营结余的主要账务处理如下：

1. 年末，将经营预算收入本年发生额转入本科目，借记"经营预算收入"科目，贷记本科目；将经营支出本年发生额转入本科目，借记本科目，贷记"经营支出"科目。

2. 年末，完成上述结转后，如本科目为贷方余额，将本科目贷方余额转入"非财政拨款结余分配"科目，借记本科目，贷记"非财政拨款结余分配"科目；如本科目为借方余额，为经营亏损，不予结转。

五、案例分析

【例12-13】某学校本年度发生经营预算收入500000元，发生经营支出400000元，年终结转，账务处理如下：

预算会计分录：

借：经营预算收入 500000
　　贷：经营结余 500000
借：经营结余 400000
　　贷：经营支出 400000
借：经营结余 100000
　　贷：非财政拨款结余分配 100000
不做财务会计分录

第九节　其他结余

一、科目简介

本科目核算单位本年度除财政拨款收支、非同级财政专项资金收支和经营收支以外各项收支相抵后的余额。年末结账后，本科目应无余额。

本科目无明细科目。

二、关联科目

本科目可关联预算收入类、预算支出类明细科目，及非财政拨款结余分配等科目。

三、账务处理

其他结余的主要账务处理如下：

1.年末，将事业预算收入、上级补助预算收入、附属单位上缴预算收入、非同级财政拨款预算收入、债务预算收入、其他预算收入本年发生额中的非专项资金收入以及投资预算收益本年发生额转入本科目，借记"事业预算收入""上级补助预算收入""附属单位上缴预算收入""非同级财政拨款预算收入""债务预算收入""其他预算收入"科目下各非专项资金收入明细科目和"投资预算收益"科目，贷记本科目（"投资预算收益"科目本年发生额为借方净额时，借记本科目，贷记"投资预算收益"科目）；将行政支出、事业支出、其他支出本年发生额中的非同级财政、非专项资金支出，以及上缴上级支出、对附属单位补助支出、投资支出、债务还本支出本年发生额转入本科目,借记本科目,贷记"行政支出""事业支出""其他支出"科目下各非同级财政、非专项资金支出明细科目和"上缴上级支出""对附属单位补助支出""投资支出""债务还本支出"科目。

2. 年末,完成上述结转后,行政单位将本科目余额转入"非财政拨款结余—累计结余"科目;事业单位将本科目余额转入"非财政拨款结余分配"科目。当本科目为贷方余额时,借记本科目,贷记"非财政拨款结余—累计结余"或"非财政拨款结余分配"科目;当本科目为借方余额时,借记"非财政拨款结余—累计结余"或"非财政拨款结余分配"科目,贷记本科目。

四、案例分析

【例 12-14】2019 年末,某幼儿园相关账目余额为:捐赠收入 10000 元,租金收入 15000 元,保育费收入 365000 元,相应支出共 372000 元,年终收支结转,账务处理如下:

预算会计分录:

借:事业预算收入—保育费 365000
　　其他预算收入—捐赠收入 10000
　　其他预算收入—租金收入 15000
　　贷:其他结余 390000
借:其他结余 372000
　　贷:事业支出—事业收入 360000
　　　　其他支出 12000
借:其他结余 18000
　　贷:非财政拨款结余分配 18000

第十节　非财政拨款结余分配

一、科目简介

本科目核算事业单位本年度非财政拨款结余分配的情况和结果。年末结账后,本科目应无余额。

本科目无明细科目。

二、关联科目

本科目可关联其他结余、经营结余、专用结余、非财政拨款结余等科目。

三、账务处理

非财政拨款结余分配的主要账务处理如下：

1. 年末，将"其他结余"科目余额转入本科目，当"其他结余"科目为贷方余额时，借记"其他结余"科目，贷记本科目；当"其他结余"科目为借方余额时，借记本科目，贷记"其他结余"科目。

年末，将"经营结余"科目贷方余额转入本科目，借记"经营结余"科目，贷记本科目。

2. 根据有关规定提取专用基金的，按照提取的金额，借记本科目，贷记"专用结余"科目。

3. 年末，按照规定完成上述处理后，将本科目余额转入非财政拨款结余。当本科目为借方余额时，借记"非财政拨款结余—累计结余"科目，贷记本科目；当本科目为贷方余额时，借记本科目，贷记"非财政拨款结余—累计结余"科目。

四、案例分析

【例12-15】2019年末，某职业高中相关账目余额为：其他结余20000元，经营结余100000元，按财政规定提取专用基金48000后进行结转，账务处理如下：

借：其他结余 20000
　　经营结余 100000
　　　贷：非财政拨款结余分配 120000
借：非财政拨款结余分配 120000
　　　贷：专用结余　48000
　　　　　非财政拨款结余—累计结余 72000

第十三章 期末结转与年终结账

每期期末,中小学校应根据财政部门或主管部门的决算编制要求,对各项收支、往来款项、货币资金和财产物资进行全面的清理结算,将本期内所发生的各项经济业务全部登记入账,并进行对账工作,包括账证核对、账账核对、账实核对,在保证账证相符、账账相符和账实相符的基础上进行期末结转,编报会计报表。

第一节 期末清理结算

一、月末清理

月末结转前应对以下事项进行清理,主要包括:
1. 清理检查记账凭证与原始凭证,检查各种凭证所填写的内容与附件反映的内容是否一致,是否完整,检查各种凭证是否签单完备。
2. 清理应归属本月的各项缴拨款项是否完成,凡属本期的行为,应在本期完成。
3. 清理各项应收应付往来款项,在条件许可的情况下,尽量在本期完成。
4. 盘点库存现金,与开户银行及财政支付中心对账,应保证账款相符,对盘盈或盘亏的事项查明原因,根据财务制度做相关账务处理。

二、年末清理

中小学校在年度终了前,应根据财政部门或主管部门的决算编审工作要求,对各项收支账目、往来款项、货币资金和财产物资进行全面的年终清理结算,在此基础上办理年度结账,编报决算。

年终清理结算的主要事项包括:

清理、核对年度预算收支数字和各项缴拨款项、上交下拨款项数字。年末,对财政部门、上级单位和所属各单位之间的全年预算数(包括追加、调减和上、下划数字)以及应上交、拨补的款项等,都应按规定逐笔进行清理结算,保证上下级之间的年度预算数、领拨经费数和上交、下拨数一致。

为了准确反映各项收支数额，凡属本年度的应拨应交款项，应当在12月31日前汇达对方。主管会计单位对所属各单位的拨款应截至12月25日为止，逾期一般不再下拨。

凡属本年的各项收入都应及时入账。本年的各项应缴预算款和应缴财政专户的预算外资金收入，应在年末全部上缴。属于本年的各项支出，应按规定的支出用途如实列报。

年度单位支出决算，一律以基层用款单位截至12月31日的本年实际支出数为准，不得将年末预拨下年的预算拨款列入本年的支出，也不得以上级会计单位的拨款数代替基层会计单位的实际支出数。

中小学校的往来款项，年末应尽量清理完毕。按照有关规定应当转作各项收入或各项支出的往来款项要及时转入各有关账户，编入本年决算。

中小学校年终应及时同开户银行对账，银行存款账面余额应同银行对账单的余额核对相符。现金账面余额应同库存现金核对相符。

年末，应对各项财产物资进行清理盘点。发生盘盈、盘亏的，应及时查明原因，按规定作出处理，调整账务，做到账实相符，账账相符。

中小学校在年终清理结算的基础上进行年终结账。年终结账包括年终转账、结清旧账和记入新账。

年终转账。账目核对无误后，首先计算出各科目借方或贷方的12月份合计数和全年累计数，结出12月末的余额。然后，编制结账前的"资产负债表"，试算平衡后，再将应对冲结转的各个收支科目的余额按年终冲转办法，填制12月31日的记账凭单办理结账冲转。

结清旧账。将转账后无余额的科目结出全年总累计数。

记入新账。根据本年度各科目余额，编制年终决算的"资产负债表"和有关明细表。将表列各科目的年终余额数（不编制记账凭单），直接记入新年度相应的各有关科目，并在"摘要"栏注明"上年结转"字样，以区别新年度发生数。

中小学校的决算经财政部门或上级单位审批后，需调整决算数字时，应报经财政部门或上级单位审批后，再做相应调整。

第二节　财务会计结转

财务会计结转分为月末结转和年末结转。

一、财务会计月末结转

在完成财务会计月末清理工作后，进行月末财务会计结转，具体流程见图13-1所示。

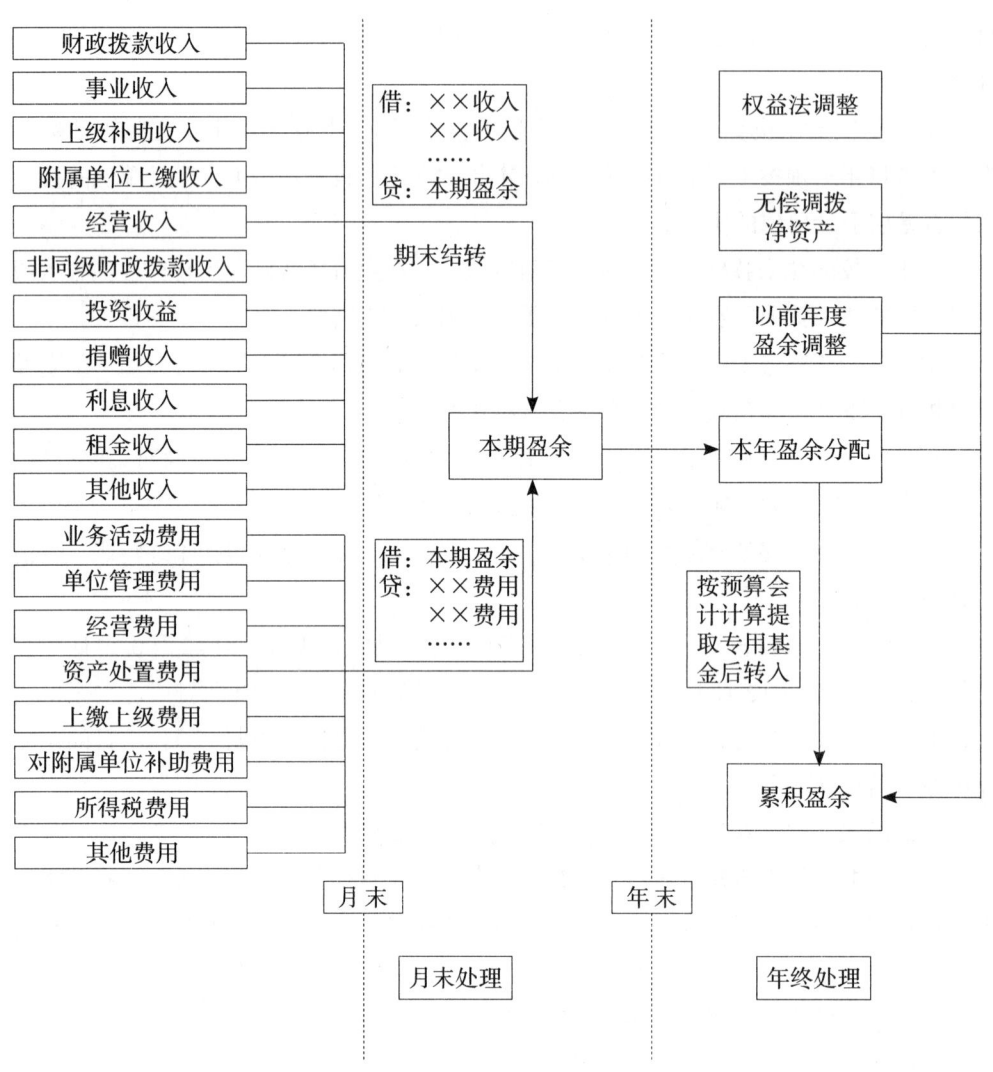

图13-1 财务会计结转流程

账务处理如下：

1.月末将本月财务会计的各项收入类科目本月发生额结转到"本期盈余"科目。

财务会计分录：

借：××收入

××收入
　　　……
　　贷：本期盈余
2. 月末将本月财务会计的各项费用类科目本月发生额结转到"本期盈余"科目。
财务会计分录：
借：本期盈余
　　贷：××费用
　　　　××费用
　　　　……

月末结转后，财务会计各项收入类科目和费用类科目无余额。"本期盈余"科目余额反映中小学校年初至当月月末收入和费用相抵后的盈亏状况。如为借方余额，反映中小学校年初至当月月末累计发生的亏损额；如为贷方余额，反映中小学校年初至当月月末累计发生的盈余额。

二、财务会计年末结转

年末，应对以下事项进行清理，具体包括：

1. 清理、核对本年度各项缴拨款项。年末，应按规定逐笔进行清理结算，凡属本年度的缴拨款项，应尽量在本年度内完成缴拨。

2. 中小学校的往来款项，年末应尽量清理完毕。按照有关规定应当转作各项收入或各项支出的往来款项要及时转入各有关账户。

3. 中小学校年终应及时同开户银行及财政支付中心对账，银行存款账面余额应同银行对账单的余额核对相符，零余额账户用款额度与财政支付中心余额核对相符。现金账面余额应同库存现金核对相符。

4. 年末，应对各项财产物资进行清理盘点。发生盘盈、盘亏的，应及时查明原因，按规定作出处理，调整账务，做到账实相符，账账相符。

在完成财务会计年末清理工作后，进行年末财务会计结转，具体流程如财务会计结转流程图所示。

账务处理如下：

1. 将"本期盈余"科目余额结转到"本年盈余分配"科目。
财务会计分录：
借：本期盈余
　　贷：本年盈余分配（或作相反分录）

2. 按照相关规定从本年度的非财政拨款结余或经营结余中提取专用基金，提取的金额是按照预算会计下计算提取的,与提取的"专用结余"科目金额是一致的。提取专用基金后,将提取后"本年盈余分配"的余额结转到"累计盈余"科目。

财务会计分录:

借:本年盈余分配

　　贷:专用基金

财务会计分录:

借:本年盈余分配

　　贷:累计盈余(或作相反分录)

3.将"无偿调拨净资产"科目余额结转到"累计盈余"科目。

财务会计分录:

借:无偿调拨净资产

　　贷:累计盈余(或作相反分录)

4.将"以前年度盈余调整"科目余额结转"累计盈余"科目。

财务会计分录:

借:以前年度盈余调整

　　贷:累计盈余(或作相反分录)

年末结转完成后,财务会计除资产类、负债类及净资产类中的"累计盈余""专用基金""权益法调整"科目外,其他科目无余额。

第三节　预算会计结转

预算会计一般只在年末进行结转。

在完成预算会计年末清理工作后,进行年末预算会计结转,具体流程如图13-2所示。

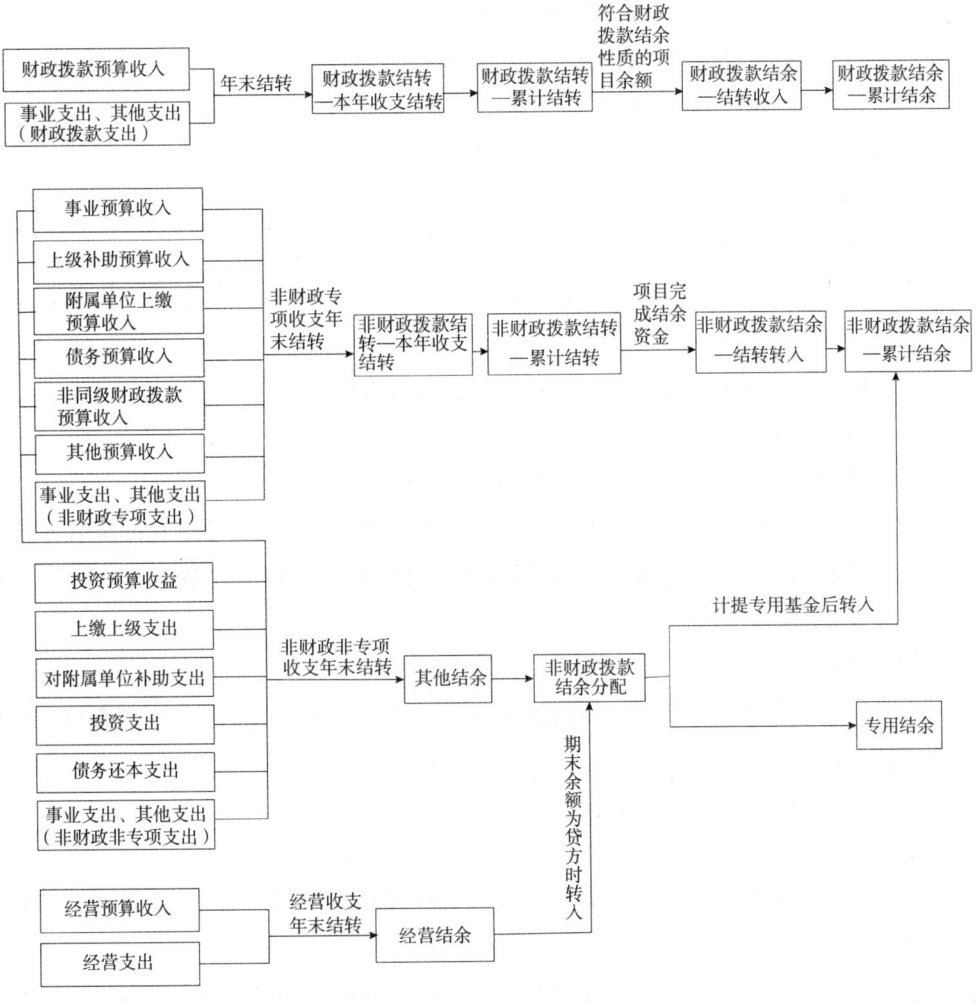

图 13-2 预算会计结转流程图

账务处理如下:

1. 财政拨款预算收支分"基本支出"和"项目支出"结转"财政拨款结转—本年收支结转"科目,再将"财政拨款结转"下各明细科目余额结转至"财政拨款结转—累计结转"科目。

(1)结转"财政预算拨款收入"中的"项目支出"

预算会计分录:

借:财政拨款预算收入—项目支出

　　贷:财政拨款结转—本年收支结转—项目支出结转

结转"事业支出"和"其他支出"科目中的"同级财政拨款"下的"项目支出"

预算会计分录:

借:财政拨款结转—本年收支结转—项目支出结转

贷：事业支出—同级财政拨款—项目支出
　　　　其他支出—同级财政拨款—项目支出
（2）结转"财政预算拨款收入"中的"基本支出"
预算会计分录：
　　借：财政拨款预算收入—基本支出
　　贷：财政拨款结转—本年收支结转—基本支出结转
结转"事业支出"和"其他支出"科目中的"同级财政拨款"下的"基本支出"
预算会计分录：
　　借：财政拨款结转—本年收支结转—基本支出结转
　　贷：事业支出—同级财政拨款—基本支出
　　　　其他支出—同级财政拨款—基本支出
（3）年末冲销"财政拨款结转"下各有关明细科目余额，将"财政拨款结转"科目下各明细科目余额结转"财政拨款结转—累计结转"科目下"基本支出结转"和"项目支出结转"。
预算会计分录：
　　借：财政拨款结转—年初余额调整（贷方余额）/归集调入/单位内部调剂/本年收支结转（贷方余额）
　　贷：财政拨款结转—累计结转
　　借：财政拨款结转—累计结转
　　贷：财政拨款结转—归集上缴/年初余额调整（借方余额）/归集调出/本年收支结转（借方余额）

2.非财政专项收支（除经营预算收支）结转"非财政拨款结转—本年收支结转"科目，再将"非财政拨款结转"下各明细科目余额结转至"非财政拨款结转—累计结转"科目。

（1）结转非财政专项收入
预算会计分录：
　　借：事业预算收入/上级补助预算收入/附属单位上缴预算收入/债务预算收入/非同级财政拨款预算收入/其他预算收入（此六项收入中非财政专项收入部分）
　　贷：非财政拨款结转—本年收支结转
录结转非财政专项支出
预算会计分录：
　　借：非财政拨款结转—本年收支结转
　　贷：事业支出/其他支出（此两项支出中非财政专项支出部分）

（2）年末冲销"非财政拨款结转"下各有关明细科目余额，将"非财政拨款结转"科目下各明细科目余额结转"非财政拨款结转—累计结转"科目。

预算会计分录：

借：非财政拨款结转—年初余额调整（贷方余额）/本年收支结转（贷方余额）

　　贷：非财政拨款结转—累计结转

借：非财政拨款结转—累计结转

　　贷：财政拨款结转—年初余额调整（借方余额）/缴回资金/项目间接费用或管理费/本年收支结转（借方余额）

3. 非财政非专项收支（除经营预算收支）结转到"其他结余"科目，再将"其他结余"收支冲抵后的余额结转"非财政拨款结余分配"科目。

（1）结转非财政非专项收入

预算会计分录：

借：事业预算收入/上级补助预算收入/附属单位上缴预算收入/债务预算收入/非同级财政拨款预算收入/其他预算收入（非财政非专项收入）

　　贷：其他结余

借：投资预算收益（全部余额）

　　贷：其他结余（或作相反分录）

结转非财政非专项支出

预算会计分录：

借：其他结余

　　贷：事业支出/其他支出（非财政非专项支出）

上缴上级支出/对附属单位补助支出/投资支出/债务还本支出（全部余额）

（2）年末将"其他结余"科目余额结转"非财政拨款结余分配"科目

预算会计分录：

借：其他结余

　　贷：非财政拨款结转分配（或作相反分录）

4. 经营预算收支结转到"经营结余"科目。如"经营结余"收支冲抵后为贷方余额，将贷方余额结转"非财政拨款结余分配"科目；如"经营结余"收支冲抵后为借方余额，则不予结转，留归"经营结余"科目。

（1）结转经营预算收入

预算会计分录：

借：经营预算收入

　　贷：经营结余

结转经营支出

预算会计分录：

借：经营结余

　　贷：经营支出

（2）年末"经营结余"科目为贷方余额时，将"经营结余"科目贷方余额结转至"非财政拨款结余分配"科目

预算会计分录：

借：经营结余

　　贷：非财政拨款结余分配

5. 分析结转"财政拨款结转"科目

年末，对形成的"财政拨款结转—累计结转—项目支出结转"科目各明细项目执行情况进行分析，按照有关规定将符合财政拨款结余性质的项目余额转入"财政拨款结余–结转转入"科目。

预算会计分录：

借：财政拨款结转—累计结转—项目支出结转（符合财政拨款结余性质的项目余额）

　　贷：财政拨款结余—结转转入

6. 冲销"财政拨款结余"下各有关明细科目余额

年末，将"财政拨款结余"下各有关明细科目余额转入"财政拨款结余—累计结余"科目。

预算会计分录：

借：财政拨款结余—年初余额调整（贷方余额）/结转转入（全部余额）

　　贷：财政拨款结余—累计结余

借：财政拨款结余—累计结余

　　贷：财政拨款结余—年初余额调整（借方余额）/归集上缴（全部余额）/单位内部调剂（全部余额）

7. 分析结转"非财政拨款结转"科目

年末，对"非财政拨款结转—累计结转"科目各项目情况进行分析，将项目已完成的但可以留归本单位继续使用的非财政专项剩余资金转入"非财政拨款结余—结转转入"科目，将项目未完成的需要下年继续的非财政专项资金，保留在"非财政拨款结转—累计结转"科目。

预算会计分录

借：非财政拨款结转—累计结转（已完成项目可以留归本单位使用的非财政专项

剩余资金）

  贷：非财政拨款结余—结转转入

  8.冲销"非财政拨款结余"下各有关明细科目余额

  年末，将"非财政拨款结余"下各有关明细科目余额转入"非财政拨款结余—累计结余"科目。

  预算会计分录

  借：非财政拨款结余—年初余额调整（贷方余额）/结转转入（全部余额）

    贷：非财政拨款结余—累计结余

  借：非财政拨款结余—累计结余

    贷：非财政拨款结余—年初余额调整（借方余额）/归集上缴（全部余额）/单位内部调剂（全部余额）

  9.结转"非财政拨款结余分配"科目

  年末，中小学校对可供分配的"非财政拨款结余分配"科目，根据有关规定提取专用基金后，将"非财政拨款结余分配"科目余额转入"非财政拨款结余—累计结余"科目。

  按规定提取专用基金

  预算会计分录：

  借：非财政拨款结余分配

    贷：专用结余

  结转"非财政拨款结余分配"科目余额

  预算会计分录：

  借：非财政拨款结余分配

    贷：非财政拨款结余—累计结余（或作相反分录）

  年末结转完成后，预算会计除预算结余类中的"资金结存""财政拨款结转—累计结转""财政拨款结余—累计结余""非财政拨款结转—累计结转""非财政拨款结余—累计结余""经营结余"的借方余额、"专用结余"科目外，其他科目无余额。

第三节　难点解析

一、单位年末有暂收暂付非财政资金的会计处理

  《政府会计准则制度解释第1号》第三条规定：单位对于纳入本年度部门预算管理的现金收支业务，在采用财务会计核算的同时应当及时进行预算会计核算。年末结

账前,单位应当对暂收暂付款项进行全面清理,并对于纳入本年度部门预算管理的暂收暂付款项进行预算会计处理,确认相关预算收支,确保预算会计信息能够完整反映本年度部门预算收支执行情况。

1. 对于纳入本年度部门预算管理的暂付款项,按照《政府会计制度》规定,单位在支付款项时可不做预算会计处理,待结算或报销时,按照结算或报销的金额,借记相关预算支出科目,贷记"资金结存"科目。但是,在年末结账前,对于尚未结算或报销的暂付款项,单位应当按照暂付的金额,借记相关预算支出科目,贷记"资金结存"科目。以后年度,实际结算或报销金额与已计入预算支出的金额不一致的,单位应当通过相关预算结转结余科目"年初余额调整"明细科目进行处理。

2. （1）对于应当纳入下一年度部门预算管理的暂收款项,单位在收到款项时,借记"银行存款"等科目,贷记"其他应付款"科目;本年度不做预算会计处理。待下一年初,单位应当按照上年暂收的款项金额,借记"其他应付款"科目,贷记有关收入科目;同时在预算会计中,按照暂收款项的金额,借记"资金结存"科目,贷记有关预算收入科目。

（2）对于应当纳入下一年度部门预算管理的暂付款项,单位在付出款项时,借记"其他应收款"科目,贷记"银行存款"等科目,本年度不做预算会计处理。待下一年实际结算或报销时,单位应当按照实际结算或报销的金额,借记有关费用科目,按照之前暂付的款项金额,贷记"其他应收款"科目,按照退回或补付的金额,借记或贷记"银行存款"等科目;同时,在预算会计中,按照实际结算或报销的金额,借记有关支出科目,贷记"资金结存"科目。下一年度内尚未结算或报销的,按照上述（1）中的规定处理。

3. 对于不纳入部门预算管理的暂收暂付款项（如应上缴、应转拨或应退回的资金）,单位应当按照《政府会计制度》规定,仅作财务会计处理,不做预算会计处理。

二、单位年末无暂收暂付非财政资金的会计处理

如果单位年末无暂收暂付款项,则财务会计中的"库存现金"（不包括受托代理资产）、"银行存款"（不包括受托代理资产）、"零余额账户用款额度""其他货币资金""财政应返还额度"科目资金总额应等于预算会计中"资金结存"科目金额。

例：A学校年末财务会计科目金额分别为：

库存现金（不包括受托代理资产）：5000元

银行存款（不包括受托代理资产）：25000元

零余额账户用款额度：32000元

其他货币资金：1500元

财政应返还额度：20000元

则对应预算会计科目金额分别如下：

资产（财务会计）			预算结余（预算会计）		
1001	库存现金	5000	8001-02-01	库存现金	5000
1002	银行存款	25000	8001-02-02	银行存款	25000
1011	零余额账户用款额度	32000	8001-01	零余额账户用款额度	32000
1021	其他货币资金	1500	8001-02-03	其他货币资金	1500
1201	财政应返还额度	20000	8001-03	财政应返还额度	20000

第十四章　报表与报告

第一节　报表与报告的种类及主要内容

表 14-1　　　　　　　　　常用报表、附注、报告

常用报表、附注、报告			
政府财务报告	政府部门财务报告：是指政府各部门、各单位按规定编制的财务报告。	财务报表	会政财 01 表，资产负债表（月度、年度）
			会政财 02 表，收入费用表（月度、年度）
			报表附注（年度）
		财务分析	
	政府综合财务报告（由政府财政部门编制）		
政府决算报告：是综合反映政府会计主体年度预算收支执行结果的文件。		预算会计报表	会政预 01 表，预算收入支出表（年度）
			会政预 02 表，预算结转结余变动表（年度）
			会政预 03 表，财政拨款预算收入支出表（年度）

一、报表编制原则

中小学校应当根据政府会计制度规定编制真实、完整的财务报表和预算会计报表，不得违反政府会计制度规定随意改变财务报表和预算会计报表的编制基础、编制依据、编制原则和方法，不得随意改变政府会计制度规定的财务报表和预算会计报表有关数据的会计口径。

财务报表和预算会计报表应当根据登记完整、核对无误的账簿记录和其他有关资料编制，做到数字真实、计算准确、内容完整、编报及时。

二、财务报告与决算报告的关系

1.财务报告的目标是向财务报告使用者提供与政府的财务状况、运行情况（含运行成本）和现金流量等有关信息，反映政府会计主体公共受托责任履行情况，有助于财务报告使用者作出决策或者进行监督和管理。政府财务报告使用者包括各级人民代表大会常务委员会、债权人、各级政府及其有关部门、政府会计主体自身和其他利益相关者。

政府财务报告的编制主要以权责发生制为基础，以财务会计核算生成的数据为准。

2.决算报告的目标是向决算报告使用者提供与政府预算执行情况有关的信息，综合反映政府会计主体预算收支的年度执行结果，有助于决算报告使用者进行监督和管理，并为编制后续年度预算提供参考和依据。决算报告的使用者包括各级人民代表大会及其常务委员会、各级政府及其有关部门、政府会计主体自身、社会公众和其他利益相关者。

政府决算报告的编制主要以收付实现制为基础，以预算会计核算生成的数据为准。

两套报告既有联系又有区别，各有侧重、互为补充、有机衔接。

三、政府财务报告

1.政府财务报告包括政府综合财务报告和政府部门财务报告。

政府综合财务报告是指由政府财政部门编制的，反映各级政府整体财务状况、运行情况和财政中长期可持续性的报告。学校不用编制政府综合财务报告。

政府部门财务报告是指政府各部门、各单位按规定编制的财务报告。学校要编制政府部门财务报告（单位版）。

2.政府部门财务报告编制范围包括：

（1）部门及部门所属的行政事业单位，不包括企业（集团）下属的事业单位。即包括基层学校。

（2）与同级财政部门有预算拨款关系的社会团体。

（3）财政部对政府部门财务报告编制范围另有规定的，依照其规定。

（4）各单位应当按照本指南规定编制本单位财务报告并按照财务管理关系报送上

级单位；上级单位除编制本单位财务报告外，还应当按照本指南规定对本单位和所属单位财务报表进行合并，编制合并财务报告。主管部门编制的合并财务报告，即部门财务报告。

3.财务报表是对政府会计主体财务状况、运行情况和现金流量等信息的结构性表述。

财务报表包括会计报表和报表附注。会计报表包括资产负债表和收入费用表。财政部2019年12月发布的财库【2019】57号《政府部门财务报告编制操作指南（试行）》，没有净资产变动表。公办义务教育学校因为主要使用财政资金，不向学生收取学费，所以一般不必编制现金流量表。

政府会计主体应当根据相关规定编制合并财务报表年表。如乡镇学区编制的合并基层学校的财务报表。2019年12月《政府部门财务报告编制操作指南（试行）》删除了当期盈余与预算结余差异表。

（1）资产负债表（年表）反映政府部门年末财务状况。资产负债表应当按照资产、负债和净资产分类分项列示。

（2）收入费用表（年表）反映政府部门年度运行情况。收入费用表应当按照收入、费用和盈余分类分项列示。

（3）报表附注，重点对会计报表作进一步解释说明。

四、政府决算报告

1.政府决算报告是综合反映政府会计主体年度预算收支执行结果的文件。

政府决算报告应当包括决算报表和其他应当在决算报告中反映的相关信息和资料。

政府财务报告是反映政府会计主体某一特定日期的财务状况和某一会计期间的运行情况和现金流量等信息的文件。

2.预算会计报表至少包括预算收入支出表、预算结转结余变动表和财政拨款预算收入支出表。

单位应当至少按照年度编制财务报表和预算会计报表。财务报表和预算会计报表应当由单位负责人和主管会计工作的负责人、会计机构负责人（会计主管人员）签名并盖章。

第二节 财务报表

一、概述

财务报表的资产负债和收入费用表一般情况下需要编制月度报表。

政府会计主体至少应当按年编制财务报表。年度财务报表涵盖的期间短于一年的，应当披露年度财务报表的涵盖期间、短于一年的原因以及报表数据不具可比性的事实。年度终了必须编制年表。

合并财务报表，是指反映合并主体和其全部被合并主体形成的报告主体整体财务状况与运行情况的财务报表。

合并主体，是指有一个或一个以上被合并主体的政府会计主体。合并主体通常也是合并财务报表的编制主体。

被合并主体，是指符合本准则规定的纳入合并主体合并范围的会计主体。

法人单位（基层学校）每月编制财务报表。乡镇学区有下属基层学校，一般情况下每月编制合并财务报表。

部门（单位）合并财务报表的合并范围一般应当以财政预算拨款关系为基础予以确定。有下级预算单位的部门（单位）为合并主体，其下级预算单位为被合并主体。合并主体应当将其全部被合并主体纳入合并财务报表的合并范围。

部门（单位）所属的企业不纳入部门（单位）合并财务报表的合并范围。

部门（单位）合并资产负债表应当以部门（单位）本级和其被合并主体，在抵销内部业务或事项对合并资产负债表的影响后，由部门（单位）本级合并编制。

编制部门（单位）合并资产负债表时，需要抵销的内部业务或事项包括：

（1）部门（单位）本级和其被合并主体之间、被合并主体相互之间的债权（含应收款项坏账准备，下同）、债务项目；

（2）部门（单位）本级和其被合并主体之间、被合并主体相互之间其他业务或事项对部门（单位）合并资产负债表的影响。

在编制合并会计报表时，抵消分录的写法参见下一个章节。

合并财务报表至少包括下列组成部分：

（1）合并资产负债表；

（2）合并收入费用表；

（3）附注。

合并财务报表按照合并级次分为部门（单位）合并财务报表、本级政府合并财务报表和行政区政府合并财务报表。

二、编制合并财务报表

1. 合并财务报表应当以合并主体和其被合并主体的财务报表为基础，根据其他有关资料加以编制。

合并财务报表应当以权责发生制为基础编制。合并主体和其合并范围内被合并主体个别财务报表应当采用权责发生制基础编制，按规定未采用权责发生制基础编制的，应当先调整为权责发生制基础的财务报表，再由合并主体进行合并。

编制合并财务报表时，应当将合并主体和其全部被合并主体视为一个会计主体，遵循政府会计准则制度规定的统一的会计政策。合并范围内合并主体、被合并主体个别财务报表未遵循政府会计准则制度规定的统一会计政策的，应当先调整为遵循政府会计准则制度规定的统一会计政策的财务报表，再由合并主体进行合并。

编制合并财务报表的程序主要包括：

（1）根据本准则第十七条规定，对需要进行调整的个别财务报表进行调整，以调整后的个别财务报表作为编制合并财务报表的基础；

（2）将合并主体和被合并主体个别财务报表中的资产、负债、净资产、收入和费用项目进行逐项合并；

（3）抵销合并主体和被合并主体之间、被合并主体相互之间发生的债权债务、收入费用等内部业务或事项对财务报表的影响。

对于在报告期内因划转而纳入合并范围的被合并主体，合并主体应当将其报告期内的收入、费用项目金额包括在本期合并收入费用表的本期数中，合并资产负债表的期初数不作调整。

对于在报告期内因划转而不再纳入合并范围的被合并主体，其报告期内的收入、费用项目金额不包括在本期合并收入费用表的本期数中，合并资产负债表的期初数不作调整。

合并主体应当确保划转双方的会计处理协调一致，确保不重复、不遗漏，并在合并财务报表附注中对划转情况及其影响进行充分披露。

在报告期内，被合并主体撤销的，其期初资产、负债和净资产项目金额应当包括在合并资产负债表的期初数中，其期初至撤销日的收入、费用项目金额应当包括在本期合并收入费用表的本期数中，其期初至撤销日的收入、费用项目金额所引起的净资产变动金额应当包括在合并资产负债表的期末数中。

2. 在编制合并财务报表时，被合并主体除了应当向合并主体提供财务报表外，还应当提供下列有关资料：

（1）采用的与政府会计准则制度规定的统一的会计政策不一致的会计政策及其影响金额；

（2）其与合并主体、其他被合并主体之间发生的所有内部业务或事项的相关资料；

（3）编制合并财务报表所需要的其他资料。

3. 附注。

合并财务报表附注一般应当披露下列信息：

（1）合并财务报表的编制基础。

（2）遵循政府会计准则制度的声明。

（3）合并财务报表的合并主体、被合并主体清单。

（4）合并主体、被合并主体个别财务报表所采用的编制基础，所采用的与政府会计准则制度规定不一致的会计政策，编制合并财务报表时的调整情况及其影响。

（5）本期增加、减少被合并主体的基本情况及影响。

（6）合并财务报表重要项目明细信息及说明。

（7）未在合并财务报表中列示但对报告主体财务状况和运行情况有重大影响的事项的说明。

（8）需要说明的其他事项。

表 14-2　　　　　　　　　　资产负债表

编制单位：　　　　　　　　　　　　　　　　　　　年　月　日　　　单位：元

资产	期末余额	年初余额	负债和净资产	期末余额	年初余额
流动资产：			**流动负债：**		
货币资金			短期借款		
短期投资			应交增值税		
财政应返还额度			其他应交税费		
应收票据			应缴财政款		
应收账款净额			应付职工薪酬		
预付账款			应付票据		
应收股利			应付账款		
应收利息			应付政府补贴款		
其他应收款净额			应付利息		
存货			预收账款		

续表

资产	期末余额	年初余额	负债和净资产	期末余额	年初余额
待摊费用			其他应付款		
一年内到期的非流动资产			预提费用		
其他流动资产			一年内到期的非流动负债		
流动资产合计			其他流动负债		
非流动资产：			**流动负债合计**		
长期股权投资			**非流动负债：**		
长期债券投资			长期借款		
固定资产原值			长期应付款		
减：固定资产累计折旧			预计负债		
固定资产净值			其他非流动负债		
工程物资			**非流动负债合计**		
在建工程			受托代理负债		
无形资产原值			**负债合计**		
减：无形资产累计摊销					
无形资产净值					
研发支出					
公共基础设施原值					
减：公共基础设施累计折旧（摊销）					
公共基础设施净值					
政府储备物资					
文物文化资产					
保障性住房原值					
减：保障性住房累计折旧			**净资产：**		
保障性住房净值			累计盈余		
长期待摊费用			专用基金		
待处理财产损溢			权益法调整		
其他非流动资产			无偿调拨净资产*		——
非流动资产合计			本期盈余*		——
受托代理资产			**净资产合计**		
资产总计			**负债和净资产总计**		

注："*"标识项目为月报项目，年报中不需列示。

表 14-3 收入费用表（1）

编制单位：　　　　　　　　　　　　年　　月　　　　　　单位：元

项目	本月数	本年累计数
一、本期收入		
（一）财政拨款收入		
其中：政府性基金收入		
（二）事业收入		
（三）上级补助收入		
（四）附属单位上缴收入		
（五）经营收入		
（六）非同级财政拨款收入		
（七）投资收益		
（八）捐赠收入		
（九）利息收入		
（十）租金收入		
（十一）其他收入		
其中：食堂净收入		
二、本期费用		
（一）业务活动费用		
（二）单位管理费用		
（三）经营费用		
（四）资产处置费用		
（五）上缴上级费用		
（六）对附属单位补助费用		
（七）所得税费用		
（八）其他费用		
三、本期盈余		

表 14-4　　　　　　　　　　　　　　　　收入费用表（2）

编制单位：　　　　　　　　　　　　　　　　年　　月　　　　　　单位：元

项目	本月数	本年累计数
一、本期收入		
（一）财政拨款收入		
其中：政府性基金收入		
（二）事业收入		
（三）上级补助收入		
（四）附属单位上缴收入		
（五）经营收入		
（六）非同级财政拨款收入		
（七）投资收益		
（八）捐赠收入		
（九）利息收入		
（十）租金收入		
（十一）其他收入		
其中：食堂净收入		
二、本期费用		
工资福利费用		
商品和服务费用		
对个人和家庭的补助费用		
对企业补助费用		
固定资产折旧费用		
无形资产摊销费用		
公共基础设施折旧（摊销）费用		
保障性住房折旧费用		
计提专用基金		
资产处置费用		
上缴上级费用		
对附属单位补助费用		
所得税费用		
其他费用		
三、本期盈余		

第三节 编制财务报告

政府部门年度财务报告的编制工作分为三个阶段：

第一个阶段，编制单位年度财务报表及附注。单位按照《单位基础信息填报说明》填写基础信息，并根据执行的会计制度和《会计报表项目对照表》编制财务报表。含报表附注。

第二个阶段，编制年度合并财务报表。有下属单位的单位除编制本单位财务报表外，应逐级对本单位和所属单位会计报表数据进行合并。如有下属基层学校的乡镇学区编报合并财务报表。

第三个阶段，编制财务分析，形成政府部门年度财务报告。政府部门财务分析主要包括财务状况分析、运行情况分析、相关指标变化情况及趋势分析，以及政府部门财务管理方面采取的主要措施和取得成效等。

第四节 预算会计报表

根据 2017 年 10 月财会【2017】25 号文《政府会计制度——行政事业单位会计科目和报表》，预算会计报表至少包括预算收入支出表、预算结转结余变动表和财政拨款预算收入支出表。

表 14-5　　　　　　　　　　预算收入支出表

编制单位：　　　　　　　　　　　　年　　　　　　　　　　单位：元

项目	本年数	上年数
一、本年预算收入		
（一）财政拨款预算收入		
其中：政府性基金收入		
（二）事业预算收入		
（三）上级补助预算收入		
（四）附属单位上缴预算收入		
（五）经营预算收入		

续表

项目	本年数	上年数
（六）债务预算收入		
（七）非同级财政拨款预算收入		
（八）投资预算收益		
（九）其他预算收入		
其中：利息预算收入		
捐赠预算收入		
租金预算收入		
食堂净预算收入		
二、本年预算支出		
（一）行政支出		
（二）事业支出		
（三）经营支出		
（四）上缴上级支出		
（五）对附属单位补助支出		
（六）投资支出		
（七）债务还本支出		
（八）其他支出		
其中：利息支出		
捐赠支出		
三、本年预算收支差额		

表 14-6 　　　　　　　　　　　　预算结转结余变动表

编制单位：　　　　　　　　　　　　　　　　　年　　　　　　　　　　单位：元

项目	本年数	上年数
一、年初预算结转结余		
（一）财政拨款结转结余		
（二）其他资金结转结余		
二、年初余额调整（减少以"-"号填列）		
（一）财政拨款结转结余		
（二）其他资金结转结余		
三、本年变动金额（减少以"-"号填列）		
（一）财政拨款结转结余		
1. 本年收支差额		
2. 归集调入		
3. 归集上缴或调出		
（二）其他资金结转结余		
1. 本年收支差额		
2. 缴回资金		
3. 使用专用结余		
4. 支付所得税		
四、年末预算结转结余		
（一）财政拨款结转结余		
1. 财政拨款结转		
2. 财政拨款结余		
（二）其他资金结转结余		
1. 非财政拨款结转		
2. 非财政拨款结余		
3. 专用结余		
4. 经营结余（如有余额，以"-"号填列）		

表 14-7　　　　　　　　　　　　　财政拨款预算收入支出表

编制单位：　　　　　　　　　　　　　　　　　　　年　　　　　　　　　　　　　单位：元

项目	年初财政拨款结转结余		调整年初财政拨款结转结余	本年归集调入	本年归集上缴或调出	单位内部调剂		本年财政拨款收入	本年财政拨款支出	年末财政拨款结转结余	
	结转	结余				结转	结余			结转	结余
一、一般公共预算财政拨款											
（一）基本支出											
1. 人员经费											
2. 日常公用经费											
（二）项目支出											
1.××项目											
2.××项目											
……											
二、政府性基金预算财政拨款											
（一）基本支出											
1. 人员经费											
2. 日常公用经费											
（二）项目支出											
1.××项目											
2.××项目											
……											
总计											

第四节 编制决算报告

政府决算报告是综合反映政府会计主体年度预算收支执行结果的文件。

政府决算报告应当包括决算报表和其他应当在决算报告中反映的相关信息和资料。

政府决算报告的具体内容及编制要求等，由财政部规定。

附：

部门决算分析报告撰写提纲（基层单位版）

一、单位情况

（一）基本情况

1. 主要职能。

2. 机构情况，包括当年变动情况及原因。

3. 人员情况，包括当年变动情况及原因。

（二）当年取得的主要事业成效。

概述单位工作开展情况及主要事业成效。

二、收入支出预算执行情况分析

（一）收入支出预算安排情况

包括单位收入、支出年初预算安排情况，与上年对比情况及增减变动原因（可用柱形图或折线图）。

（二）收入支出预算执行情况

当年收入支出预算执行基本情况，与上年度对比情况，包括增减绝对值与幅度，增减变动主要原因（可用柱形图或折线图）。

1. 收入支出与预算对比分析。

（1）预、决算差异情况，可分收入支出功能科目、分单位、分收入支出具体项目逐项对比（可列表）。

（2）差异原因分析。差异较大的应分析到具体收入支出功能科目和具体单位。

2. 收入支出结构分析。

（1）各项收入占总收入的比重，各项支出占总支出的比重（可分别制作饼状图）。

（2）收入支出与上年度对比情况及原因分析（可用柱形图或折线图）。

3. 支出按经济分类科目分析。

（1）"三公"经费支出情况：可进行上下年对比、预决算对比，人均支出情况分析（可做表、柱图、折线图）。

（2）会议费支出情况：可进行上下年对比、预决算对比，人均支出情况分析（可做表、柱图、折线图）。

（3）培训费支出情况：可进行上下年对比、预决算对比，人均支出情况分析（可做表、柱图、折线图）。

（4）其他对单位影响较大的支出情况。

（5）重点经济分类支出中存在的问题及改进措施。

4.财政拨款收入、支出分析。

分析财政拨款收入、支出总体情况，支出要按照基本支出和项目支出分析具体构成及特点。

（三）年末结转和结余情况

1.分资金来源、资金性质结转和结余情况，特别是项目经费结转和结余情况。

2.结转和结余规模较大的原因分析及消化结转和结余的对策。

（四）与预算支出相关的其他指标分析

对资产、负债信息进行分析，主要分析与上年度对比情况，包括增减绝对值与幅度，增减变动主要原因（可用柱形图或折线图），对预算编制和执行的影响等。

（五）绩效目标完成情况

1.概述项目绩效目标完成情况。

2.概述本单位整体支出绩效目标实现情况（如有）。

（六）当年预算执行及绩效管理中存在问题、原因及改进措施

三、本年度部门决算等财务工作开展情况

（一）本单位财务管理、绩效管理、决算组织、编报、审核情况。

（二）本单位决算及绩效信息公开工作开展情况。

（三）对单位决算管理及报表设计的意见建议。

（四）对加强部门决算数据分析利用工作的建议。

注：收入支出预算执行情况分析可参考部门决算分析评价表及行政事业单位财务分析指标。

第十五章　学校食堂的会计核算

第一节　概述

《关于中小学校执行〈政府会计制度——行政事业单位会计科目和报表〉的补充规定》对食堂等具有后勤保障职能的校内独立核算单位的有关业务的会计核算做出了规定，现以学校附属食堂为例，对规定中的相关内容进行分析解读。

（一）机构及人员设置

学校食堂管理实行校长负责制。《农村义务教育学校食堂管理暂行办法》教育部、中宣部等十五部门教财〔2012〕2号规定校长是第一责任人，对学校食堂管理工作负总责。学校应建立由校领导、后勤管理部门负责人和食堂管理人员组成的食堂管理工作领导小组，全面负责学校食堂管理。重大开支和重要事项，由集体讨论决定。

学校食堂管理应加强内部控制。针对学校食堂管理的各个关键环节，建立健全严密有效的内部控制制度，强化内部控制，提高管理水平。具体岗位设置及职责包括：主管领导负责采购、收支等事项的审批；执行岗位包括：收费员、入库员、出库员、记录员、出纳、会计、档案保管员、内部监督员等。人员安排坚持不相容岗位相互分离原则：审批与执行岗位相分离；出入库人员与记录人员相分离；收费员、出纳与会计相分离；出纳与档案保管相分离；内部监督与执行岗位相分离。学校食堂管理应落实岗位责任制，并定期轮岗，达不到轮岗条件的采取专项审计。

（二）账户及账簿设置

中小学校经县级财政局审批，可在银行开设一个学校食堂账户，不允许多头开户。也可以在县级教育支付分中心内开设子（分）账户，严禁在学校领导、食堂管理人员银行卡（折）上存取食堂资金。食堂在银行开设账户所产生的利息收入，以及包装物出售、饭菜下脚料处理所产生的收入，一律计入食堂收入。不准违规使用大额现金支付，严禁挪用、转移食堂收入或设立"小金库"。《农村义务教育学校食堂管理暂行办法》第四十九条：不得转移食堂收入。严禁挪用食堂资金或设立"小金库"。

《农村义务教育学校食堂管理暂行办法》规定：学校食堂财务纳入学校财务统一

管理，实行专账核算。对营养改善资金收支情况必须设立专门台账，明细核算。中小学应严格区分核算主体，由财政经费保障的人员、设施设备等方面的费用不得在食堂专账中列支。年末，抵销中小学校与本校食堂内部往来后，将食堂收支净额并入学校账目。

中小学食堂会计核算采用权责发生制原则。在实际操作中，只做《政府会计制度》中的财务会计部分，不做预算会计部分。

表15-1　　　　　　　　　　账簿设立

账簿名称	记录人	依据	核对依据
库存物品数量金额明细账	保管员	入库单、出库单	会计库存物品金额账及实物数
现金日记账	出纳	收付款凭证	库存现金
银行存款日记账	出纳	收付款凭证	银行对账单
明细账（收入、费用、往来）	会计	记账凭证	记账凭证、总账
总账	会计	记账凭证或科目汇总表	明细账

（三）会计科目设置

表15-2　　　　　　　　　　会计科目表

序号	科目编号及名称	序号	科目编号及名称
	一、资产类		三、净资产类
1	1001　库存现金	10	3001　累计盈余
2	1002　银行存款		300101　营养餐累计盈余
3	1218　其他应收款		300102　非营养餐累计盈余
4	1302　库存物品	11	3301　本期盈余
5	1902　待处置财产损益		330101　营养餐本期盈余
6	1999　库存饭菜票		330102　非营养餐本期盈余
	二、负债类	12	3901　饭菜票基金
7	2302　应付账款		四、收入类
8	2305　预收伙食费	13	4201　上级补助收入
9	2307　其他应付款	14	4401　伙食收入
	230701　营养餐拨款		440101　营养餐收入
	230702　非营养餐拨款		440102　非营养餐收入

续表

序号	科目编号及名称	序号	科目编号及名称
15	4609　其他收入		520101　营养餐费用
	五、费用类		520102　非营养餐费用
16	5201　伙食费用	17	5901　其他费用

第二节　资产类科目简介

一、库存现金

1. 本科目核算中小学校食堂的库存现金。采购员周转使用的备用金，在"其他应收款"科目中核算。

2. 中小学校食堂应当严格按照国家有关现金管理规定收支现金，并按照本办法规定核算现金的各项收支业务。

3. 库存现金的主要账务处理如下：收到现金，借记本科目，贷记有关科目；支出现金，借记有关科目，贷记本科目。

4. 中小学校食堂应设置"现金日记账"，由出纳人员根据收付款凭证，按照业务发生先后顺序逐笔登记。每日终了，应计算当日的现金收入合计数、现金支出合计数和结余数，将结余数与实际库存数核对，做到账款相符。

5. 本科目期末借方余额，反映中小学校食堂实际库存现金数。

二、银行存款

1. 本科目核算中小学校食堂存入银行等金融机构的各种存款。学校食堂只允许在银行开设一个账户。

2. 中小学校食堂应当严格按照国家有关支付结算办法的规定办理银行存款收支业务，并按照本办法规定核算银行存款的各项收支业务。

3. 银行存款的主要账务处理如下：将款项存入银行时，借记本科目，贷记有关科目；提取或支付存款时，借记有关科目，贷记本科目。

4. 中小学校食堂应当按开户银行的名称设置"银行存款日记账"，出纳人员根据收付款凭证，按照业务发生先后顺序逐笔登记，每日终了应结出余额。"银行存款日记账"应定期与"银行对账单"核对，至少每月核对一次。月度终了，银行存款账面余额与银行对账单余额之间如有差额，必须逐笔查明原因并进行处理，按月编制"银行存款余额调节表"调节相符。

5. 本科目期末借方余额，反映中小学校食堂的实际存入银行等金融机构的款项。

三、其他应收款

1. 本科目核算中小学校食堂发生的其他各项应收及暂付款等。采购员周转使用的备用金，在本科目中核算。

2. 本科目应当按照其他应收款的类别以及债务人进行明细核算。

3. 其他应收款的主要账务处理如下：发生其他各项应收及暂付款时，借记本科目，贷记"库存现金"等科目；收回或结算各种暂付款时，借记有关科目，贷记本科目。

4. 本科目期末借方余额，反映中小学校食堂尚未收回的其他应收款。

三、库存物品

1. 本科目核算中小学校食堂库存物品的实际成本。

库存物品是指中小学校食堂在经营活动中为耗用而储存的各种主、副食品及燃料等一次购买分批分期使用的各种货物。

食堂随买随用的零星货物，可以在购进时直接列费用，不通过本科目核算。

2. 本科目应当按照库存物品的种类等进行明细核算。可按以下九类进行明细核算：①粮食、②食油、③蔬菜、④肉（豆）制品、⑤水产品、⑥蛋奶类、⑦调料、⑧燃料、⑨其他材料。

3. 库存物品的主要账务处理如下：取得的库存物品，应当按照其取得时的成本入账。购入库存物品验收入库后，按照确定的成本，借记本科目，贷记"银行存款""应付账款"等科目。领用库存物品时，平时只填制出库单，登记库存物品明细账或明细表（数量），月末汇总，可选择用加权平均法、先进先出法或者个别计价法确定计算发出库存物品实际成本，借记"伙食费用"科目，贷记本科目。领用库存物品时计算成本的方法，一旦确定，不得随意更改。

4. 中小学校食堂的库存物品应当定期进行清查盘点，至少每月盘点一次。对于发生的库存物品盘盈、盘亏或报废、毁损，应当及时查明原因，按规定报经批准后通过"待处置财产损益"科目进行账务处理。

5. 本科目期末借方余额，反映中小学校食堂库存物品的实际成本。

四、待处置财产损益

1. 本科目核算中小学校食堂在资产清查过程中查明的各种资产盘盈、盘亏和报废、毁损的价值。

2. 待处置财产损益的主要账务处理如下：在财产清查过程中发生盘盈时，借记"库存物品"等，贷记本科目；待查明原因后，借记本科目，贷记"伙食费用"或"其他收入"等科目。发生盘亏时，借记本科目，贷记"库存物品"等；查明原因后，属于正常自然损耗的，应借记"伙食费用"或"其他费用"，贷记本科目；属于人为因素的，应由过失人负责赔偿，应借记"其他应收款"，贷记本科目。

3. 本科目期末如为借方余额，反映尚未处理完毕的各种资产的净损失；期末如为贷方余额，反映尚未处理完毕的各种资产净溢余。年度终了报经批准处理后，本科目一般应无余额。

五、库存饭菜票

1. 本科目核算中小学校食堂使用饭菜票管理所发行饭菜票的使用情况。

2. 库存饭菜票的主要账务处理如下：在发行食堂饭菜票时，借记本科目，贷记"饭菜票基金"；出售饭菜票时，凭饭菜票结报单，借记"库存现金"，贷记本科目；食堂回收饭菜票上交时，凭饭菜票结报单，借记本科目，贷记"伙食收入"；报损饭菜票时，凭批准的饭菜票报损单，借记"饭菜票基金"，贷记本科目。

3. 本科目期末借方余额，为库存的饭菜票金额。

第三节 负债类科目简介

一、应付账款

1. 本科目核算中小学校食堂因购买材料、货物及接受服务等而应付的款项。

2. 本科目应当按照债权单位（或个人）进行明细核算。

3. 应付账款的主要账务处理如下：购入材料、货物等已验收入库及已接受服务但款项尚未支付的，按照应付未付金额，借记"库存物品""伙食费用"等科目，贷记本科目。偿付应付账款时，按照实际支付的金额，借记本科目，贷记"银行存款"等科目。

4. 本科目期末贷方余额，反映中小学校食堂尚未支付的应付账款金额。

二、预收伙食费

1. 本科目主要核算中小学校食堂使用 IC 卡管理，对 IC 充值及预收的各类伙食费。

2. 预收伙食费的主要账务处理如下：

以 IC 卡充值方式预收伙食费时，借记"库存现金"科目，贷记本科目；收到通过 IC 卡支付的就餐费时，借记本科目，贷记"伙食收入"；停用 IC 卡退回卡内余额时，借记本科目，贷记"库存现金"科目。

以现金方式预收伙食费时，借记"库存现金"科目，贷记本科目。预收的伙食费当期结转确认为伙食收入时，借记本科目，贷记"伙食收入"科目。退伙食费时，借记本科目，贷记"库存现金"科目。

3. 本科目可按债权类别进行明细核算。

4. 本科目期末贷方余额，反映中小学校食堂预收但尚未结算的伙食费金额。

三、其他应付款

1. 本科目核算中小学校食堂有财政拨入的营养改善计划拨款和其他各项应付及暂收款项。

2. 本科目应当按照其他应付款的类别以及债权单位（或个人）等进行明细核算。

3. 其他应付款的主要账务处理如下：收到学校转来的营养餐预拨款和其他应付及暂收款项，借记"银行存款"等科目，贷记本科目——营养餐拨款等相关明细科目；期末，核算营养餐业务时，按本期核准的金额，借记本科目——营养餐拨款，贷记"伙食收入——营养餐收入"科目；支付其他应付款时，借记本科目，贷记"银行存款"等科目。

4. 本科目期末贷方余额，反映中小学校食堂尚未支付的其他应付款金额。

第四节 净资产类科目简介

一、累计盈余

1. 本科目核算中小学校食堂历年实现的盈余滚存的金额。

2. 如学校食堂既有营养餐又有非营养餐的，本科目需按营养餐累计盈余和非营养餐累计盈余进行明细核算。

3. 累计盈余的主要账务处理如下：年末，将"本期盈余"科目余额转入本科目，借记或贷记本科目，贷记或借记"本期盈余"科目。

4. 本科目期末如为贷方余额，反映中小学校食堂累计实现的伙食盈余；如为借方余额，反映中小学校食堂累计发生的伙食亏损。

二、本期盈余

1. 本科目核算中小学校食堂本期各项收入、费用相抵后的余额。

2. 如学校食堂既有营养餐又有非营养餐的，本科目需按营养餐本期盈余和非营养餐本期盈余进行明细核算。

3. 本期盈余的主要账务处理如下：

（1）期末计算盈余时，应将"伙食收入""上级补助收入""其他收入"科目的发生额结转到本科目，借记"伙食收入""上级补助收入""其他收入"，贷记本科目；将"伙食费用""其他费用"科目发生额结转到本科目，借记本科目，贷记"伙食费用""其他费用"科目。

（2）年末，完成上述结转后，将本科目余额转入"累计盈余"科目，借记或贷记本科目，贷记或借记"累计盈余"科目。

4. 本科目期末如为贷方余额，反映中小学校食堂自年初至当期期末累计的盈余；如为借方余额，反映中小学校食堂自年初至当期期末累计发生的亏损。

为及时反映中小学校食堂的盈亏状况，应按月编制"学校食堂收入费用表"，及时发现存在问题，分析原因，不断改进。

5. 年末结账后，本科目应无余额。

三、饭菜票基金

1. 本科目核算中小学校食堂发行的饭菜票基金。
2. 本科目与"库存饭菜票"科目相对应。
3. 本科目余额反映饭菜票基金数。本科目余额减去库存饭菜票后的差额，反映就餐人员持有的饭菜票金额。

第五节 收入类科目简介

一、上级补助收入

1. 本科目核算中小学校拨给学校食堂的补助资金。
2. 学校补助收入的主要账务处理如下：收到学校拨入的补助资金时，借记"银行存款"，贷记本科目；期末，将本科目余额结转至"本期盈余"，借记本科目，贷记"本期盈余"科目。
3. 期末结账后，本科目应无余额。

二、伙食收入

1. 本科目核算中小学校食堂向师生提供伙食服务等收取的伙食费收入和拨入的营养餐拨款收入。
2. 如学校食堂既有营养餐又有非营养餐的，本科目需按营养餐收入和非营养餐收入进行明细核算。营养餐收入需按"学生餐费""陪餐餐费"明细科目核算。
3. 伙食收入的主要账务处理如下：
（1）收到师生交来的现金、食堂定期报来的饭菜票金额或刷卡金额时，借记"库存现金""库存饭菜票""预收伙食费"等科目，贷记"伙食收入—非营养餐收入"科目；
（2）营养餐拨款采用预拨形式的，应分期核算伙食收入。在收到预拨的营养餐经费时，借记"银行存款"科目，贷记"其他应付款"科目；期末按本期核准的金额，借记"其他应付款"科目，贷记"伙食收入—营养餐收入—学生餐费"科目。
（3）营养餐拨款采用后拨形式的，按本期核准的金额，借记"其他应收款—营养餐拨款"科目，贷记"伙食收入—营养餐收入—学生餐费"科目；

（4）收到营养餐陪餐教师交来的现金、饭菜票或刷卡金额时，借记"库存现金""库存饭菜票""预收伙食费"等科目，贷记"伙食收入—营养餐收入—陪餐餐费"科目；

（5）期末，将本科目余额按科目明细结转至"本期盈余"，借记本科目—营养餐收入（非营养餐收入），贷记"本期盈余—营养餐盈余（非营养餐盈余）"科目。

4. 期末结账后，本科目应无余额。

三、其他收入

1. 本科目核算中小学校食堂除上述收入以外的收入，如利息、包装物和饭菜下脚料处理等。

2. 其他收入的主要账务处理如下：收入时借记"库存现金"等科目，贷记本科目；期末，将本科目余额结转至"本期盈余"，借记本科目，贷记"本期盈余"科目。

3. 期末结账后，本科目应无余额。

4. 如学校食堂既有营养餐又有非营养餐的，本科目可按营养餐收入和非营养餐收入进行明细核算。（学校食堂其他收入较少的，不便于区分营养餐和非营养餐的，可按营养餐和非营养餐收入比例分摊）。

5. 本科目可按收入类别进行明细核算。

第六节 费用类科目简介

一、伙食费用

1. 本科目核算中小学校食堂伙食费各项费用，如主副食、燃料、水电、人工费等。

2. 如学校食堂既有营养餐又有非营养餐的，本科目需按营养餐费用和非营养餐费用进行明细核算。

3. 本科目需按如下项目进行明细核算：①粮食、②食油、③蔬菜、④肉（豆）制品、⑤水产品、⑥蛋奶类、⑦调料、⑧人工费（营养餐费用不使用）、⑨水电费（营养餐费用不使用）、⑩燃料（营养餐费用不使用）、⑪低值易耗品（营养餐费用不使用）、⑫其他。

4.伙食费用的主要账务处理如下：对于执行出入库手续的货物，平时领用以"出库单"记录，月末计算领用货物成本，借记本科目，贷记"库存物品"；对于现购现用的零星物资，验收合格后可不通过"库存物品"科目进行核算，凭采购单、验收单及发票，直接借记本科目，贷记"库存现金""银行存款"等科目。期末，将本科目余额按明细科目结转至"本期盈余"，借记"本期盈余"，贷记本科目。

5.期末结账后，本科目应无余额。

二、其他费用

1.本科目核算中小学校食堂不能计入伙食费用的其他各项费用（营养餐不使用本科目）。

2.其他费用的主要账务处理如下：费用发生时，借记本科目，贷记"库存现金"等科目；期末，将本科目余额结转至"本期盈余"，借记"本期盈余"科目，贷记本科目。

3.本科目可按费用类别进行明细核算。

4.期末结账后，本科目应无余额。

第七节　期末报表

表 15-3　　　　　　　　　　　中小学校食堂资产负债表

单位名称：　　　　　　　　　　　　　　　　　　　年　月　日　　　　　　单位：元

资产类	期末余额	期初余额	负债类	期末余额	期初余额
一、资产类			二、负债类		
库存现金			应付账款		
银行存款			预收伙食费		
其他应收款			其他应付款		
库存物品			营养餐拨款		
待处置财产损益			非营养餐拨款		
库存饭菜票			三、净资产类		
			累计盈余		

续表

资产类	期末余额	期初余额	负债类	期末余额	期初余额
			营养餐累计盈余		
			非营养餐累计盈余		
			本期盈余		
			营养餐本期盈余		
			非营养餐本期盈余		
			饭菜票基金		
资产总计			负债和净资产总计		

学校负责人： 食堂负责人： 制表人：

表15-4 **中小学校食堂收入费用表**

单位名称： 年 月 日 单位：元

项目名称	合计		营养餐		非营养餐	
	本月数	累计数	本月数	累计数	本月数	累计数
一、上期盈余						
二、收入						
（一）上级补助收入						
（二）伙食收入						
（三）其他收入						
1. 利息收入						
2. 其他收入						
三、费用						
（一）伙食费用						
1. 粮食费用						
2. 食油费用						
3. 蔬菜费用						

续表

项目名称	合计		营养餐		非营养餐	
	本月数	累计数	本月数	累计数	本月数	累计数
4. 肉（豆）制品						
5. 水产品费用						
6. 蛋奶类费用						
7. 调料费用						
8. 人工费用						
9. 水电费用						
10. 燃料费用						
11. 低值易耗品						
12. 其他						
（二）其他费用						
四、累计盈余						

学校负责人：　　　　　　　　　食堂负责人：　　　　　制表人：

（注：学校只有营养餐或只有非营养餐单一模式，本表只列项目名称、本月数和累计数三列）

第八节　案例分析

案例按既有营养餐又有非营养餐模式设计，如只有一种模式可省略伙食收入、伙食费用、其他收入、本期盈余和累计盈余中营养餐和非营养餐二级科目，有三级科目的直接将三级科目提升为二级科目。

一、以非营养餐使用IC卡管理模式的会计核算案例

【例15-1】某校食堂实行IC卡管理办法（以下涉及IC卡业务均为非营养餐业务），学生、教职工充值收入150000元，全部存入银行，食堂会计根据IC卡充值汇总记录单及银行交款单作如下会计分录：

借：库存现金　　　150000
　　　　贷：预收伙食费　　　150000
　　借：银行存款　　　150000
　　　　贷：库存现金　　　150000

【例15-2】 该校食堂收到政府采购供货商配送的伙食材料，大米4000公斤价值20000元，10000公斤面粉价值40000元，色拉油500公斤10000元货款未付，材料已验收入库。会计根据采购凭证或入库单作如下会计分录：

　　借：库存物品—粮食—大米　20000
　　　　库存物品—粮食—面粉　40000
　　　　库存物品—粮食—食油　10000
　　　　贷：应付账款　　　70000

（注：库存物品的粮食科目下可以不设三级明细）

【例15-3】 该校食堂以银行转账支付方式承付上述材料款，食堂会计根据支取款项申请单和购货发票作如下会计分录：

　　借：应付账款　　　70000
　　　　贷：银行存款　　　70000

【例15-4】 该校食堂需采购伙食材料一批，某食品商场送货上门，现货款已付，材料已验收入库。会计根据发货清单（牛肉250公斤15000元，各类蔬菜10000元）和入库单作如下会计分录：

　　借：库存物品—蔬菜　　　10000
　　　　库存物品—肉（豆）制品　15000
　　　　贷：银行存款　　　25000

【例15-5】 蔬菜供货商根据该校食堂提供的日采购计划按日配送蔬菜，经验收合格后未入库当日直接使用，当月累计购菜50000元，其中用于营养餐40000元，非营养餐10000元，期末一次性付款。会计根据发票和当期汇总的采购单作如下会计分录：

　　借：伙食费用—营养餐费用—蔬菜　40000
　　　　伙食费用—非营养餐费用—蔬菜　10000
　　　　贷：银行存款　　　50000

【例15-6】 该校食堂购入一次性炊具，从出纳处支取现金300元（非营养餐费用）。食堂会计根据购货发票做如下会计分录：

　　借：伙食费用—非营养餐费用—低值易耗品　300
　　　　贷：库存现金　　　300

【例 15-7】该校食堂支付炊事人员工资 3000 元,合理分担,其中营养餐费用（财政专项补助）2000 元,非营养餐费用 1000 元,食堂会计根据工资发放表做如下会计分录:

　　借:其他应收款——营养餐人工费　　2000
　　　　伙食费用——非营养餐费用——人工费　1000
　　　贷:库存现金　　3000

次月,收到上级拨付的营养餐人工费专项补助 2000 元,食堂会计根据收款单做如下会计分录:

　　借:银行存款　2000
　　　贷:其他应收款——营养餐人工费　2000

【例 15-8】食堂实行分表核算水电气,食堂会计根据水电气收费单（非营养餐费用）做如下会计分录:

　　借:伙食费用——非营养餐费用——水电气　　1100
　　　贷:银行存款　　1100

【例 15-9】该校师生当月刷卡消费 150000 元（非营养餐部分）,期末结转伙食收入,食堂会计据此作如下会计分录:

　　借:预收伙食费　　150000
　　　贷:伙食收入——非营养餐收入　150000

【例 15-10】该校食堂会计根据库房出库单汇总表（不含营养餐出库）,汇总本期领用库存物品计 130000 元,食堂会计做如下会计分录:

　　借:伙食费用——非营养餐费用——粮食　90000
　　　　伙食费用——非营养餐费用——食油　10000
　　　　伙食费用——非营养餐费用——蔬菜　20000
　　　　伙食费用——非营养餐费用——调料　10000
　　　贷:库存物品——粮食　　90000
　　　　　库存物品——食油　　10000
　　　　　库存物品——蔬菜　　20000
　　　　　库存物品——调料　　10000

【例 15-11】该校食堂会计根据营养餐库房出库单汇总表,汇总本期领用库存物品计 120000 元,食堂会计做如下会计分录:

　　借:伙食费用——营养餐费用——粮食　90000
　　　　伙食费用——营养餐费用——食油　30000
　　　贷:库存物品——粮食　　90000

库存物品—食油　　30000

【例15-12】期末，经过相关人员盘库，发现大米短缺10斤，价值40元，报经审批后确定为自然损耗，食堂会计做如下会计分录：

　　借：待处置财产损益　　40
　　　　贷：库存物品—粮食　　40
　　借：其他费用（如果只有营养餐使用科目为：伙食费用–营养餐费用–其他）40
　　　　贷：待处置财产损益　　40

【例15-13】该校享受学生营养改善计划，食堂4月份营养餐核准消费数额30000元，5月份收到学校拨付的4月份营养改善计划专项资金30000元，食堂会计做如下会计分录：

4月份账务处理

　　借：其他应收款—营养餐拨款　　30000
　　　　贷：伙食收入—营养餐收入—学生餐费　　30000

5月份账务处理

　　借：银行存款　　30000
　　　　贷：其他应收款—营养餐拨款　　30000

【例15-14】该校食堂收到营养餐陪餐教师以现金方式（或IC卡刷卡）交来营养餐陪餐餐费（个人负担）20元，食堂会计做如下会计分录：

　　借：库存现金　　20
　　　　贷：伙食收入—营养餐收入—陪餐餐费　　20

【例15-15】该校食堂会计月底将"伙食收入—营养餐收入"科目和"伙食费用—营养餐费用"科目的本期发生额转入"本期盈余—营养餐本期盈余"科目，食堂会计做如下会计分录：

　　借：伙食收入—营养餐收入—学生餐费　　118000
　　　　伙食收入—营养餐收入—陪餐餐费　　2000
　　　　贷：本期盈余—营养餐本期盈余　　120000
　　借：本期盈余—营养餐本期盈余　　120000
　　　　贷：伙食费用—营养餐费用—粮食　　90000
　　　　　　伙食费用—营养餐费用—食油　　30000

（注：伙食费用应按月底所有明细科目账面数做会计分录）

【例15-16】该校食堂会计根据期末收入费用表（不含营养餐收入费用），将"伙食收入—非营养餐收入"和"伙食费用—非营养餐费用""其他费用"科目的本期发生额转入"本期盈余—非营养餐本期盈余"科目，食堂会计做如下会计分录：

  借：伙食收入—非营养餐收入　　150000
    贷：本期盈余—非营养餐本期盈余　　150000
  借：本期盈余—非营养餐本期盈余　136440
    贷：伙食费用—非营养餐费用—粮食等　　130000
      伙食费用—非营养餐费用—人工费　　2000
      伙食费用—非营养餐费用—水电气　　1100
      伙食费用—非营养餐费用—其他　　300
      其他费用　　　　　　　　　　　40

（注：伙食费用应按月底所有明细科目账面数做会计分录）

【例15-17】 年末，该校食堂会计将"本期盈余—营养餐本期盈余"的余额1200元转入"累计盈余—营养餐累计盈余"科目，食堂会计做如下会计分录：

  借：本期盈余—营养餐本期盈余　　1200
    贷：累计盈余—营养餐累计盈余　　1200

【例15-18】 年末，该校食堂会计将"本期盈余—非营养餐本期盈余"的余额5000元转入"累计盈余—非营养餐累计盈余"科目，食堂会计做如下会计分录：

  借：本期盈余—非营养餐本期盈余　　5000
    贷：累计盈余—非营养餐累计盈余　　5000

二、以非营养餐使用饭菜票管理模式的会计核算案例

【例15-19】 某校食堂实行饭菜票管理办法，预计用餐人数500人，人均月用餐金额200元，经测算于9月1日发行饭菜票200000元（200元×500人×2倍），食堂会计根据领导签字批准的发行饭菜票申请报告，做如下会计分录：

  借：库存饭菜票　　200000
    贷：饭菜票基金　　200000

【例15-20】 某校食堂出售饭菜票150000元，全部存入银行，食堂会计根据饭菜票出售日报表及银行交款单，做如下会计分录：

  借：库存现金　　150000
    贷：库存饭菜票　　150000
  借：银行存款　　150000
    贷：库存现金　　150000

【例15-21】 某校食堂的饭菜票因多年周转使用破损严重，申请批准报废50000元。凭有关手续，作如下会计分录：

借：饭菜票基金　50000
　　贷：库存饭菜票　50000

【例 15-22】 某校食堂回收饭菜票 162000 元，作如下会计分录：

借：库存饭菜票　162000
　　贷：伙食收入—非营养餐收入 162000

其他业务可参考 IC 卡管理模式的会计核算案例。

三、食堂年终并账

【例 15-23】 某学校食堂 2019 年 12 月 31 日编制的资产负债表中，科目余额如下：银行存款 3000，存货 3000，应付账款 5000，现将食堂帐并入大帐，账务处理如下：

财务会计分录：

借：银行存款 3000
　　存货 3000
　　贷：应付账款 5000
　　　　其他收入—食堂净收入 1000

预算会计分录：

借：资金结存—货币资金 1000
　　贷：其他预算收入—食堂净预算收入 1000

附表

中小学校常见业务和事项账务处理案例索引

业务种类	一级索引	二级索引	案例号	页码
支付	财政应返还额度	年初恢复上年财政授权支付额度	5-18	84
		年末财政直接支付预算指标数大于当年财政直接支付实际发生数	5-16	84
		使用以前年度财政直接支付额度支付款项	5-17	84
	现金	从零余额账户用款额度提取现金	5-1、5-13	73、80
		从银行存款提取现金	5-7	77
		盘盈（现金盘点发现库存现金比账面多）	5-5、8-12	75、206
		盘亏（现金盘点发现库存现金比账面少）	5-5、9-13	75、224
	财政直接支付	收到财政直接支付入账通知书（在职教师工资）	10-2	232
	办公费	使用现金购买办公用品	5-3	74
		使用银行存款购买办公用品	5-8	77
		使用零余额账户用款额度购买办公用品	5-12、9-5、12-1	80、215、266
	印刷费	通过零余额账户用款额度支付试卷款	5-11	79
	退货	购货退回时，资金退回零余额	5-14	80
	退货	购货退回时，资金退回银行	12-4	267

续表

业务种类	一级索引	二级索引	案例号	页码
支付	信用卡	用信用卡购买入库的办公用品	5-15	82
	水电费	学校为教职工垫付水电费	5-23	93
		从应付工资中扣除垫付水电费		73
	差旅费	有出差借款 实际报销金额小于借款金额	5-2	73
		有出差借款 实际报销金额大于借款金额		
		无出差借款，教师个人公务卡垫付差旅费	5-24	93
	保安费	学校按季度向保安公司支付保安服务费（每月计提费用）	11-2	256
	公务卡	学校用现金偿还尚未报销的教师公务卡欠款（教师出差费用）	5-24	93
		学校账务人员报销同时偿还用于购买办公用品的公务卡欠款	11-3	256
	在途物品	学校财务人员报销同时偿还用于购买办公用品的公务卡欠款	6-20	167
		由于客观原因，结算凭证收到但货物长时间未到且货款已付	5-26	96
	库存物品	购买入库的办公用品	9-5	215
		新冠肺炎期间购入的防疫物资	5-27	101
		新冠肺炎期间接受捐赠的防疫物资（学校支付运输费）	5-28	101
		经批准对外出售不再使用的实验材料	5-29	102

续表

业务种类	一级索引	二级索引	案例号	页码
支付	专用基金	幼儿园按规定从事业收入中计提校内资助基金	9-3	211
	专用基金	年末，学校从"非财政拨款结余"科目中提取专用基金用于购买体育器材专用设备	12-3	267
	助学金	年末，学校从"非财政拨款结余"科目中提取职工福利基金	7-2	181
	助学金	寄宿初中通过银行卡发放贫困寄宿生生活补助	11-4	257
	其他应缴税费	缴纳公务用车车船税	6-3	147
		从工资中代扣代缴个人所得税	6-4	147
	所得税	缴纳单位所得税	9-15, 9-16	227
	应付职工薪酬	每月通过财政代发职工薪酬	6-10	154
		一次性发放职工薪酬，同时缴纳个人所得税	6-11, 9-1, 11-1	255, 210, 255
		发放离退休费	6-12	158
	预计负债	学生发生意外伤害，学校确认预计负债	6-27	175
		学生发生意外伤害，学校支付赔偿款	6-28	176
	对外投资	经主管部门批准，使用银行存款购买有价债券	11-6	262
	研发支出	自行研究开发专利	5-44	128
	其他费用	支付银行借款利息	9-17	228

续表

业务种类	一级索引	二级索引	案例号	页码
支付		因未按时缴纳个人所得税，发生滞纳金	9-18	229
		接受捐赠物资所发生的运输费、安装费	9-19	229
	对附属单位补助支出	使用事业收入资金，向附属幼儿园拨付用于日常办公支出款项	9-14、11-5	226、260
	加工物品	职业学校加工服装领用布料	5-30	103
	待摊费用	学校支付本年度操场占地租金（租赁费）	5-31	105
	长期待摊费用	学校将租赁的体育馆进行装修，装修完工后，按租赁期10年进行摊销	5-49	139
	工程物资	学校实施消防工程改造，购入安全应急灯	5-38	116
		学校实施消防工程改造，因工程需要领用应急灯		
		学校实施消防工程改造，将剩余的应急灯转为存货		
	在建工程	学校把原有旱厕改建成水冲卫生厕所（改扩建工程）	5-39	119
		学校筹建新教学楼（新建工程）	5-40	120
	经营费用	某高中自营文化用品商店工资支出、商品和服务支出、购买固定资产支出	9-7、9-8、9-9	219、220
往来	应付票据	某高中购买专用材料，向公司开出承兑商业汇票	6-13	159
		支付银行承兑汇票手续费		
		承兑汇票到期	6-14	160

续表

业务种类	一级索引	二级索引	案例号	页码
往来	应付账款	学校购买电脑，验收合格后分期付款（一年以内）	6-15	161
	应付利息	职业中学为新建培训楼，向交通银行贷款，支付银行借款利息	6-16	162
	其他应付款	某中学教学楼招标过程，竞标押金收取和退还	6-18	167
		学校收到预拨营养餐项目运行经费	6-19	167
		学校收到和发放生育保险	6-21	168
	预提费用	某学校按规定从科研项目收入中提取项目间接费，作为科研项目的管理费	6-22	170
		学校按规定使用计提的项目间接费用	6-23	170
		学校租用其他单位办公楼，年末一次性支付租金	6-24	170
	长期借款	职业中学新建教师公寓，向银行贷款，贷款到期一次性偿还本金	6-25	172
	长期应付款	学校购买录课室专用设备，按合同约定分两年付款	6-26	174
	短期借款	某职业中学经批准向银行借入短期借款	6-1	143
		某职业中学银行承兑汇票到期，单位无力偿还	6-2	144
	坏账准备	学校为学生垫付医药费无法收回	5-25	95
	预付款	学校购买一体机，预付购置款，验收合格后支付剩余价款	5-22	89
		学校预付电费	9-6	217

续表

业务种类	一级索引	二级索引	案例号	页码
收入	经营收入	某职业学校服装专业对外提供加工服务，收到加工费	8-6	198
	财政拨款收入	学校收到财政授权支付额度到账通知书	5-10、8-1、10-1	79、192、231
	上级补助收入	学校收到主管部门拨来的教育基金会补助款	8-4	195
	附属单位上缴收入	某职业学校下属的培训机构上缴款项	8-5	197
	非同级财政拨款收入	某学校收到市文明办拨来的文明城创建补助资金	8-7	199
	捐赠收入	某企业向市教育局捐款，用于中小学购买疫用品防控新冠肺炎（有指定用途）	8-8	202
		某企业向市教育局捐款（无指定用途）并上缴财政	6-9	151
	预收账款	某职业中学为第三方提供服务，收到第三方尾款 项目完工，某职业中学为第三方提供服务，收到第三方预付款	6-17	165
	租金收入	某学校经批准出租闲置的沿街辅助用房给某企业，租金上缴财政	8-11	204
		某学校收到电信公司铁塔占地租金并上缴财政	6-8	150
	利息收入	学校收到银行存款利息并上缴财政以及财政返还利息收入	8-10	203
		幼儿园现金收取教保费并上缴财政专户	6-5	149
	学前保教费	幼儿家长扫描二维码缴纳保教费	8-3	194

续表

业务种类	一级索引	二级索引	案例号	页码
收入	高中学费	高中现金收取学费并上缴财政专户	6-6	149
		学生家长扫描二维码缴纳学费	10-3	233
		某高中收取学费时，学生欠缴学费	5-21	88
	代收作业本费	学生家长以现金方式收取学生作业本费，并存入银行	5-4	75
		学生家长扫描二维码缴费作业本费至学校银行账户	5-9	77
固定资产	增加	学校购买一体机，预付购置款，验收合格后支付剩余价款（有预付款）	5-22	89
		学校购置打印机	5-32、9-2	110、211
		幼儿园购置需安装的室外大型玩具施设一套	5-33	110
		某企业捐赠给学校篮球架一副（发生运输费）	5-34	111
		接受无偿调拨净资产并支付运输费	5-35、7-6	111、187
	后续支出	学校对教学楼进行加固处理	5-36	111
	折旧	学校购入教学用备进行折旧并计提完折旧	5-37、9-2	114、211
		学校在进行固定资产盘点时，盘亏设备且未提完折旧	5-50	141
	盘点	学校在进行固定资产盘点时，盘盈以前年度一台照相机	7-11	189
		以前年度固定资产错记费用科目（漏记固定资产）	7-12	189

续表

业务种类	一级索引	二级索引	案例号	页码
固定资产	处置	学校处置笔记本电脑，未达到报废年限，处置收入大于评估费用	9-10	222
		学校报废摄像机，达到报废年限，处置收入小于评估费用	9-11	223
	处置	学校报废复印机，未达到报废年限，处置收入小于评估费用	9-12	223
		学校报废一批笔记本电脑，处置收入上缴财政	6-7	150
其他资产	无形资产	学校购买图书管理软件	5-41	125
		学校自行开发资产管理软件	5-42	125
		学校购买的图书管理软件按规定年限进行摊销	5-43	126
	公共基础设施	学校收到市文体局无偿调拨的健身设施	5-45	131
	文物文化资产	某公办幼儿园筹建公益展厅，接受老红军捐赠抗战时期的军事物品	5-46	133
	保障性住房	学校接受无偿调拨保障性住房，学校支付相关费用	5-47	135
	受托代理资产	学校接受政府委托，利用学校仓库储存一批新冠肺炎防疫物资	5-48	138
结账	以前年度盈余调整	调增以前年度收入	7-9	189
		调减以前年度费用	7-10	189

续表

业务种类	一级索引	二级索引	案例号	页码
结账	月末结账	月末财务会计结转	7-4	184
		财政拨款收入结转	8-2	193
		捐赠收入结转	8-9	202
		其他收入结转	8-13	207
		业务活动费用结转	9-4	211
	年末结账	财务会计结转	7-1	178
		本年盈余分配	7-5	185
		无偿调拨净资产	7-8	187
		结转上级补助预算收入	10-4	234
		结转附属单位上缴预算收入	10-5	235
		结转非同级财政拨款预算收入	10-6	238
		结余资金上缴财政	12-2	267
		结转资金（零余额）上缴财政	12-5	270
		财政拨款本年收支结转	12-6	270
		结转资金转结余	12-7	273

续表

业务种类	一级索引	二级索引	案例号	页码
结账	年末结账	结余资金上缴财政	12-8	273
		非财政拨款结转资金上缴财政	12-9	276
		非财政拨款本年收支结转	12-10	276
		提取项目管理费	12-11	278
		结转非财政拨款结余	12-12	278
		年末经营收支结转，转入结余分配	12-13	280
		其他结余	12-14	282
		非财政拨款结余分配	12-15	283
食堂	IC卡充值	使用IC卡预收伙食费	15-1	322
	购货	收到供货商配送的伙食材料并入库（未付款）	15-2	323
		按库存物品消耗数量付款	15-3	323
		收到供货商配送的伙食材料并入库（直接付款）	15-4	323
		购买无需入库食材及低值易耗品	15-5、15-6	323
	工资	食堂支付炊事人员工资	15-7	324

续表

业务种类	一级索引	二级索引	案例号	页码
食堂	收入	跨期收到营养餐拨款收入	15-13	325
		月底刷卡预收伙食费转收入	15-9	324
		收到教师陪餐费用	15-14	325
	费用	根据库房出库单汇总本期费用	15-10、15-11	324
		食堂实行分表核算水电气，根据收费单进行支付水电气费	15-8	324
	盘亏	由于自然损耗，盘亏大米等粮食	15-12	325
	饭菜票	发行饭菜票	15-19	326
		出售饭菜票	15-20	326
		报废饭菜票	15-21	326
		回收饭菜票	15-22	327
	结账	期末结账	15-15、15-16	325
	结账	年末结账	15-17、15-18	326
	并大账	根据食堂年终资产负债表并大账	15-23	327